吉林外國語大學學術著作出版基金資助出版

天水放馬灘秦簡文字編

方勇　郝洋
編著

SSAP
社會科學文獻出版社
SOCIAL SCIENCES ACADEMIC PRESS (CHINA)

方　勇

博士，吉林外國語大學國際傳媒學院院長，教授。主要研究方向爲古文字、文字學、古文獻、方言學。出版專著一部，發表科研論文六十餘篇，主持國家級等各級各類項目十餘項。

郝　洋

畢業于吉林師範大學，吉林省第二實驗遠洋學校教師。研究方向爲漢語言文字學。發表學術文章五篇。

前　言

對於秦簡的研究，起於二十世紀七十年代，我國目前出土的秦簡牘材料主要有雲夢睡虎地秦墓竹簡及木牘、青川木牘、天水放馬灘秦簡、江陵嶽山秦牘、龍崗秦墓簡牘、江陵王家臺秦簡、關沮周家臺秦簡、里耶秦簡、湖南嶽麓書院藏秦簡、北京大學藏秦簡牘、湖北雲夢鄭家湖墓地（編號：M二七四）出土『賤臣筡西問秦王』觚。天水放馬灘秦簡於一九八六年三月出土於甘肅省天水市放馬灘的秦墓（編號M一），同時出土的還有四方木牘及相關文物。天水放馬灘秦簡共四百六十一枚，内容包括日書、志怪故事，日書又分爲甲種、乙種，其數量分别爲日書甲種七十三枚、乙種三百八十一枚，志怪故事七枚，另有木牘地圖四塊。具體情况詳《秦簡牘合集（肆）》的相關説明。天水放馬灘秦簡作爲出土秦簡牘材料之一，是研究秦系文字以及秦代社會文化的珍貴歷史資料和重要依據，同時也是與其他秦簡牘材料進行對比、互證研究的重要參考。

一　天水放馬灘秦簡研究綜述

對天水放馬灘秦簡的研究起於二十世紀八十年代末。一九八九年，何雙全先生在《文物》上發表了《天水放馬灘秦簡綜述》一文并附有部分照片，引起學者廣泛關注，學術界開始了對這批秦簡多方面的研究。此後，學界對其進行研究的範圍不斷擴大，程度不斷加深，其研究方向主要集中在以下九大方面。

（一）語言文字方面

甲　文字研究

子　文字的彙編

王輝先生主編的《秦文字編》由中華書局出版，共四卷。時間上起秦莊公未即位前數年内，下到秦漢之際，前後六百餘年。該書收録了這一段時期的兩千九百餘個秦文字字形，并有簡要的訓釋，是一本全面系統的古文字工具書，同時爲文字學、書法學、文獻學以及訓詁學的研究提供了參考。

方勇的《秦簡牘文字編》選取的秦簡牘材料從公元前三〇九年的青川木牘至秦末的里耶秦簡共有八批，字編按照《説文解字》大徐本的排列順序分爲正編和合文兩部分。此字編較爲全面地反映了秦簡牘出土文字的概貌，是秦簡牘研究的重要成果。其内容完備全面，但也存在個别釋文不準確的問題。王明明的《〈秦簡牘文字編〉校勘記》提出了對釋文、引文等的修改意見。該字編的放馬灘秦簡部分衹選用了日書甲種和志怪故事的圖版，不具有專題性。總體來説，該字編爲後來的學者提供了進一步研究的空間并指出了研究的方向。

張倩玉的《放馬灘秦簡〈日書〉文字編》對日書中的文字進行了系統編寫，字編部分包括正編和合文，對不清晰、殘缺以及存疑的字進行了説明。此字編選取具有區别性的清晰字形，一般不超過五個，其餘字形另附簡號。這使得放馬灘秦簡的字編研究前進了一大步，目前來説是比較全面、系統的字編，但還存在不足，如未收録志怪故事和地圖中的字，分卷有錯誤，對於《日書》中的字形没有進行全面的整理，釋字水準有待於進一步提高。

孫鶴在其博士學位論文《秦簡牘書研究》中附有秦簡牘文字編，其全面整理了截至當時發表的秦簡牘書文字資料，共整理出近兩千個字頭。其目的是展現秦簡牘書的字體特徵，所以字編是按照一個字在不同秦簡中的書寫方式不重複地編排的，衹是包括放馬灘秦簡中的部分字形，不是專題整理與研究。

丑　文字的考釋

對放馬灘秦簡文字的考釋，主要集中於對簡文中個別字的釋讀。趙岩在《放馬灘秦簡日書札記二則》中認爲簡一八一中，『入寞』應是『人鄭』；在有關五音的簡文中，『從喜』應爲『徵音』。吕亞虎在《〈天水放馬灘秦簡〉校讀札記》中對日書甲、乙種簡文進行了文字方面的考證，如『旦則女』中的『旦』應爲『日』，七七號簡下半部分『土生木』中的『土』應爲『水』，等等。宋華强《放馬灘秦簡〈志怪故事〉札記》對《志怪故事》前四簡中的字進行了詳細考證。曹方向在《讀〈天水放馬灘秦簡〉小札》中對釋文做了一些改釋和補充，共提出了十一點意見，如『從東方入，行有迹殹』中的『迹』應爲『遺』，『亡夙不得』中的『夙』應爲『蚤』，等等。王輝在《〈天水放馬灘秦簡〉校讀記》中指出中華書局出版的《天水放馬灘秦簡》一書存在釋文問題三十五條（如甲二三『女子也』中的『也』應爲『殹』），標題錯誤八條。方勇的《讀天水放馬灘秦簡〈日書〉乙種小札》結合其他秦簡文字和三十六禽系統對乙二三四、乙二七二的文字進行了考釋，提出將『雞』字改釋爲『鶾』字、『連面』似指『長面』等意見。劉玉環在《〈天水放馬灘秦簡〉疑難字試釋》和《〈天水放馬灘秦簡〉扎零》中對文字的考釋分別提出十四點和十八點看法。其在前篇中指出甲七二號簡中『弗居』的『居』應爲『尼』，是『居』的訛別字；在後篇中指出甲三五號中的『囷』應爲『困』，是錯寫的字。方勇的《天水放馬灘秦簡零拾》在學界尤其是孫占宇先生釋字的基礎上，對十二種觀點進行進一步考釋并給出自己的意見，如乙三七六中『先有則去』的『先』應爲『无（無）』，對孫占宇先生缺釋的甲二三中的『青色』二字進行了考釋，認爲原釋文是正確的。朱芳、程文文的《天水放馬灘秦簡疑難字詞考釋六則》對簡甲二三，乙二二、一三一、二〇九、二三六、二九二、三六四中的疑難字進行了考釋，認爲甲二三中的『青色』二字正確。方勇的《天水放馬灘秦簡零拾（四）》對日書乙種六枚簡中的存疑文字進行了考釋并提出自己的意見，如乙二四六中的未識别字應爲『棘』。李曉梅的《讀放馬灘秦簡〈丹記〉札記》綜合了學者的觀點，對《丹記》中的文字進行了分析與考證。方勇的《讀天水放馬灘秦簡札記三則》對乙一二二簡中的『黄』字、乙二八九A簡中的『糯』字、乙二二二簡中的『取』字形與讀音進行了考釋。

寅　通假字

莫超、孫占宇、馮玉在《放馬灘秦簡通假字56例》中對放馬灘秦簡中出現的通假字做了數量統計，共有一百四十多個；對『摯』與『執』相通、『犮』與『祓』相通、『作』與『乍』相通等五十六例未被常見工具書收録的通假字給出所在簡文例證，并以《説文解字》徐鉉加注的反切音爲準，取唐作藩《上古音手册》所標聲韻調對通假字進行具體的解釋説明。此研究爲通假字系統研究以及秦方言系統研究提供了參考。王輝在《〈天水放馬灘秦簡〉字用及字詞關係研究》中對天水放馬灘秦簡單字字頻、字用屬性、字詞關係類型及其成因進行了系統探究，展現了其在漢字語用學史上的價值。

乙　詞彙學研究

包慧煒的《〈天水放馬灘秦簡〉詞彙系統研究》從詞性上將放馬灘秦簡中的詞彙分爲名詞、動詞、形容詞、代詞、數量詞、虚詞；從詞義歸屬上分爲宗教曆法、身體部位、心理品性、疾病、方位等十八類；并對詞頻、詞性、多義詞進行計量研究。王雅昕、張顯成的《〈天水放馬灘秦簡〉中的虚詞探析》將《天水放馬灘秦簡》中的虚詞分爲副詞、介詞、連詞、助詞、語氣詞等五大類。其對虚詞進行數量統計并找出分布規律，極大地豐富了放馬灘秦簡在詞彙學方面的研究。馮玉在《放馬灘秦簡語氣詞芻議——出土秦簡日書虚詞研究之一》中對放馬灘秦簡中出現的『殹』『也』『矣』『焉』四個句尾語氣詞進行了探究，得出『殹』『也』具有加强、判定語氣，句讀的結煞等作用；『矣』具有加强動態叙述的完成語氣的作用；『焉』具有指示代詞和語氣詞煞句的功能。

馮玉在《放馬灘秦簡連詞的共時考察研究——出土秦簡〈日書〉虚詞研究之二》中根據詞彙語法作用將出現的連詞『及、與、若、且、以、因、雖、則』等分爲聯合類連詞和從屬類連詞兩大類，表示并列、順承、遞進、轉折、假設、目的等語法關係；并對其使用情况和兩類連詞的語法功能進行了説明。萬佳俊在《〈放馬灘秦簡〉助動詞研究（下）》中梳理了《放馬灘秦簡》中表示意願類的『敢、欲、肯』以及應當類的『宜』這些助動詞出現的所有例句，并且結合其在《〈放馬灘秦簡〉助動詞研究（上）》中整理的《放馬灘秦簡》中所有的可能類助動詞例句，指出秦簡時期及先秦時期，表示可能類的語義是其使用的主要功能，表示意願和應當類的語義的廣泛使用是後期逐漸發展的。王竹勳在《秦漢簡牘〈日書〉詞彙研究》中對放馬灘秦簡、睡虎地秦簡、孔家坡秦簡《日書》中的名詞、動詞、形容詞進行窮盡式的描寫，以量化形式對詞彙義項進行分類，全面地勾畫了《日書》詞彙的面貌。馬春艷的《〈天水放馬灘秦簡〉名詞研究》系統分析了該批材料中名詞的音節、意義、結構及語法功能和詞義關係，在一定程度上展示了該批材料在漢語詞彙發展史上的價值。蔡宏煒的《放馬灘秦簡字詞關係及相關問題研究》整理出放馬灘秦簡中不重複的單字九百六十個，對其記詞職能進行考察，從字詞關係角度分析秦代文字的使用情况，并進一步對簡牘年代進行了新考。

放馬灘秦簡詞語的考釋主要集中於簡文整體以及某篇釋文的研究。張國艷的《放馬灘秦簡〈日書〉詞語札記四則》探討了『質畫』中的『質』應通『契』，是『刻』的意思，『畫』也即刻畫，『契畫』同義連文，這種形式也順應了該時段複音詞發展的趨勢。『中閒』可讀作『中姦』，義爲内賊；『宸』可訓解爲屋簷；『扁匜』表示歪斜倒塌之義。中景亮的《天水放馬灘秦簡乙種〈日書〉釋文研究》從釋文、編排順序、篇題命名以及語法習慣等方面對放馬灘秦簡《日書》乙種中的建除書、置室門、星度等十九篇簡文進行了研究，對其内容做了詳細的整理與注釋。

孫占宇在博士學位論文《放馬灘秦簡日書整理與研究》中將墓主記定性爲日書，對放馬灘秦簡的甲、乙種和墓主記所有簡文進行研究；對放馬灘秦簡日書甲、乙兩種簡册的編次、篇目和簡文進行復原，再以篇爲單位對簡文進行校勘、注釋與疏證，對文字考釋全面且詳細。姜守誠《放馬灘秦簡〈日書〉『行不得擇日』篇考釋》對甲種《日書》第六六至六七簡、乙種《日書》第一六五簡即『行不得擇日』篇出現的名詞術語及其含義加以詮釋和解讀，并對簡文進行了釋讀，指出《禹須臾·行不得擇日》篇討論的就是在無法出行擇吉情况下的應對措施及防禦性手段。王寧的《天水放馬灘秦簡〈丹〉一處斷句與解釋》對《丹》篇中的『益少』『麋（眉）墨』等詞語進行了解釋，并對詞語所在句進行了重新句讀。林雅芳的《〈天水放馬灘秦簡〉〈周家臺秦簡〉及〈里耶秦簡〉詞語通釋》以《天水放馬灘秦簡》《周家臺秦簡》《里耶秦簡》公布的簡文爲研究對象，對詞語的義項和語境以及出現的簡文按照拼音順序進行了窮盡式的描寫，爲放馬灘秦簡詞語的釋讀和深度理解提供了參考。

丙　音韻學研究

馮玉、孫占宇的《從放馬灘秦簡通假字看秦上古方音系統》指出在放馬灘秦簡中共出現通假字七百處，將通假字分爲聲韻皆同、聲近韻同、聲同韻近三類，通過詳細的字例進行探究，并得出聲母、韻母、聲調三方面的秦方言語音面貌。從通假字方面通過詳細的統計資料及用例來分析方音系統，大致反映了秦方言的語音面貌，爲秦故地的語音研究做出了貢獻。

如上所述，在對放馬灘秦簡的研究中，文字研究不斷深入，研究主要集中於對文字及詞語的考釋，探究核心是對整理出的字進行考釋，對未整理出的字進行補釋。此外，詞彙學、音韻學研究逐漸發展并不斷深入。

（二）墓主記、志怪故事研究

從年代和民間信仰角度，李學勤的《放馬灘簡中的志怪故事》首先對《墓主記》進行詳細的注釋并給出竹簡的釋文；其次，對此故事的年代進行考證，認爲是秦昭王八年；最後，與《搜神記》的兩個故事進行對比，指出這是當時人們在佛教輪迴思想傳入以前對死後情形的宗教信仰體現。李龍俊在《放馬灘秦簡〈丹〉篇所涉年代新考》中提出篇首應是魏國紀年，且爲魏昭王八年的可能性更大。

姜守誠在《放馬灘秦簡〈志怪故事〉中的宗教信仰》中指出秦漢社會的宗教信仰及方術民俗及其在引導輿論、勸化民心、改良祭禮等方面所起的作用。

從文學角度來講，張寧的《放馬灘〈墓主記〉的文學價值》指出其價值體現在彌補了中國先秦戰國晚期在志怪故事上的空白，體現了秦人的樂生心態以及人們的鬼神觀念，讓我們側面地看到了那個時代的思想。另外，裴永亮的《放馬灘秦簡中的志怪小説》也提出放馬灘秦簡中的志怪故事爲研究志怪小説提供了新的契機，將志怪小説的研究推向了一個新的高度。史培争、李立的《放馬灘秦墓竹簡〈墓主記〉志怪故事研究》從《墓主記》與《搜神記》的差異角度進行研究，指出出現差異的原因是漢代生命信仰的新變，因此指出《墓主記》爲同類志怪小説的濫觴的説法是不確切的。

從簡文性質和命名角度，孫占宇在《放馬灘秦簡乙360—366號『墓主記』説商榷》一文中認爲本篇是虚構的，不是紀實性的，丹爲M一墓主的可能性不大，定名爲墓主記不妥。與此同時，其認爲本篇的核心内容是介紹鬼神的種種好惡以及敬奉鬼神的方法，而不是講述丹的傳奇一生，且此篇不是文學作品，而是數術家之言，因此定名爲志怪故事也有不妥，應命名爲『丹』或『祠鬼』。李曉梅的《放馬灘秦簡〈丹記〉研究三題》通過對簡文定名、次序與數量以及内容性質與歸屬這三個問題進行研究，認爲本篇應命名爲『丹』或『丹記』。黄傑在《放馬灘秦簡〈丹〉篇與北大秦牘〈泰原有死者〉研究》中認爲本篇應歸入喪葬文書。馬軼男的《放馬灘秦簡〈丹〉篇文本性質的再思考》指出《丹》篇的上半部分的内容是志怪，但應理解爲動賓詞語的『志怪』，即記載了死而復生的奇怪異事。下半部分是核心内容，講墓祭的宜忌，具體在指導如何敬奉鬼神。《丹》篇是方術士創作的用於指導喪葬和祭祀活動的文書。

對志怪故事進行研究，主要集中於簡文性質與歸屬、命名、墓主身份、文學價值、年代、釋文、思想及社會心態、民間信仰等方面。從多角度、多方面對志怪故事進行分析，豐富了放馬灘秦簡的研究，同時爲年代的確定提供了參考。

（三）地圖研究

在具體内容研究方面，何雙全在《天水放馬灘秦墓出土地圖初探》中對地圖進行整理，對其具體内容進行説明，并對地圖進行了横向編綴，按内容將地圖分爲政區圖、地形圖和經濟圖；對其地名和水系進行考釋，提出邽縣是行政區域。在此基礎上，岳維宗的《論天水放馬灘秦墓地圖中的『邽丘』非指『邽縣』》認爲『邽丘』是一個低凹的地方，居住着許多居民，是秦時的一處聚落，相當於後來的一個大鄉鎮，并不是邽縣的駐地，并提出此圖衹是呈現了邽縣的一半，不是秦邽縣的全圖。曹婉如在《有關天水放馬灘秦墓出土地圖的幾個問題》中指出，首先，圖一是一幅總圖，其他有文字注記的五幅（圖二、三、四、六、七）均爲分圖，或稱局部圖；其次，地圖的上方爲北；最後，地圖繪有三條水系：花廟河、西漢水、東柯河或永川河。屈卡樂在《天水放馬灘木板地圖新釋》中也認爲地圖所繪的區域主要包括出土地點放馬灘南北兩側的東柯河、永川河和花廟河。席境憶的《古地圖中的圖文互動——以放馬灘木板地圖爲例》結合紅外圖版，對部分里程信息文字進行了改釋。

在繪製年代及性質方面，張修桂在《天水〈放馬灘地圖〉的繪製年代》中同意《墓主記》是一份邽丞呈報中央御史的文書、丹是墓的主人的觀點，并認爲墓主丹是秦統一以前的人物，下葬的年代在秦統一以前的戰國中後期，最後指出地圖繪製於公元前四世紀二十年代。丁建偉在《世界上現存最早的地圖——天水〈放馬灘地圖〉》中認爲地圖的繪製年代在公元前三百年以前；地圖的内容爲政區圖、地形圖和經濟圖；表示方法爲用方框、曲綫、亭形圖案、圓點、半圓形圖案等表示物象。晏昌貴在《天水放馬灘木板地圖新探》中認爲地圖方向爲上南下北竪列版式，繪製年代在公元前三百年前後，地圖性質與儀式有關，墓主人生前爲一方之主，希望權力在地下仍能繼續。屈卡樂的《天水放馬灘木板地圖新釋》認爲二號圖中的亭形物很有可能和黄帝崇拜有關，并認同其是軍用地圖的觀點。王子今、李斯在《放馬灘秦地圖林業交通史料研究》中認爲地圖應定名爲『林區圖』或『林區運輸綫路圖』。

在綜述方面，雍際春、孛鵬旭在《近二十年來天水放馬灘木板地圖研究綜述》中指出學界目前對放馬灘木板地圖研究的争議主要集中在三個問題上，一是《墓主記》内容與取名問題；二是地圖的組合關係與水系認定問題；三是地圖中一些重要地名的確認問題。第三個問題，實際是由第二個問題派生出來的。雍際春在《近年來關於天水放馬灘木板地圖研究的回顧與展望》中對一九九七年以來關於天水放馬灘木板地圖的作者、繪製年代、技術、歷史地位、地圖反映的政區、内容、地圖分類、性質、編綴等方面的研究進行了總結，并提出應從多角度、多側面進行專題突破研究和合作綜合探究。

另外，在地圖編綴與復原方面，雍際春、黨安榮在《天水放馬灘木板地圖版式組合與地圖復原新探》中將放馬灘地圖的六幅圖分爲兩個圖組：第一組爲1、2號，竪列北南向；第二組爲3、4、6、7號，横列北南向。兩個圖組既相對獨立又互相關聯，可分可合。製圖水準方面，陳恩星等人的《從放馬灘圖和馬王堆稀世地圖看地圖發展》指出地圖中分層設色的繪製技術，實際上就是現代專用地圖的兩層平面標記法，體現了古代的製圖水準。

如上所述，在地圖方面，研究的關注點集中於年代、編綴方式與復原、内容與性質、水系、地名、表示方法、繪製水準、區域、地圖作者、歷史地位等方面。研究者往往會通過志怪故事進行分析例證，并對以上内容都有或部分提及，所以研究不是孤立的，而是綜合的。這對於地圖學來説，彌補了一個時代的空白，同時也在一定程度上爲年代的確定和當時的全域性思維方式研究提供了參考。

（四）綜述研究

何雙全的《天水放馬灘秦簡綜述》一文介紹了放馬灘秦簡的出土情況，并對甲、乙兩種日書的内容進行了分類，加以解釋説明；最後指出簡文所反映的六個問題：秦的社會性質是封建制與奴隸制并存；奴隸不堪忍受剥削壓迫而逃亡是當時社會的普遍現象；出現『市』，反映了當時經濟很發達；簡文内容涉及天文、農業；秦使用的是以正月建寅爲歲首的夏曆；記時方面採用十六時制。孫占宇在《天水放馬灘秦簡整理與研究現狀述評》一文中總結了二十年來天水放馬灘秦簡研究取得的成果并指出存在的問題與争論。梁超的《2009年以來放馬灘秦簡研究綜述》梳理了二〇〇九年以來學界的研究重點，主要體現在文本整理、語言文字、數術、時制、天文曆法、樂律、社會制度史、木板地圖和志怪故事研究等方面。其在孫占宇的研究基礎上分類更爲細緻，概括更爲全面，具有一定的進步意義。

綜述方面，除以上成果之外，還有學位論文的綜述，如張倩玉的《放馬灘秦簡〈日書〉文字編》中的文字研究綜述。總體來看，學者對研究方向給予不同的分類，并對每一類研究現狀進行總結。從各個角度論述總結的綜述時間一般截止到二〇〇九年，之後的綜述部分一般針對某一研究領域。

（五）對比、互證研究

高明、張純德的《秦簡日書『建除』與彝文日書『建除』比較研究》通過對比雲南彝族擇日書《推看一年十二月》與放馬灘秦簡，得出《推看一年十二月》是秦簡《建除》的子裔，建除是用來幫助曆書使用者推算某日吉凶禁忌的工具。李菁葉的《睡虎地秦簡與放馬灘秦簡〈日書〉中的十二獸探析》對比了睡虎地秦簡與放馬灘秦簡中有關十二獸的記載，得出這些特殊獸名與十二生肖有着密切的聯繫，可推測是後世十二生肖的雛形；并在《睡虎地與放馬灘秦簡〈日書〉生死問題研究》中通過整理兩簡中《日書》有關生死的記録材料，研究得出兩簡對生死的關注主要集中在出生時的生辰方位與命運、生存中都有求生避死的心態、都關注死後的人事變化的結論。胡文輝的《放馬灘〈日書〉小考》對比了放馬灘秦簡《日書》甲種和睡虎地秦簡《日書》甲、乙種，最終得出放馬灘秦簡《日書》是比睡虎地秦簡《日書》晚出的傳本，兩者内容具有淵源關係的結論。羅小華的《放馬灘秦簡甲種〈日書〉簡 34 中的『虫』》對比了睡虎地秦簡、孔家坡秦簡、放馬灘秦簡中『辰』對應的物名。

對比研究方面，學者大多將放馬灘秦簡與睡虎地秦簡、孔家坡秦簡進行對比，就建除、十二獸、抄寫時間、某字的考釋等問題進行探討，從互證角度促進了放馬灘秦簡相關問題的研究。

（六）天文曆法研究

孫占宇在《放馬灘秦簡日書『星度』篇初探》中首先對日書『星度』篇的文字進行了考釋，并給出了新的釋文；其次對本篇距度與『二十八宿盤』，《洪範傳》古度、今度進行比較，得出本篇距度屬於以《洪範傳》古度爲代表的古距度系統的結論；再次解釋了傳世典籍與日書的逐月日躔具有一致性；最後指出『星度』篇的用途是推算曆法和占斷凶吉。程少軒的《放馬灘簡〈星度〉新研》在現有研究成果的基礎上重新梳理了古度數值和距星，并從東西南北七宿這四個方面進行分析，最後是對選定的距度和推測的距星進行列表呈現。程少軒在《放馬灘簡〈三十六禽占〉研究》中指出三十六禽本質上是一組統攝於『三十六』這一組數術的各層次概念的符號，是爲了使式占中複雜抽象的概念形象化而設立的。鍾守華的《放馬灘秦簡〈日書〉中的月星關係與古度初考》指出古人對月星關係的天象指稱有兩種：日在星宿，多以日躔某單宿來表述；歲星晨出東方星宿，多以與日同星次的二至三宿來表述。曾憲通在《選堂先生與秦漢時制研究》中對選堂先生的主要觀點進行了進一步分析，認爲『十六時制』形成在漢前符合實際，但認爲與『中鳴』和『後鳴』相匹配的以見於漢簡的『前鳴』更爲合理，而不是與音律相配。

在天文曆法方面，主要集中於對星度篇、十六時制、古度問題、曆法等方面的討論，近三十年來，此部分研究逐漸深入且豐富，爲我們了解當時的天文曆法做出了貢獻。

（七）歷史學、社會學研究

曹旅寧的《從天水放馬灘秦簡看秦代的棄市》從漢承秦制和秦律的歷史淵源兩方面論證了秦代的棄市是絞刑，不是斬刑。程博麗的《試論放馬灘秦簡〈日書〉所見之民間信仰》從與日常生活有關的、與生命輪迴有關的和與物質生產特别是農業生活有關的信仰活動三方面進行探究，得出這種信仰活動的根本目標是追求個人或者家庭的福祉的結論；特徵是系統化、譜系化，且具有世俗化和功利化的傾向。劉海月的《從出土文字資料看秦人的鬼神觀念》從傳世文獻和出土文字資料兩個方面進行研究，將睡簡與放簡日書中有關的内容作爲材料，認爲秦人的鬼神觀念具有多神崇拜、功利性、影響廣泛性的特點。賈振北在碩士學位論文《放馬灘秦簡所見秦人社會民生俗信研究》中從生育俗信、婚嫁俗信、疾病療治俗信、喪葬俗信、農事生産俗信、出行俗信等方面，對放簡所見秦人的社會民生俗信做了全面而系統的研究。

如上所述，此研究主要集中於社會、刑法、民俗、民間信仰、民生俗信、鬼神觀念等方面，爲了解當時的社會生活描繪了清晰的畫面，展示了當時下層社會人們的生活狀態和普遍心理，在一定程度上促進了歷史學、社會學的研究。

（八）樂律和書法研究

李玫在《放馬灘秦簡〈律書〉——爲第七届國際音樂考古學學術研討會而作》一文中指出《淮南子》遵循三分損益法的生律原則，所得資料却不同於三分損益律；它使用的兩個關於生律基數的資料并不是孤立的。作者還在放馬灘秦簡中尋求互證。谷傑的《從放馬灘秦簡〈律書〉再論〈吕氏春秋〉生律次序》以放馬灘秦簡作爲例證得出了《吕氏春秋》生律法其十二律的生律次序，屬『先損後益，蕤賓重上生』，而非『先益後損，大吕重上』的結論。孫鶴在其博士學位論文《秦簡牘書研究》中詳細分析了六宗秦簡牘文字資料，論述了秦簡牘書的字體特徵，在結構上頗具篆意，在用筆上又具備了後世隸書的特點；同時論述了書寫因素如書寫材料、書寫工具、書寫姿勢、用筆的動作、生理機能等對秦簡牘書字體演變的影響；從文字學和書法學的雙重意義上證明了漢代隸書由秦簡牘書演變而來。譚德興的《〈放馬灘秦簡〉樂學文獻的文化内涵與文學批評意蘊》對五音的内容、社會文化内涵及功能、音律生成關係以及六十甲子納音進行了説明，并從文學批評意蘊角度説明了先秦樂學觀。宿菲菲的《從理論的緯度到史料實物的印證——論隸變在放馬灘秦簡中的體現》認爲放馬灘秦簡中獨特的用筆特徵明顯區别於其他秦簡，呈現出了隸變的脉絡和軌迹，史料價值極其珍貴，是當前研究古文字演變的新材料。

在樂律層面，學者常將其與《淮南子》和《吕氏春秋》進行比較，主要探討它們的生律法和生律次序；在書法層面，主要探討秦文字的字體特徵、字體演變、歷史地位等問題。從這兩方面，放馬灘秦簡爲樂律和書法研究提供了强有力的材料，這些研究成果也爲樂律和書法研究填補了新的空白，提供了新的理論支撑。

（九）中醫、養生方面研究

張焯的《放馬灘日書涉醫簡研究》從陰陽五行、生育預測、人體描寫、巫醫與巫術和疾病與轉歸這五大方面對放馬灘秦簡中的涉醫簡進行了説明與分析。趙岩、袁開惠在《論放馬灘秦簡〈日書〉中的『褢』》中指出『褢』即目褢、目窠，指眼胞、眼瞼；『褢大』『褢重』均指眼胞腫大。李重申、李金梅的《甘肅放馬灘『秦簡』中的養生與體育符號》對秦簡《日書》甲、乙種之第六章『禹須禹步』從起源和養生角度進行了探究，指出禹步是一種感應天地的步履，并對符號養生中藴含的體育文化進行了説明，爲人們研究傳統養生和體育的淵源提供了新的理性思考。翁明鵬的《説秦簡中的『騷（瘙）病』和『溥（傅）騷（瘙）』》對乙二九五進行了分析與文字釋讀，爲中醫研究提供了資料。李曉軍的《睡虎地、放馬灘、周家臺秦簡中的口腔醫學史料》對日書中的折齒進行了分析，可作爲口腔醫學研究相關的史料。

在中醫養生方面，學者對簡文涉及的生育、疾病、巫醫與巫術、養生等問題進行探討，爲了解古代的醫學面貌提供了參考。

綜上所述，對放馬灘秦簡的研究方向主要集中於以上九類，除此之外，還有零星的其他方面的研究，比如專研數術的，如陳偉的《放馬灘秦簡日書〈占病祟除〉與投擲式選擇》對《占病祟除》篇中占卜與投擲式的關係進行了研究，對《占病祟除》圖進行復原，一圖一文綜合研究，認爲投擲式選擇是占病的方式；專研編聯的，如魯家亮的《放馬灘秦簡乙種〈日書〉『占雨』類文獻編聯初探》對乙種《日書》『占雨』類簡即第一四四至一五三號簡和第一五四至一六一號簡的編聯進行了探究。專研命名的，如鄧文寬在《天水放馬灘秦簡〈月建〉應名〈建除〉》中提出第一章與第二章同屬建除一類，不應各自分章，都應該命名爲『建除』。专研出行的，如韓䓪䓪的《天水放馬灘秦簡日書之『行』簡考》對『行』簡進行了研究，指出在『行』簡中，『禹步』是一種巫師施法以通神致靈的步法，其目的是爲出行者祈福，願其平安順利；『爲禹前除道』是秦人在出行前所舉行的儀式，爲行前除道儀式，該儀式的舉行是爲了祈求路途平安。出行者主要以五行配四方、五行配四季等理論擇出行之日。此外，外國學者也對此進行了研究，海老根量介的《放馬灘秦簡抄寫年代蠡測》通過對『罪』和『辠』的探究得出放馬灘秦簡抄寫年代在秦統一以後的結論；通過對『黔首』進行探究認爲秦代把『百姓』『民』等詞改爲『黔首』，漢代人很少使用；通過對『殹、也』進行探究認爲日書乙種是根據六國系統的抄本而產生的；通過探究得出放馬灘秦簡是秦統一後抄寫的，放馬灘一號墓爲秦墓，時間不早於戰國時代的結論。

從近三十餘年的研究成果看，對文字與詞語進行考釋的研究成果最爲豐富，對音韻學、詞彙學的研究緩慢發展；對墓主記、放馬灘地圖的研究意見最多，常與字詞的考釋一起研究，得出關於墓主、年代、當時社會大致面貌以及下層人民思想的結論。在研究中各位學者常常運用對比研究、互證研究、綜合研究的方式全面地對選題進行説明，因此具體去劃分類别是不够準確的，總是會有交叉，這裏衹能大致歸類。但無論什麼方向的研究，都可以看出對文字、詞語以及簡文的正確釋讀是最爲基礎的，因爲文字、詞語以及簡文釋讀往往影響着結論的指向性。三十餘年來，各位學者不遺餘力地對天水放馬灘進行研究，從各個領域做出了自己的貢獻，相信通過日後進一步的研究，天水放馬灘秦簡的研究方向將更爲廣泛，研究成果將更爲豐富。

二　整理研究内容、目的及方法

（一）整理研究内容

本書以出土材料天水放馬灘秦簡爲整理研究對象。首先，總結天水放馬灘秦簡的研究現狀并探討研究意義與創新之處；其次，利用電腦技術全面地對放馬灘四百六十一枚秦簡以及地圖進行單字截取處理，并對所有可識别文字的單字進行歸類整理；再次，對不清晰的單字進行摹寫與造字處理，并對部分字進行重新釋字；最後，依據《説文解字》編排順序，完成字編的編纂。

（二）整理研究目的

本字編全面、系統地展現了天水放馬灘秦簡的文字概況，在研究整理中主要參考了《秦簡牘合集（肆）》一書中的圖版。本書作爲一本古文字的工具書，以期爲了解同一文字的不同變體情况以及爲秦系文字與秦代歷史的研究提供參考。

（三）整理研究方法

甲　文獻整理研究法

文獻研究法是根據一定的研究目的或課題，搜集、鑒别、整理文獻，并通過對文獻的研究，形成對事實科學的認識，從而全面地、正確地了解掌握所要研究問題的一種方法。本書主要利用圖書館圖書和電子期刊等資源，通過閲讀大量的圖書資料、期刊論文等，搜集、辨别、選取、整理相關文獻資料，對天水放馬灘秦簡的整理研究現狀做了全面考察，并明確了本書的整理研究内容。

乙　資料整理研究方法

本書以天水放馬灘秦簡的掃描版本爲資料建立電子資料庫，利用計算機技術對單字進行截圖處理，并再次建立資料庫，進而對每個字進行歸類統計，編纂字編。

丙　分析與綜合相結合的思維方法

分析與綜合是學術研究中重要的思維方法。分析是把事物的整體分解爲部分，或把整體的個别特徵、個别方面分解出來的思維過程。綜合是把事物的各個組成部分或各種特徵、各個方面聯繫起來的思維過程。本書從研究綜述到字編的編纂過程都藴含着分析與綜合的思維方法，體現了整理研究的整體性與全面性。

三　整理研究創新之處及意義

（一）整理研究創新之處

甲　具有領域全面性

本書對天水放馬灘秦簡中的日書、志怪故事以及地圖的所有内容進行整理研究，在天水放馬灘秦簡字編領域的整理研究中較前人來説具有全面性。

乙　具有學術系統性

對天水放馬灘秦簡中所有的字進行窮盡式的整理，按照《説文解字》順序進行編纂，并列出未識字和存疑字，在文獻整理、學術研究上具有系統性。

丙　具有學科專業性

對天水放馬灘秦簡中的文字進行全面整理、對不清晰字進行摹寫與造字處理，釋字水準也有所提高，本整理研究在漢字學的學科中、在秦系文字的整理研究中具有專業性。

丁　具有繼承開拓性

本整理研究在前人對天水放馬灘秦簡整理研究成果的基礎上，對同批出土材料進行再編寫，具有繼承性，但内容更完備、思路更清晰、整理研究更深入，字形的審定以及考證更嚴謹、更豐富，釋字水準進一步提升，具有開拓性。如：

乙種簡一二一貳：鼠食寇〈冠〉則□，□□則有央〈殃〉，食領則有明。

第二個『則』上面的兩個字形普通圖版分别作、形，紅外圖版作、形，我們曾認爲第一個字形爲『食』字，第二個字爲『衣』字，現在重新審視，『食』字應無問題，『衣』字應該是錯誤的，看到普通版本的形，很明顯『衣』旁在下，其上面還有其他筆畫，故頗疑此字可能爲褎。

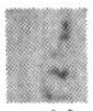

乙種簡二二二：日中至日入投中中呂，□毆，兑〈鋭〉喙，圓顔，翕肩，不善衣，其行昌昌毆，色蒼黑，善病脅。

其中『呂』和『毆』中間的字形，整理者闕釋。其形普通圖版爲，紅外圖版爲，通過比較即可看出

字形當是『取』字，爲動物名稱。因爲和其搭配的動物是同篇簡二二一的『雉』，所以我們認爲『取』也應該是屬於鳥類或家禽之類的動物，故此疑『取』讀爲『雀』，因『取』上古音爲清母侯部字，『雀』爲清母藥部字，二者古音關係很近。如從取得聲的『緅』與『爵』可以通假，而『爵』與『雀』又常通假，此可證『取』讀爲『雀』無問題。『雀』即指麻雀，其與簡文的外貌描述也相符，且『雀』與『雉』類别相近。

簡二一九：其曰：日中到日入投中姑洗，蛇殹，兑（鋭）頤，中□，中廣，其行□，色蒼白，善病【四體】。

其中『中廣』上一字普通圖版作形，紅外圖版作形，整理者釋爲『肉』，程少軒先生釋爲『夫』，《秦簡牘合集（肆）》編著者疑爲『央』字。按，此字當如程先生的釋字，但是這個詞作何解釋，則是值得研究的。我們認爲『夫』當讀爲『蚹』，因典籍中常見『夫』與從『付』得聲之字通假，讀爲『蚹』應無問題。『蚹』指蛇腹下代替足爬行的横鱗，如《莊子》『吾待蛇蚹蜩翼邪』即其例。『中夫（蚹）』應指蛇中間的腹部下面的横鱗。

簡二八九A：［商之音……］□，其畜羊，其器危，其穜（種）【稷，其事】□

在『其穜（種）【稷，其事】□』一句中，『穜（種）』字下有兩個字，分别作、形，第一個字整理者釋爲『類』，《秦簡牘合集（肆）》釋爲『稷』。我們認爲此字當是『穤』，『穤』即『糯』，指黏稻。其下一字當是『廖』，和『廖』小篆字形進行比較，即可看出其應是『廖』，可讀爲『穋』。《説文》：『稑，疾孰也。从禾坴聲。《詩》曰：黍稷種稑。穋，稑或从翏。』毛傳：『先熟曰穋。』《周禮》作『稑』，鄭司農云：『後種先熟謂之稑。』由此可見，『穋』爲『稑』字異體，二者即指晚種早熟品種之穀物。

乙種簡一三九：……□穀兵，男子死。□壞，女子死。

其中被釋爲『壞』的字形作，其實此字應是『環』字，即指環形之義。『環』上一字應是『谷』字。簡文中的『谷兵』和『谷環』應是相對爲文，『男子死』和『女子死』正是這兩種築墻方式的結果。簡文中的『谷』疑讀爲『欲』，二者典籍中常通假。『兵』疑讀爲『方』，二者上古音同爲幫母陽部字，可以通假。簡文『版谷（欲）兵（方），男子死；谷（欲）環，女子死』，應是指築墻如是方形的，男子會死；如是環形的，則女子會死。

（二）整理研究意義

甲　文字學方面的意義

作爲重要的出土秦簡牘材料之一的天水放馬灘秦簡，對其進行文字整理與字編編纂，對於研究古文字字形以及研究秦系文字具有不可替代的作用。首先，通過對其進行列舉式的整理，能够更清晰地看到天水放馬灘秦簡中秦系文字的字形特點及出現頻率，對於了解古文字的發展及演變規律、形體與結構特徵具有重要意義；其次，對於秦系文字的釋讀具有參考價值；最後，天水放馬灘秦簡文字編是學習、查閱秦系文字的工具書，同時也是輔助簡牘研究的工具書。

乙　歷史學方面的意義

對天水放馬灘秦簡進行字編整理，對於研究秦代社會文化具有重要意義。通過文字背後承載的重要信息了解秦代社會的政治、經濟、文化的概況，這爲秦漢史的研究提供了參考。

凡例

一、本書專收録天水放馬灘秦簡牘文字全部材料。

二、本書由正編、附録兩部分組成，并附『筆畫檢索』。正編部分爲十四卷，收録已釋或可以隸定的天水放馬灘秦簡牘文字。字頭排列以大徐本《説文解字》爲序，不見於《説文解字》的，則附於相應各部首之後，并在字頭右上角標※號；尚不能確釋或難以隸定的字則收入附録。

三、本書收録的字形採用掃描録入，部分字形模糊的附以摹本。全書所收字形已經過適當放縮處理，多非原大。

四、每一字形下均注明材料出處，且均使用簡稱。對於没有標注欄數的竹簡，本字編一律以『壹、貳、叁、肆、伍』等字樣給予欄數標注。本書附有『材料出處簡稱表』，以便核檢。

五、本書正編部分的歸字，吸收了學術界大量的整理研究成果，如學術界對於某個字的考釋或釋義已經取得一致性意見的，直接在字編中注明，如是我們認爲可以釋出的，徑直改釋；如是釋讀有很大疑問的，以『疑爲』字樣標注；通假字、異體字、古今字、訛誤字在字編中直接注明。

六、『筆畫檢索』中同筆畫的字以書中出現的先後爲序。

材料出處簡稱表

簡稱	全稱		
甲	天水放馬灘秦墓竹簡·日書甲種		
乙	天水放馬灘秦墓竹簡·日書乙種		
志	天水放馬灘秦墓竹簡·志怪故事（丹）		
地圖一A	天水放馬灘秦墓竹簡·第一塊地圖正面		
地圖一B	天水放馬灘秦墓竹簡·第一塊地圖反面		
地圖二	天水放馬灘秦墓竹簡·第二塊地圖		
地圖三A	天水放馬灘秦墓竹簡·第三塊地圖正面		
地圖三B	天水放馬灘秦墓竹簡·第三塊地圖反面		
地圖四A	天水放馬灘秦墓竹簡·第四塊地圖正面		
地圖四B	天水放馬灘秦墓竹簡·第四塊地圖反面		

目録

卷一

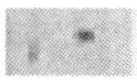 甲一一	 甲二七	 乙一一壹	 乙五五壹	乙五九壹	 乙八五壹	 乙一一五貳
甲二二	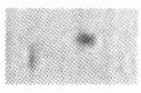 甲四三壹	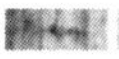 乙一六壹	乙五六壹	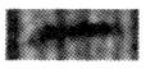 乙六〇壹	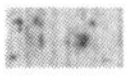 乙八五貳	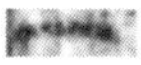 乙一一六貳
甲二三	 甲五三壹	乙三四壹	乙五七叁	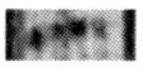 乙六〇貳	 乙八五貳	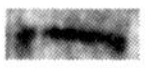 乙一一七貳
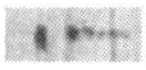 甲二六	 甲六三壹	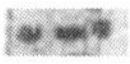 乙四四壹	乙五七叁	 乙八二壹	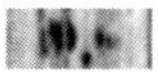 乙一一三貳	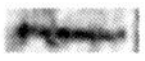 乙一一七貳

	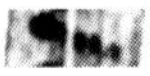		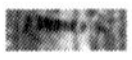		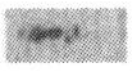	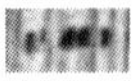	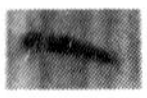
乙一一八貳	乙一四一	乙一六二A+九三A	乙一七九柒	乙二〇〇貳	乙二七三	乙二九六	乙三二一
		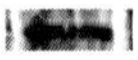	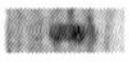				
乙一二〇貳	乙一四一	乙一六六	乙一九四貳	乙二〇一貳	乙二八六	乙三〇〇	乙三二六
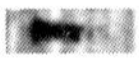			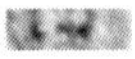	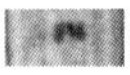	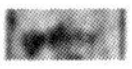		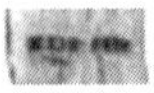
乙一三三壹	乙一五八	乙一七〇+三二五壹	乙一九五壹	乙二〇二貳	乙二八六	乙三〇一	乙三二六
			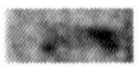		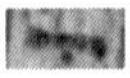	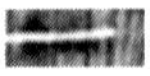	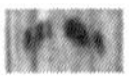
乙一三八	乙一六〇	乙一七六叁	乙一九九貳	乙二〇五貳	乙二九五	乙三〇九	乙三二七B

天

			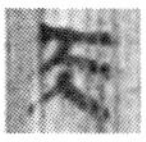	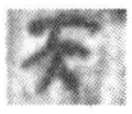		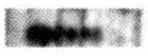	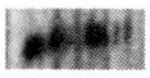
志六	乙三二三	乙二八四	乙二六四	甲二四貳	乙三四五	乙三三三	乙三三三
			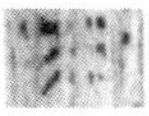			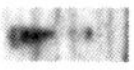	
	乙三五〇	乙二八五	乙二六五	天 乙二二四	乙三四九	乙三三三	乙三三三
	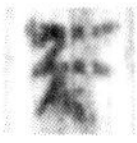	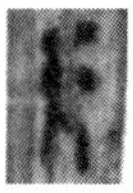		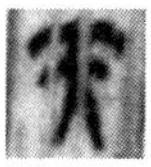	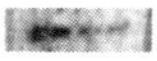	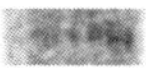	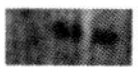
	乙三五〇	乙三〇〇	乙二六五	乙二五九+二四五	乙三四九	乙三四二	乙三三三
	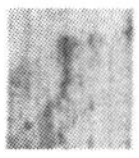	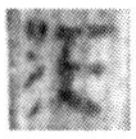				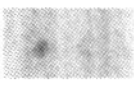	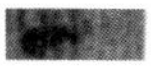
	天 志六	乙三〇八壹	乙二八三	乙二六〇	乙三五〇	乙三四二	乙三三三

史 上

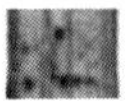

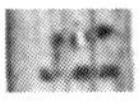

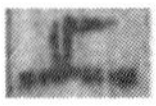

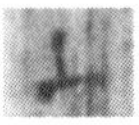

乙二九五	乙二七二	乙二四三	乙二〇二貳	乙一六九壹	乙一五五	甲二二	乙一六壹
乙三三三	乙二八八	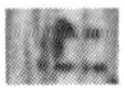 乙二四三	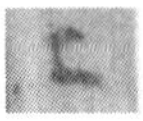 乙二〇三貳	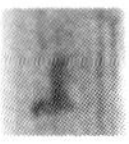 乙一九三	乙一五五	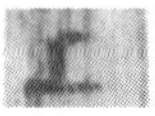 乙五五壹	 乙二〇壹
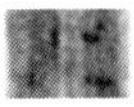 乙三四二	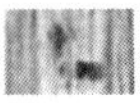 乙二九〇	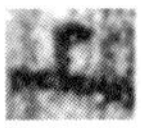 乙二四六	 乙二〇四貳	乙二〇〇壹	乙一六〇	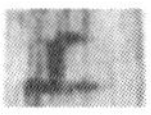 乙九四壹	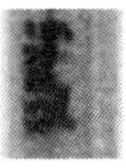 乙二九〇
乙三四二	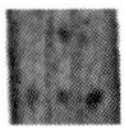 乙二九五	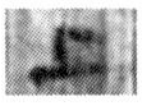 乙二六〇	 乙二〇五貳	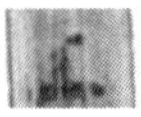 乙二〇一貳	 乙一六一	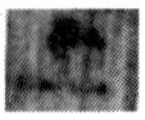 乙一〇六壹	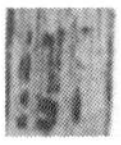 乙三二〇

	下	旁	亲※				
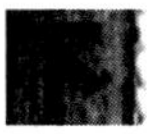				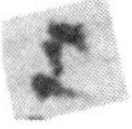		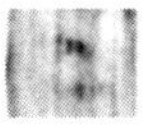	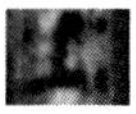
乙一五五	甲一七貳	甲三一	乙三五〇 帝字誤字	地圖四A	地圖三A	志三	乙三四五
	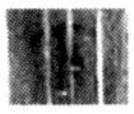						
乙一六一	甲三五	 甲三九		地圖四A	地圖三A	志四	乙三四五
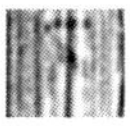	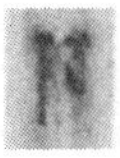			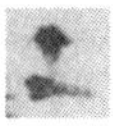	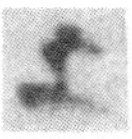	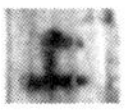	
乙一六一	乙七一	乙六七		地圖四A	地圖三A	志七	乙三四五
	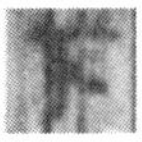						
乙一六九叁	乙一四二	乙七五壹			地圖四A	地圖二	乙三四五

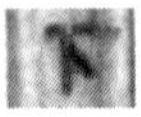	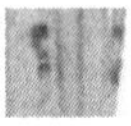			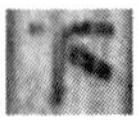	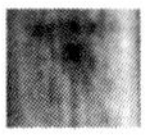	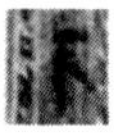	
乙三五二	乙三四五	乙二九〇	乙二七二	乙二四三	乙二〇七	乙一九六貳	乙一七九陸
		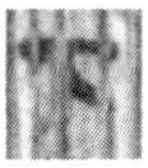		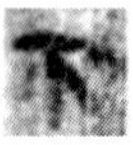		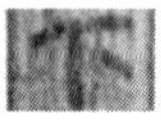	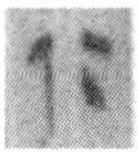
地圖三A	乙三四五	乙二九七	乙二八四	乙二四六	乙二一五	乙一九七貳	乙一九三
		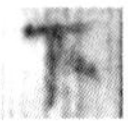	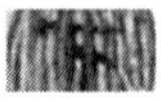		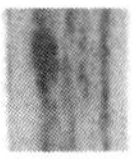		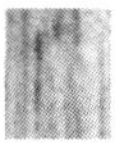
地圖三A	乙三四五	乙三三三	乙二八八	乙二六〇	乙二二七	乙一九八貳	乙一九四貳
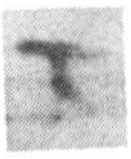				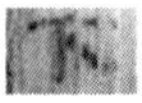		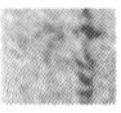	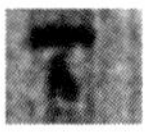
地圖三A	乙三四五	乙三四五	乙二八八	乙二六五	乙二四三	乙一九九貳	乙一九五貳

祠　祀　神　福　禄

 乙一六壹	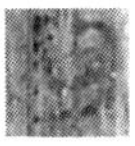 甲一三	乙一〇二壹	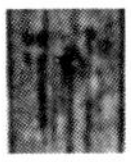 神 乙一五四	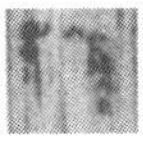 福 乙二七八	 禄 乙一四贰	 地圖四A	地圖三A
 乙一七壹	甲一六壹	 乙二七八	 乙三三二				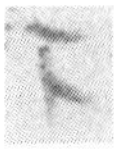 地圖四A
 乙五二贰	甲一七壹						地圖四A
乙五三贰	 乙一四壹						地圖四A

祟　社　祝

	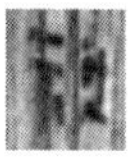				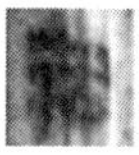	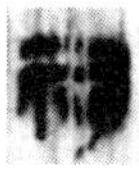	
乙二六〇	乙二七八	乙二五〇	甲六七貳	甲一三	志七	乙二六三	乙九四壹
 乙二六二	 乙三五〇		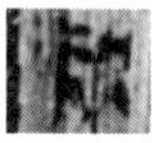 乙一四壹	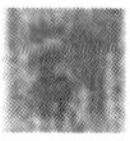 甲一六壹	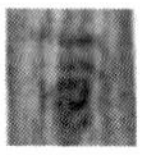 志七	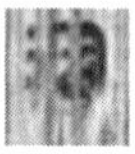 乙二七八	乙一〇二壹
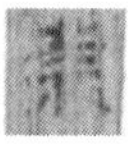 乙二六五			 乙一六壹	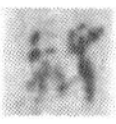 甲一七壹		 乙二八一	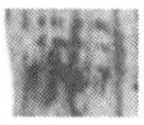 乙一〇二叁
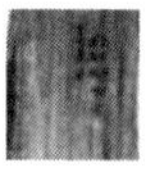 乙二六九			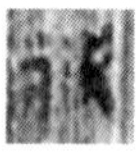 乙一七壹	 甲三四		 志五	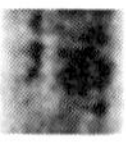 乙一三五貳

三　禁

乙二七一	乙二七八	乙一三三壹	甲三壹	甲五五壹	乙九十一三貳	乙三六壹	乙六〇壹
乙二七三	乙二八〇		甲二三	甲六五壹	乙一四貳	乙四六壹	乙八〇貳
乙二七四	乙二八一		甲二七	甲六六貳	乙一五貳	乙五六壹	乙八一壹
乙二七六	乙三五〇		甲四五壹	乙三壹	乙二七壹	乙五八貳	乙八五壹

乙九四壹	乙九八壹	乙一二四貳	乙一三〇貳	乙一五八	乙一六一	乙一六八+三七四貳	乙一七〇+三二五叁
乙九五壹	乙一〇五貳	乙一二五貳	乙一三三壹	乙一五八	乙一六五	乙一六九叁	乙一七三叁
乙九六壹	乙一一八貳	乙一二六貳	乙一三八	乙一六〇	乙一六六	乙一六九叁	乙一七四貳
乙九七壹	乙一二三貳	乙一二九貳	乙一四一	乙一六一	乙一六八+三七四貳	乙一七〇+三二五壹	乙一七五叁

乙三〇三A+三〇四	乙三〇二	乙二六二	乙二四一	乙二〇四貳	乙一九三	乙一七八壹	乙一七五叁
乙三〇三A+三〇四	乙三〇二	乙二七三	乙二四四	乙二〇五貳	乙一九五壹	乙一七八貳	乙一七五叁
乙三一四	乙三〇三A+三〇四	乙二七五	乙二五五	乙二〇五貳	乙一九八貳	乙一八九叁	乙一七六叁
乙三二一	乙三〇三A+三〇四	乙三〇一	乙二六一	乙二四一	乙一九九貳	乙一九三	乙一七七貳

環	皇※	王					
甲三八	乙二九〇 皇字誤字	乙四七貳 通往字	志三	乙三五五	乙三四五	乙三三一	乙三二六
乙七四壹		乙二三〇	志六	乙三六二壹	乙三四九	乙三三三	乙三二七B
乙一三五壹		乙二六八	地圖二	志一	乙三五〇	乙三三三	乙三二七B
乙一三九		志一		志二	乙三五五	乙三四二	乙三二七B

中　壯　士　靈

中	中	中	中	壯	士	靈	靈
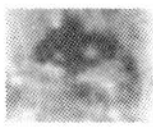	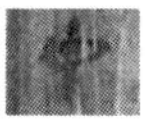				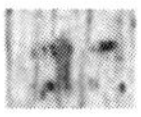		
甲三四	甲三〇A+三二B	甲一九貳	甲一六貳	乙七三貳	乙三五七	乙二五〇	乙三二八
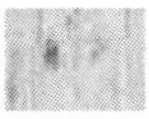	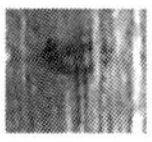	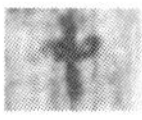	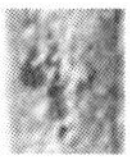				
甲三五	甲三〇A+三二B	甲二二	甲一六貳	乙七四貳		乙二五九+二四五	乙三四一
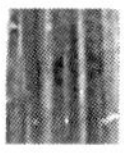		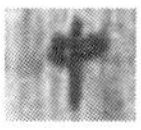				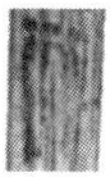	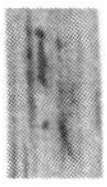
甲三五	甲三二A+三〇B	甲二三	甲一九貳	乙七五貳		乙二九四	乙三四一
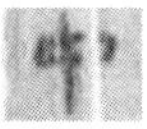						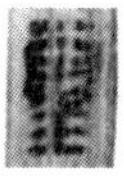	
甲三七	甲三三	甲三〇A+三二B	甲一九貳	乙七六貳		乙三三二	乙三七七

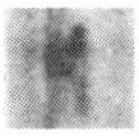

甲五二貳	甲五一壹	甲五〇壹	甲四八壹	甲四六貳	甲四五壹	甲四四壹	甲四〇
甲五三壹	甲五一貳	甲五〇壹	甲四八貳	甲四七壹	甲四五貳	甲四四壹	甲四一
甲五三壹	甲五二壹	甲五〇貳	甲四九壹	甲四七壹	甲四六壹	甲四四貳	甲四三壹
甲五三壹	甲五二壹	甲五一壹	甲四九貳	甲四八壹	甲四六壹	甲四五壹	甲四三貳

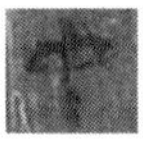

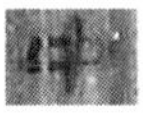

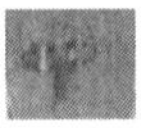

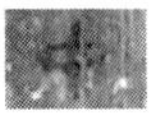

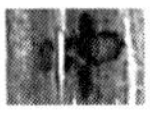

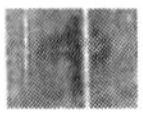

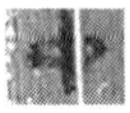

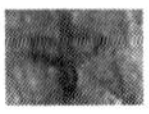

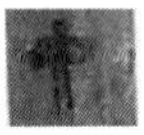

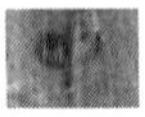

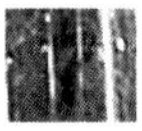

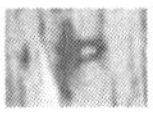

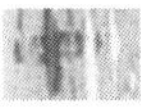

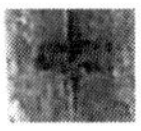

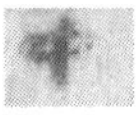

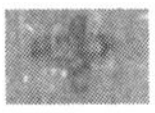

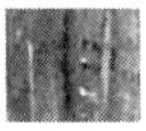

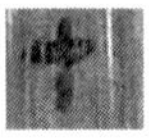

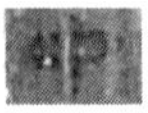

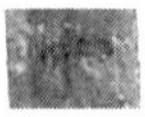

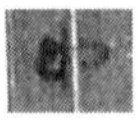

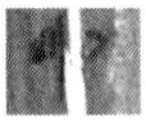

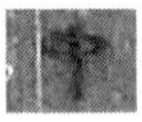

甲六八壹	甲六六壹	甲六四壹	甲六二壹	甲六〇壹	甲五八壹	甲五六壹	甲五四壹
甲六八壹	甲六六壹	甲六四壹	甲六二壹	甲六〇壹	甲五八壹	甲五六壹	甲五四壹
甲六九壹	甲六七壹	甲六五壹	甲六三壹	甲六一壹	甲五九壹	甲五七壹	甲五五壹
甲六九壹	甲六七壹	甲六五壹	甲六三壹	甲六一壹	甲五九壹	甲五七壹	甲五五壹

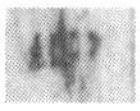	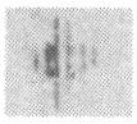		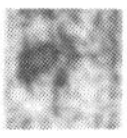	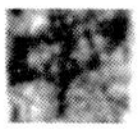		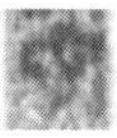	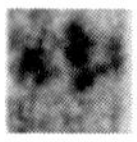
甲七〇壹	甲七二壹	乙二六壹	乙二八壹	乙二九壹	乙三一壹	乙三二壹	乙三三貳
			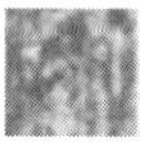				
甲七〇壹	甲七二壹	乙二七壹	乙二八壹	乙三〇壹	乙三一壹	乙三二貳	乙三四壹
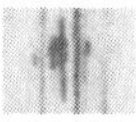				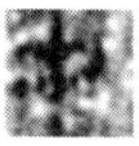		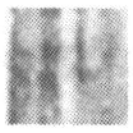	
甲七一壹	甲七二貳	乙二七壹	乙二八貳	乙三〇壹	乙三一貳	乙三三壹	乙三四壹

甲七一壹	乙二六壹	乙二七貳	乙二九壹	乙三〇貳	乙三二壹	乙三三壹	乙三四貳

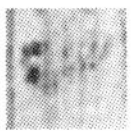 乙五〇壹	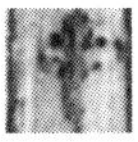 乙四八壹	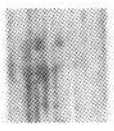 乙四五壹	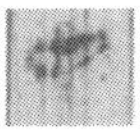 乙四三壹	 乙四二A+三九	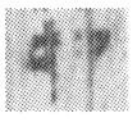 乙四〇A	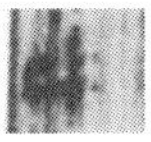 乙三七壹	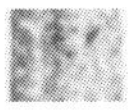 乙三五壹
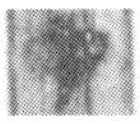 乙五〇壹	 乙四八壹	 乙四六壹	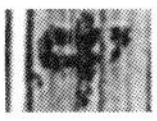 乙四四壹	 乙四二A+三九	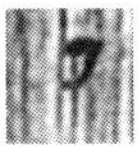 乙四〇A	 乙三七壹	 乙三五壹
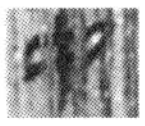 乙五一壹	 乙四九壹	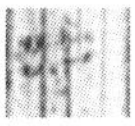 乙四七壹	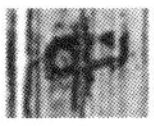 乙四四壹	 乙四二B	 乙四一壹	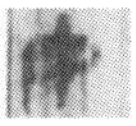 乙三八壹	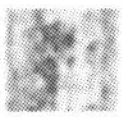 乙三六壹
 乙五一壹	 乙四九壹	乙四七壹	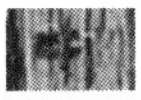 乙四五壹	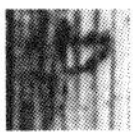 乙四三壹	 乙四一壹	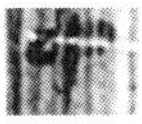 乙三八壹	 乙三六壹

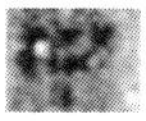

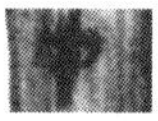

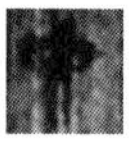

乙一四二	乙一一〇壹	乙一〇〇貳	乙七三壹	乙七〇	乙六六	乙五四+二五貳	乙五二壹
乙一四二	乙一三一貳	乙一〇四壹	乙七七壹	乙七一	乙六六	乙五五壹	乙五二壹
乙一四三	乙一三六	乙一〇四壹	乙八〇壹	乙七一	乙六八	乙五六壹	乙五三壹
乙一四三	乙一四〇	乙一〇八B壹	乙一〇〇壹	乙七二	乙六九	乙六六	乙五三壹

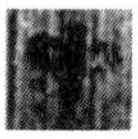

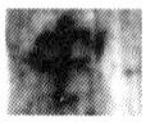

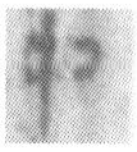

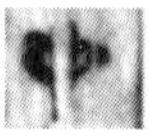

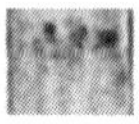

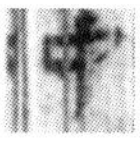

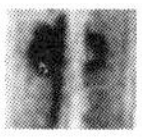

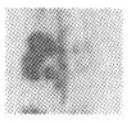

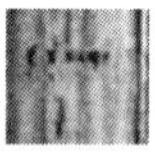

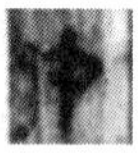

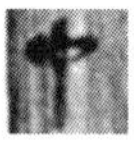

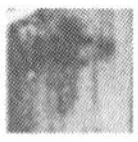

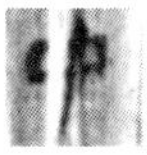

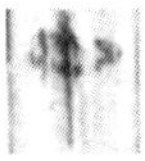

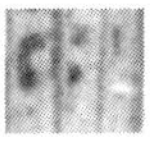

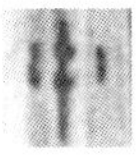

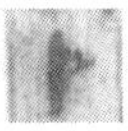

乙一四三	乙一五八	乙一七四叁	乙一八四肆	乙一八六伍	乙一九八壹	乙二〇六	乙二〇九
乙一四四壹	乙一六〇	乙一七四叁	乙一八四柒	乙一八七肆	乙一九九貳	乙二〇七	乙二〇九
乙一五五	乙一六一	乙一八一伍	乙一八五肆	乙一八九陸	乙二〇四貳	乙二〇七	乙二一〇
乙一五六	乙一六一	乙一八三肆	乙一八五伍	乙一九三	乙二〇六	乙二〇八	乙二一〇

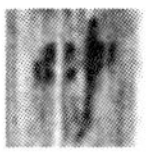

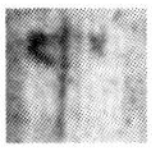

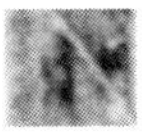

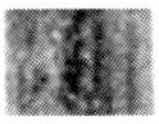

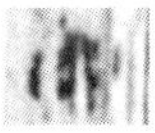

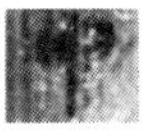

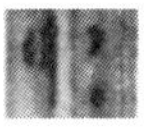

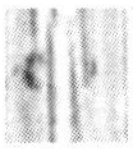

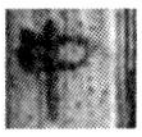

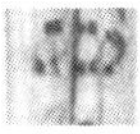

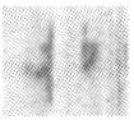

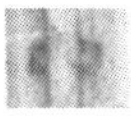

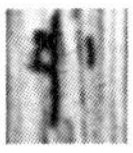

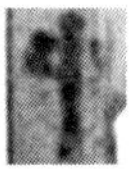

	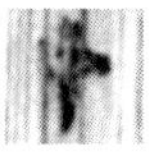	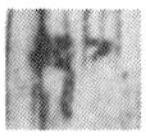	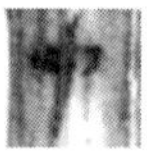		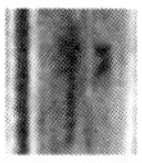		
乙二二七	乙二二五	乙二二二	乙二一九	乙二一八	乙二一五	乙二一三	乙二一一
	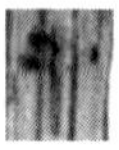	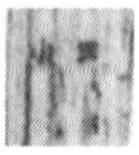			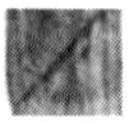	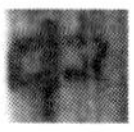	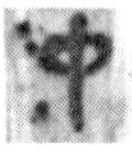
乙二二七	乙二二五	乙二二二	乙二二〇	乙二一九	乙二一六	乙二一三	乙二一二
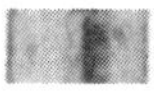	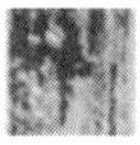	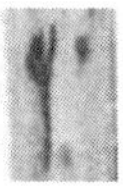	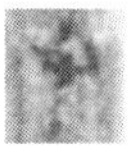	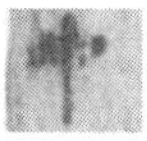		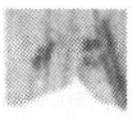	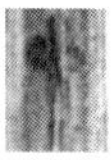
乙二二八	乙二二六	乙二二四	乙二二一	乙二一九	乙二一六	乙二一四A+二二三	乙二一二
				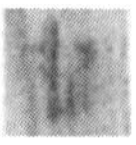		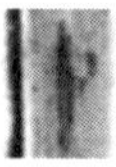	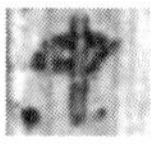
乙二二八	乙二二六	乙二二四	乙二二一	乙二一九	乙二一八	乙二一五	乙二一二

	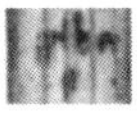		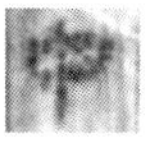		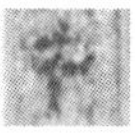	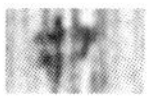	
乙二四九	乙二四三	乙二四〇	乙二三八	乙二三六壹	乙二三四壹	乙二三一	乙二二九
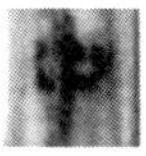		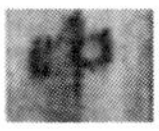	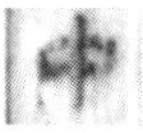		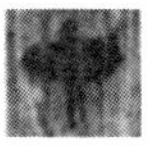		
乙二五四	乙二四六	乙二四一	乙二三八	乙二三六壹	乙二三四壹	乙二三二	乙二三〇
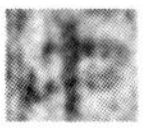		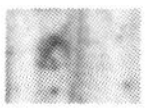				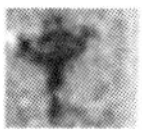	
乙二五七	乙二四六	乙二四一	乙二三九	乙二三七壹	乙二三五壹	乙二三三壹	乙二三〇
	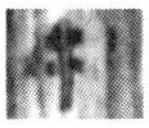	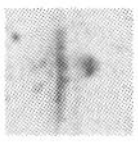		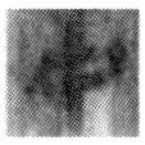			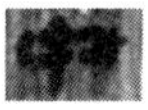
乙二五九+二四五	乙二四七A	乙二四一	乙二三九	乙二三七壹	乙二三六壹	乙二三三壹	乙二三一

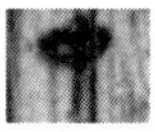 乙二七〇	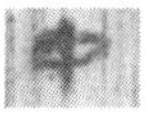 乙二八六	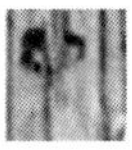 乙二九五	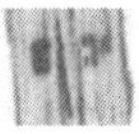 乙三〇七	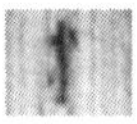 乙三三〇	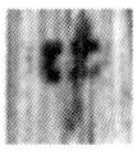 乙三三八	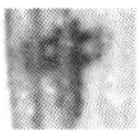 乙三五三	 乙三六四A+三五八B
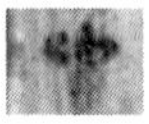 乙二七〇	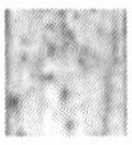 乙二八六	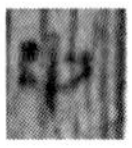 乙二九五	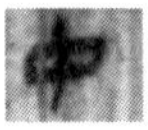 乙三二一	 乙三三五	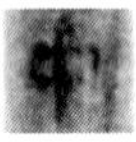 乙三四二	乙三五九	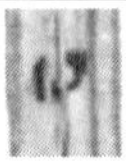 乙三六四A+三五八B
 乙二七〇	 乙二八七	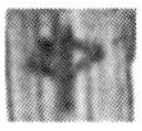 乙二九七	 乙三二二	 乙三三八	 乙三四四	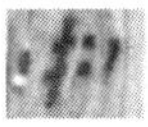 乙三五九	 乙三六四A+三五八B
 乙二八一	乙二九三	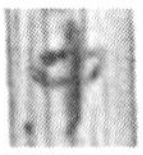 乙二九七	 乙三二三	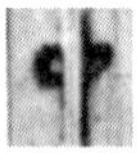 乙三三八	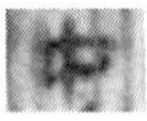 乙三五二	 乙三六四A+三五八B	 乙三六五+二九二

茅		苦	薊	毒	每		
  甲三三	 地圖四B	 乙三七五	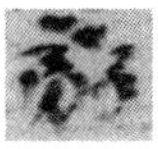 地圖四A	 乙一四四壹	 乙一八八伍 通晦字	 志一	 乙三六五+二九二
 乙六九壹		 地圖二	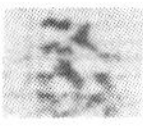 地圖四A	 乙一四四壹		 地圖一A	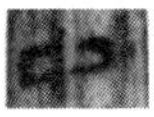 乙三六五+二九二
  志五		地圖三A				 地圖一B	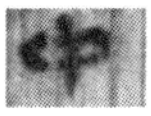 乙三六五+二九二
		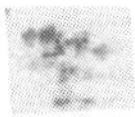 地圖四A				 地圖四B	 乙三六五+二九二

葴	蕭	茛	芻	薪	蓳	折	折
乙二三一	乙三三四 通簫字	乙一九二	甲三六	甲四〇	乙一五五 通堇字	甲二四壹	乙二一八
			乙七二壹		乙一五五 通堇字	甲四一	乙二三八
						乙五七壹	乙二四二
						乙七七壹	乙二五八B

蔥	蔥	蒿	草	春	春	春	蓐
乙二五八B	甲三〇A+三二B 通聰字	乙一五五	甲三三	乙九五壹	乙一三〇壹	乙三〇三A+三〇四	乙三六七 通辱字
乙二八八	乙六六壹 通聰字	乙一五五	乙六九	乙一二三貳	乙一三一壹	乙三二九	
				乙一二九壹	乙二八五	乙三六三	
				乙一二九貳	乙三〇二		

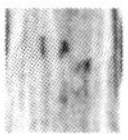

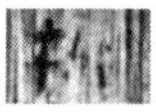

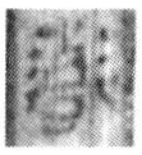

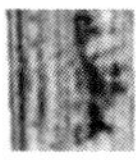

莫				葬		蒙※	
甲一六貳	乙八一壹	乙一八二肆	乙二七一	甲三貳	志二	乙一八四陸	乙二〇五貳
甲一七貳 通暮字	乙一四二 通暮字	乙一八七肆 通暮字	乙二八六 通暮字	乙八九		乙一八五陸	乙二二四
甲二六 通暮字	乙一四二	乙一九〇肆		乙八九		乙一八五柒	乙二二五
乙五九壹 通暮字	乙一八〇伍	乙二四六		乙九一A+九三B+九二		乙二〇〇貳	乙二二六

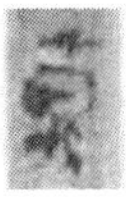

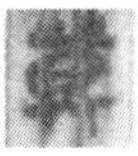

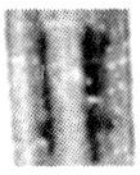

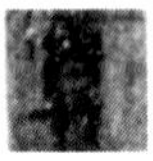

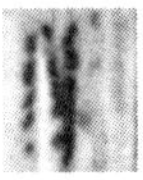

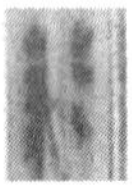

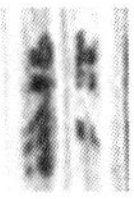

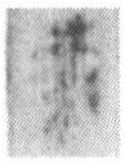

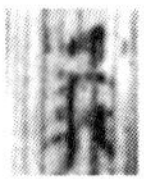

[illegible]※

乙二五〇	乙二七二	地圖四A
乙二五一	以上各例均通蕤字	地圖四A
乙二五二		
乙二五八A+三七一		

卷二

少　　　　　　　　小

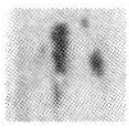

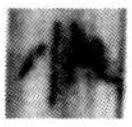

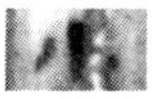

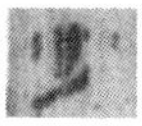

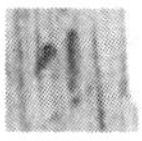

乙一一〇壹	乙一〇〇壹	乙二〇七	乙一〇八B壹	乙七〇	甲三五	甲一五
乙一一一壹	乙一〇八A+一〇七壹	乙二三三壹	乙一五六	乙七一	甲三七	甲三〇A+三二B
乙一三六	乙一〇八B壹	地圖四B	乙一五七	乙七三壹	乙六六	甲三四
乙一四〇	乙一〇八B壹		乙一五七	乙一〇八A+一〇七壹	乙七〇	甲三四

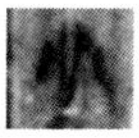

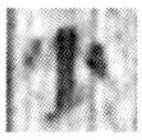

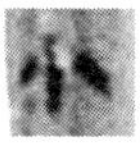

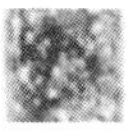

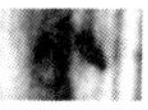

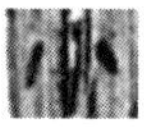

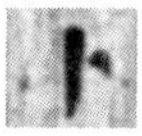

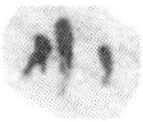

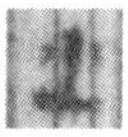

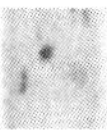

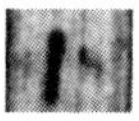

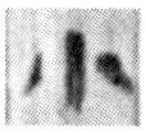

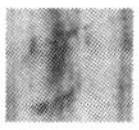

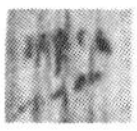

八

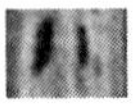 乙六三貳	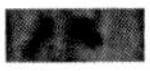 乙五五貳	 乙二四叁下	 乙四貳	 甲八	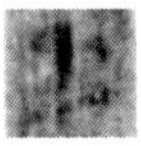 乙三六〇A+一六二B	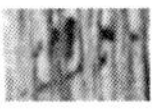 乙二八八	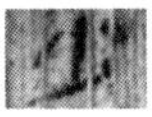 乙二四二
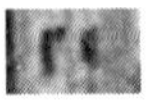 乙六三貳	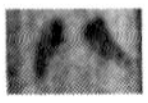 乙五七貳	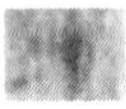 乙三一壹	 乙八壹	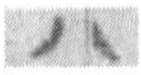 甲五〇壹	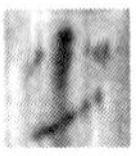 志四	 乙二九七	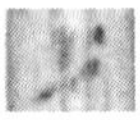 乙二四三
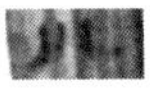 乙七九貳	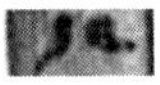 乙五七貳	 乙四一壹	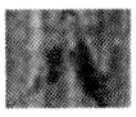 乙一七壹	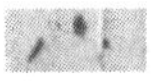 甲六〇壹		 乙三四四	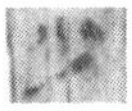 乙二八六
乙七九貳	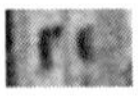 乙六三貳	乙五一壹	乙一七叁下	甲七〇壹		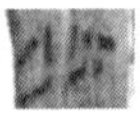 乙三五九	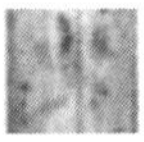 乙二八六

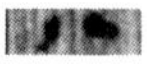	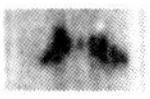	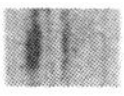	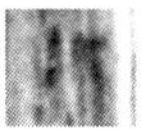	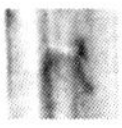	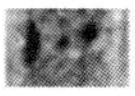	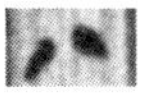	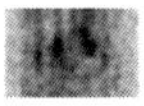
乙八四壹	乙一六三	乙一八〇肆	乙一八三伍	乙一八八柒	乙一九五貳	乙二〇四貳	乙三四二
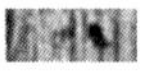		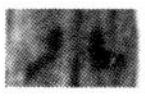	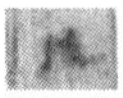		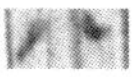		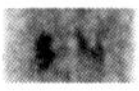
乙一〇〇貳	乙一六九叁	乙一八一壹	乙一八六壹	乙一九二	乙一九八貳	乙二八三	乙三四二
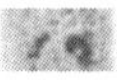	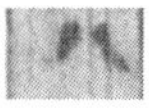	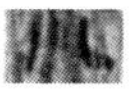	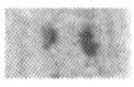		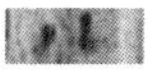	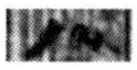	
乙一四一	乙一七九伍	乙一八一貳	乙一八六肆	乙一九五貳	乙二〇一貳	乙三〇一	乙三四三
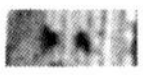		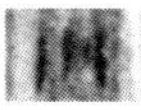		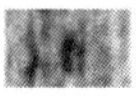	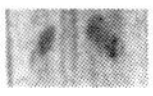		
乙一六〇	乙一七九柒	乙一八二柒	乙一八八壹	乙一九五貳	乙二〇一貳	乙三〇二	乙三四四

必		公	尚		分		
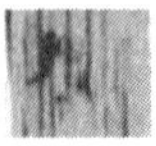 甲二貳	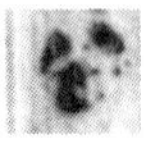 乙三五〇	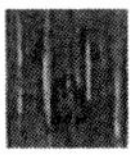 甲一壹	乙二四八	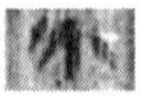 乙二六〇	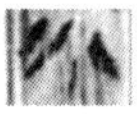 乙一六七叁	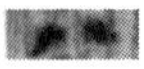 志一	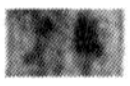 乙三四八
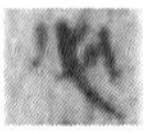 甲三貳	 乙三五〇	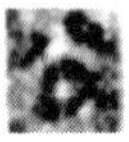 乙一八壹	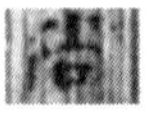 乙二六〇	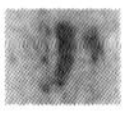 乙二七五	乙一六七叁	 地圖二	乙三四九
甲一八壹	 志三	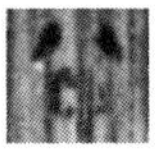 乙二七八	 志二	 乙二七七	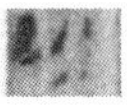 乙一七四叁	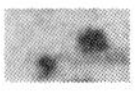 地圖三A	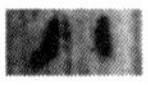 乙三四九
 甲一八貳	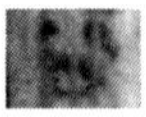 志三	 乙三五〇			 乙二三五貳		志一

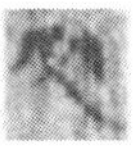	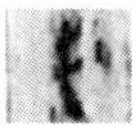	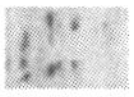	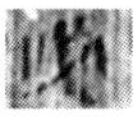	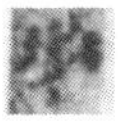	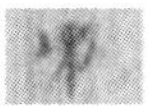	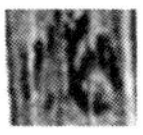	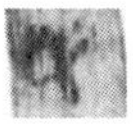
甲二四貳	乙一貳	乙六貳	乙八貳	乙一八壹	乙二三貳	乙七三壹	乙九一A+乙九三B+九二
	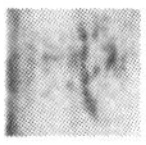	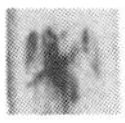		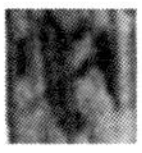	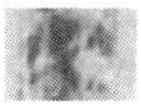	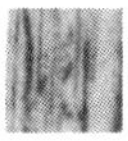	
甲二五貳	乙二貳	乙七貳	乙九+一三貳	乙一九貳	乙二三貳	乙八九	乙九一A+乙九三B+九二
		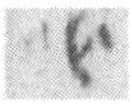	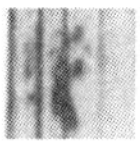	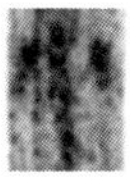	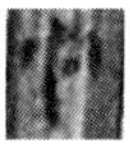	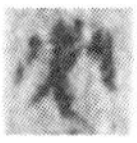	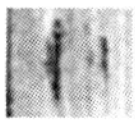
甲二九貳	乙三貳	乙七貳	乙一二壹	乙二一叁	乙六三壹	乙八九	乙九一B叁
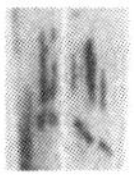	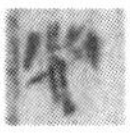	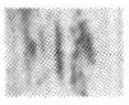	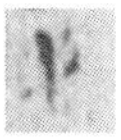	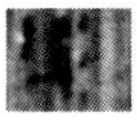		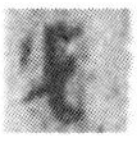	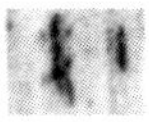
甲三七	乙五貳	乙八貳	乙一七壹	乙二二貳	乙六四壹	乙八九	乙一一五壹

半　審　余

		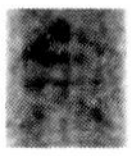	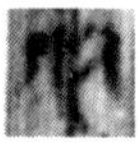				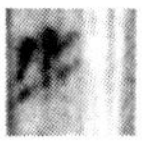
乙一八二壹	乙一四四壹	乙三四二 通餘字	乙三六七	乙三〇八壹	乙一三七	乙一三〇壹	乙一一六壹
			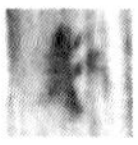	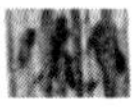			
乙一八九伍			志七	乙三〇九	乙一四一	乙一三一壹	乙一二〇壹
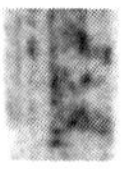				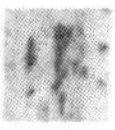			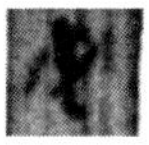
乙二〇〇壹				乙三一三	乙一四四壹	乙一三四壹	乙一二四壹
						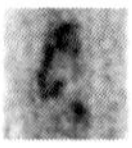	
乙二七七				乙三一九	乙一六二A+九三A	乙一三五壹	乙一二六貳

牝			牡			牛	
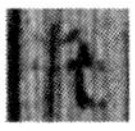 乙八五壹	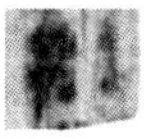 乙三二七A	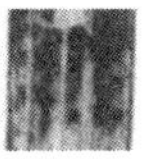 乙八九	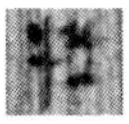 乙八四壹	乙二一〇	 乙一〇一壹	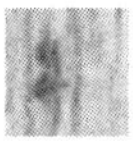 甲二一貳	 乙二九五
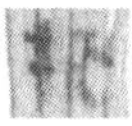 乙八七		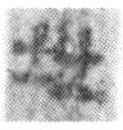 乙八九	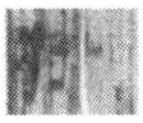 乙八六壹	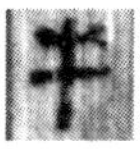 乙二一一	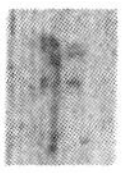 乙一三〇壹	 甲三一	
 乙八八		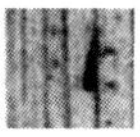 乙一三三壹	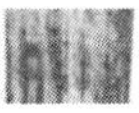 乙八八	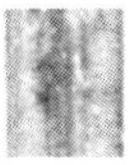 乙三五三	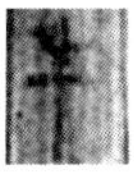 乙一六六	 乙二二壹	
 乙八八		 乙二六二	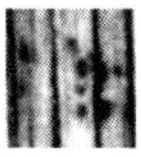 乙八八		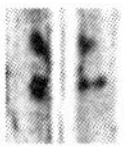 乙二〇九	乙六七	

物	犀	牢	牷	犖	犢		
 乙二八八	 志二	 甲一五	 甲三八	  甲二八	 甲二八	 乙二六二	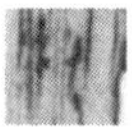 乙八九
	志二	 甲三七	 乙七四壹	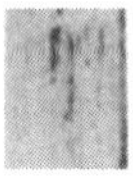 乙六一壹	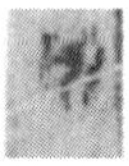  乙六一壹	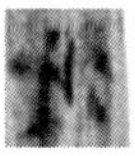 乙三二七A	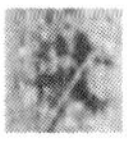 乙八九
		 乙七三壹			 乙三〇三B+二八九B		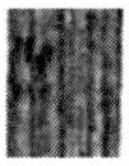 乙一一四壹
					 乙三〇三B+二八九B		 乙一三一壹

告	口				喙		吻
乙二七九	甲二三	乙一〇四壹	乙二三六壹	地圖二	乙二〇八	乙二二七	乙二二四
乙三一一	甲二六	乙二一二	乙二三七壹	地圖二	乙二一四A+二三三	乙二三九	
志三	乙五五壹	乙二二〇	乙二八一	地圖三A	乙二一七		
	乙五九壹	乙二二八	乙二九六	地圖三A	乙二二三		

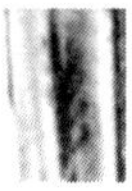

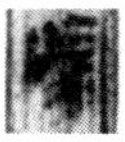

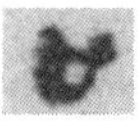

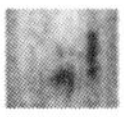

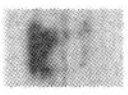

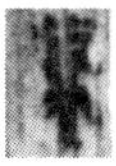

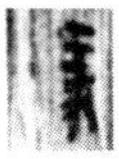

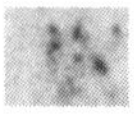

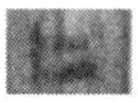

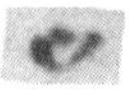

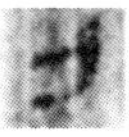

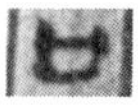

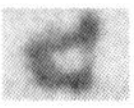

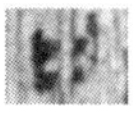

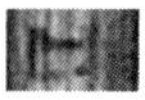

	君		吾		名	味	啗
 乙二四二	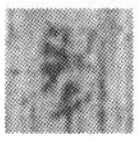 甲一四	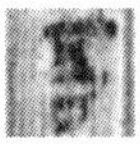 乙二九〇	 乙二二四	 乙六六	 甲三〇A+三二B	 乙三〇三B+二八九B	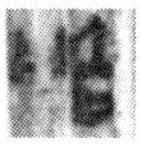 乙二三五壹
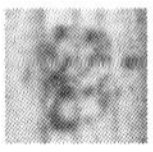 乙二四三	乙一五壹	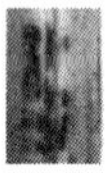 乙三三六	 乙二四六	 乙七四壹	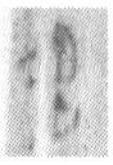 甲三四	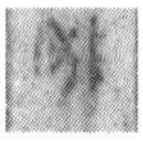 乙三五三	
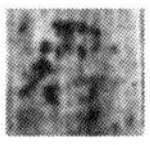 乙二六〇	 乙一八貳	 乙三五七	 乙二五九+二四五	 乙七五壹	 甲三八	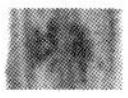 乙三五四	
 乙二六一	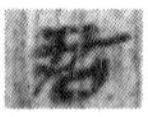 乙二四二	 志二	 乙二九〇		 甲三九	 乙三七五	

台	和	唯	問	命			
乙三五六 通始字	乙三二四	乙二四三	乙九〇	志三	乙三二七A	乙二九四	乙二六五
	乙三三二		乙三四五	志三	乙三五〇	乙三一三	乙二六五
	乙三四四		乙三五五		乙三五六	乙三五六	乙二六九
	乙三六五+二九二				志二		乙二八〇

	吉			啻		右	咸
甲四三壹	甲一六壹	乙二六四	乙九九壹	乙九五壹	乙二六八	乙二四叁下	乙一三〇壹
甲四三壹	甲二一壹	乙二六八	乙一一七壹	乙九六壹	乙二七九 通有字	乙一〇〇壹	乙一三九
甲四三貳	甲四三壹	乙二七二	乙一一八壹	乙九七壹	乙三三三	乙二二四	乙三〇三B+二八九B 通鹹字
甲四三貳	甲四三壹	以上各例均通帝字	乙二六〇	乙九八壹	地圖一A	乙二五四	

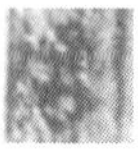

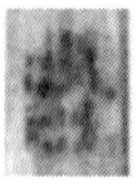

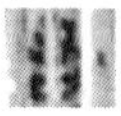

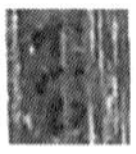

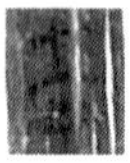

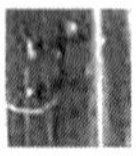

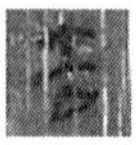

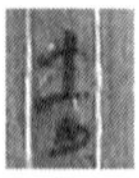

甲四九壹	甲四八壹	甲四七壹	甲四六貳	甲四六壹	甲四五壹	甲四四壹	甲四三貳
甲四九壹	甲四八壹	甲四七貳	甲四七壹	甲四六壹	甲四五壹	甲四四貳	甲四四壹
甲四九壹	甲四八貳	甲四八壹	甲四七壹	甲四六壹	甲四五貳	甲四五壹	甲四四壹
甲四九貳	甲四九壹	甲四八壹	甲四七壹	甲四六貳	甲四六壹	甲四五壹	甲四四壹

		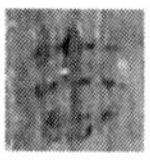			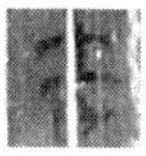		
甲五四壹	甲五三貳	甲五三壹	甲五二壹	甲五一貳	甲五一壹	甲五〇貳	甲五〇壹
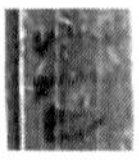	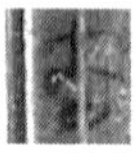	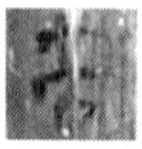	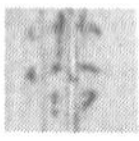	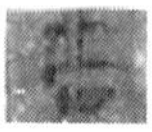		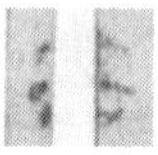	
甲五四壹	甲五三貳	甲五三壹	甲五二貳	甲五二壹	甲五一壹	甲五〇貳	甲五〇壹
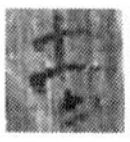		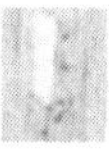	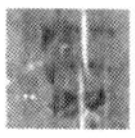	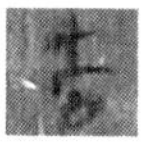		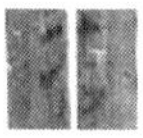	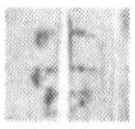
甲五五壹	甲五四壹	甲五三壹	甲五二貳	甲五二壹	甲五一貳	甲五一壹	甲五〇壹
	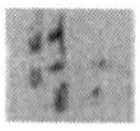	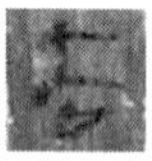	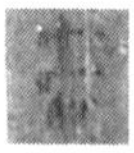			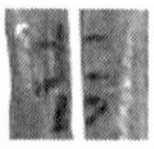	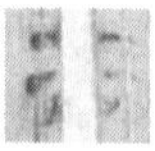
甲五五壹	甲五四壹	甲五三壹	甲五二貳	甲五二壹	甲五一貳	甲五一壹	甲五〇壹

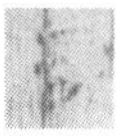		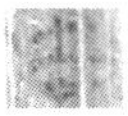	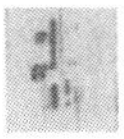				
甲六二壹	甲六一壹	甲六〇壹	甲五九壹	甲五八壹	甲五七壹	甲五六壹	甲五五壹
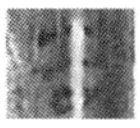		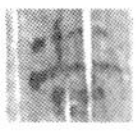	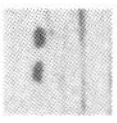		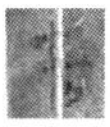	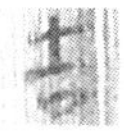	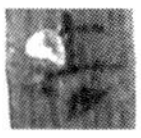
甲六二壹	甲六一壹	甲六〇壹	甲五九壹	甲五八壹	甲五七壹	甲五六壹	甲五五壹
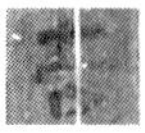	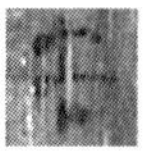	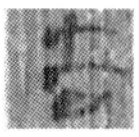				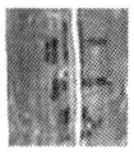	
甲六三壹	甲六二壹	甲六一壹	甲六〇壹	甲五九壹	甲五八壹	甲五七壹	甲五六壹
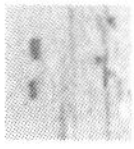				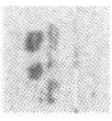	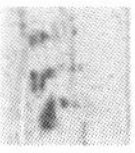		
甲六三壹	甲六二壹	甲六一壹	甲六〇壹	甲五九壹	甲五八壹	甲五七壹	甲五六壹

甲六三壹	甲六四壹	甲六五壹	甲六六壹	甲六七壹	甲六八壹	甲六九壹	甲七〇壹
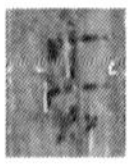	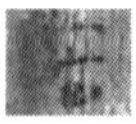	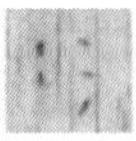	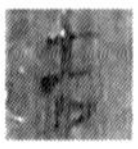	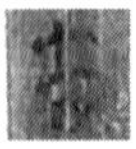			
甲六三壹	甲六四壹	甲六五壹	甲六七壹	甲六八壹	甲六九壹	甲七〇壹	甲七一壹
	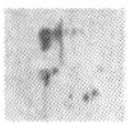	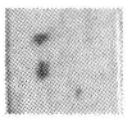		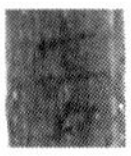			
甲六四壹	甲六五壹	甲六六壹	甲六七壹	甲六八壹	甲六九壹	甲七〇壹	甲七一壹
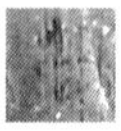		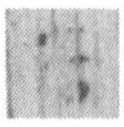	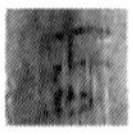	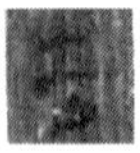			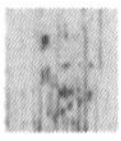
甲六四壹	甲六五壹	甲六六壹	甲六七壹	甲六八壹	甲六九壹	甲七〇壹	甲七一壹

甲七一壹	甲七二壹	乙一六壹	乙二六壹	乙二六貳	乙二七貳	乙二八壹	乙二九壹
甲七二壹	乙一貳	乙二一貳	乙二六壹	乙二七壹	乙二八壹	乙二八貳	乙二九壹
甲七二壹	乙六貳	乙二三叁	乙二六壹	乙二七壹	乙二八壹	乙二八貳	乙二九壹
甲七二壹	乙九十一三貳	乙二六壹	乙二六壹	乙二七壹	乙二八壹	乙二九壹	乙二九貳

乙二九貳	乙三〇壹	乙三一壹	乙三二壹	乙三二貳	乙三三壹	乙三三貳	乙三四壹
乙三〇壹	乙三〇貳	乙三一壹	乙三二壹	乙三二貳	乙三三壹	乙三三貳	乙三四壹
乙三〇壹	乙三一壹	乙三一貳	乙三二壹	乙三二貳	乙三三壹	乙三四壹	乙三四貳
乙三〇壹	乙三一壹	乙三一貳	乙三二壹	乙三三壹	乙三三貳	乙三四壹	乙三四貳

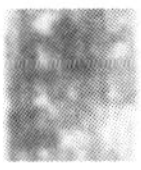

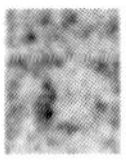

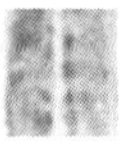

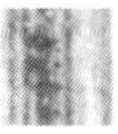

乙四二B壹	乙四二A+三九	乙四一壹	乙四〇A壹	乙三八壹	乙三七壹	乙三六壹	乙三五壹
乙四二B壹	乙四二A+三九	乙四一壹	乙四〇A壹	乙三八壹	乙三七壹	乙三六壹	乙三五壹
乙四三壹	乙四二A+三九	乙四一壹	乙四〇A壹	乙三八壹	乙三七壹	乙三六壹	乙三五壹
乙四三壹	乙四二B壹	乙四一壹	乙四〇B貳	乙三八壹	乙三七壹	乙三六壹	乙三五壹

		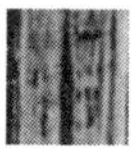	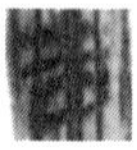				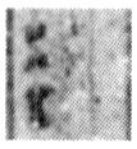
乙四三壹	乙四四壹	乙四五壹	乙四六壹	乙四七壹	乙四八壹	乙四九壹	乙五〇壹
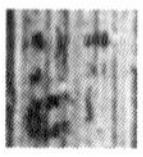					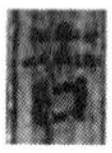		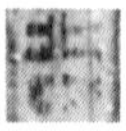
乙四三壹	乙四四壹	乙四五壹	乙四六壹	乙四七壹	乙四八壹	乙四九壹	乙五〇壹
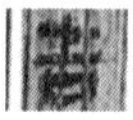		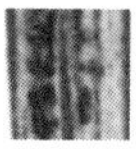				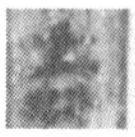	
乙四四壹	乙四五壹	乙四六壹	乙四七壹	乙四八壹	乙四九壹	乙五〇壹	乙五一壹
		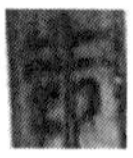					
乙四四壹	乙四五壹	乙四六壹	乙四七壹	乙四八壹	乙四九壹	乙五〇壹	乙五一壹

乙五一壹	乙五二壹	乙五三壹	乙五四+二五壹	乙八八	乙九八叁	乙一〇二貳	乙一一四壹
乙五一壹	乙五二壹	乙五三壹	乙五四+二五貳	乙九四貳	乙九九叁	乙一〇二叁	乙一四五壹
乙五二壹	乙五三壹	乙五四+二五壹	乙五四+二五貳	乙九五叁	乙一〇〇叁	乙一一一壹	乙一四六壹
乙五二壹	乙五三壹	乙五四+二五壹	乙五四+二五貳	乙九六叁	乙一〇一貳	乙一一三壹	乙一四七壹

周

 乙一六貳	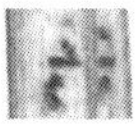 乙三六五+二九二	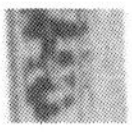 乙三三〇	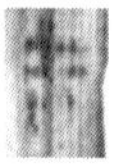 乙二八〇	 乙二六七	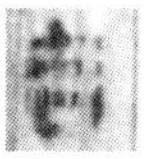 乙二五八A+三七一	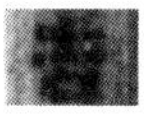 乙一五三壹	乙一四八壹
 乙二六〇	 乙三七六	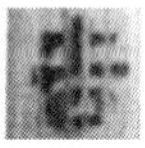 乙三三五	 乙二八八	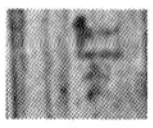 乙二七四	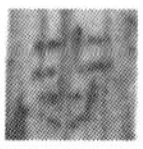 乙二六一	乙二四一	 乙一四九壹
		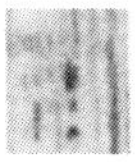 乙三五四	 乙三〇三A+三〇四	 乙二七六	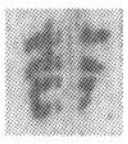 乙二六三	 乙二四二	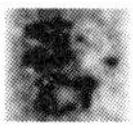 乙一五〇壹
		 乙三五七	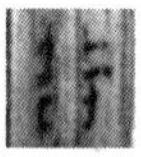 乙三二九	 乙二七八	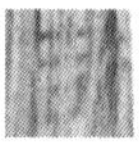 乙二六五	 乙二五七	乙一五一壹

哭	單	㱿			各	吝	唐
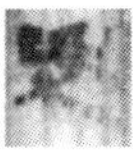 乙二四四	 甲四〇	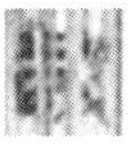 乙二七八 通哭字	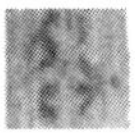 乙三五九	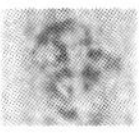 乙一一九貳	 乙一一五貳	 乙一三七	 乙二九四
 乙二九四		  志五 通哭字		乙一二〇貳	 乙一一六貳		
				 乙三二七B	 乙一一七貳		
				 乙三二七B	 乙一一八貳		

喪	喪	喪	走	起	起	趙	止
乙一七貳	乙一〇七貳	乙二八八	志五	甲二一壹	乙一五八	志三	乙一七〇+ 三二五叁
乙二〇貳	乙一一〇貳	乙二九四		甲二四貳	乙二五五		乙一七〇+ 三二五叁
乙二三貳下	乙一一三貳	乙二九八		乙一七叁	乙三〇八壹		乙一七五叁
乙一〇四貳	乙二七八	乙三七七		乙二一壹	乙三三一		乙三三三

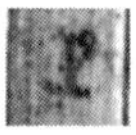

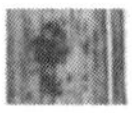

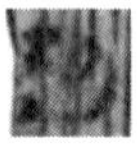

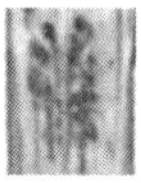

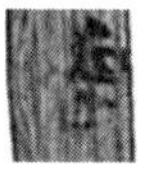

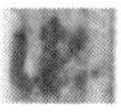

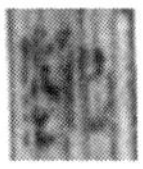

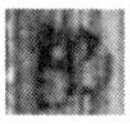

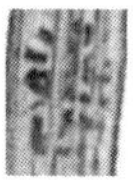

	步	登		歸			前
 乙二二八	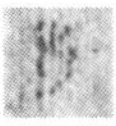 甲六六貳	 乙三〇〇	 乙三一六	 乙一二三壹	 乙三二二	乙二四一	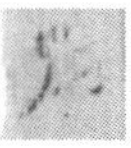 甲六七貳
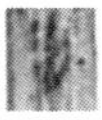 乙二三四壹	 乙一六五	 乙三三六	 乙三一七壹	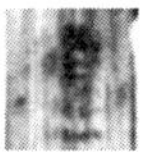 乙二八〇	 乙三三八	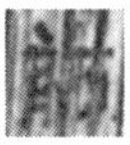 乙二九八	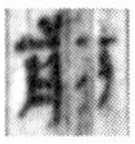 乙一六五
乙二四六	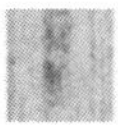 乙二一六	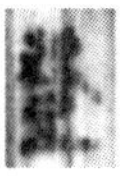 乙三五一	 乙三一九	 乙二八六	 乙三四六	 乙二九九	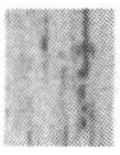 乙一八〇伍
	 乙二一八		 乙三二〇	 乙二九四	 乙三六四A+三五八B	 乙三二二	 乙一九〇壹

此　歲

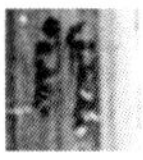

乙三三四	乙二九一	乙一二五壹	乙三〇八貳	乙一二〇貳	乙二〇叁上	乙一五貳	乙四貳
乙三四三	乙三〇〇	乙一七六壹 通歬字	乙三四七貳	乙一二二貳	乙九一B叁	乙一七貳	乙五貳
乙三五六	乙三二八	乙二五四		乙一五五	乙一一五貳	乙一七叁下	乙七貳
志五	乙三三四	乙二七九		乙一五六	乙一一七貳	乙一九叁	乙九十一三貳

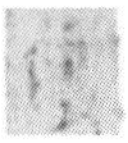

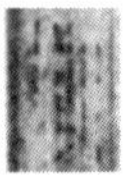

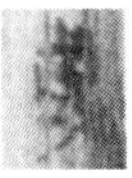

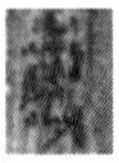

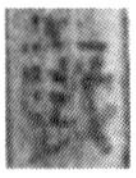

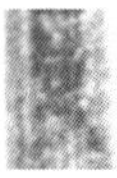

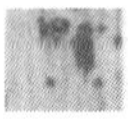

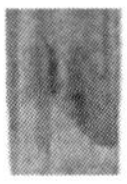

正

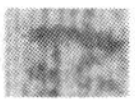 乙三〇一	 乙二六四 通政字	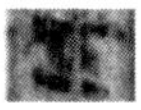 乙一六二A+九三A	乙一五八	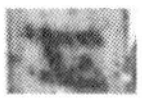 乙一三九	乙一一六貳	 乙七八貳	 甲一壹
 乙三〇二	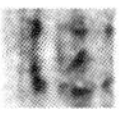 乙二六八	 乙一六二A+九三A	 乙一六〇	 乙一四一	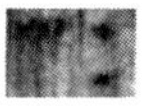 乙一一七貳	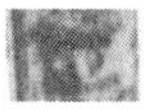 乙八四壹	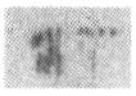 甲七一貳
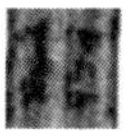 乙三一三	 乙二八四	 乙一六六	乙一六〇	 乙一五四	乙一一九貳	乙一〇三叁	乙一壹
	 乙二八五	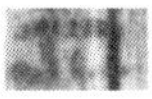 乙一七二壹	 乙一六二A+九三A	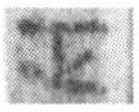 乙一五八	乙一一九貳	 乙一一六貳	乙五六貳

是

 甲三貳	 乙一五貳	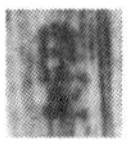 乙九四壹	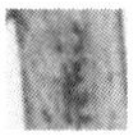 乙一二九壹	 乙一三三壹	 乙一三九	 乙二四六	乙二五〇
 乙二貳	乙一八貳	乙一一三壹	 乙一三〇壹	 乙一三四壹	 乙一四〇	 乙二四七A	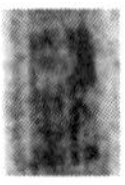 乙二五一
 乙四貳	 乙七一	 乙一一四壹	 乙一三一壹	 乙一三五壹	 乙一四一	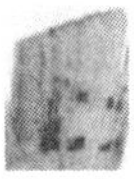 乙二四八	 乙二五二
乙八貳	 乙九一A+九三B+九二	 乙一二八	 乙一三二壹	乙一三六	乙二四四	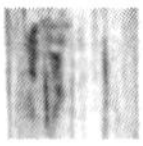 乙二四九	乙二五二

⿺辶正※	進	迹					
 乙一三七 征字異體	  乙一二二貳	 乙一二三壹	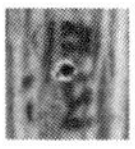 乙三六五+二九二	 乙三三六	乙二八一	 乙二五九+二四五	 乙二五三
		 乙三一四	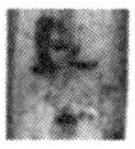 乙三六五+二九二	 乙三五一	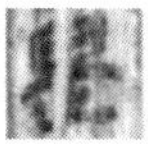 乙二八三	乙二六六	 乙二五四
				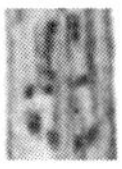 乙三六四A+三五八B	 乙三〇〇	 乙二七〇	 乙二五五
				 乙三六四A+三五八B	 乙三一八	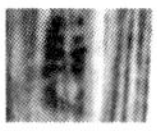 乙二七二	 乙二五五

	連	遷	逢		遇		過
乙二三七壹	乙一二二貳	乙二七四	乙一〇〇叁	乙三六貳	甲五五貳	乙一四三	甲一六貳
	乙二二四		乙一〇三貳	乙四三貳	甲六二貳	乙一八五伍	甲一九貳
	乙二二八		乙二五九+二四五	乙四四貳	甲六三貳		乙二三貳下
	乙二三四壹			乙四五貳	甲六四貳		乙一四二

	遠	遏	逐	逃	遂	遺	逋
乙六七	甲一八壹	乙三五〇	 乙二八八	甲一四	乙二四二	甲二三	乙二九六
乙七二	甲三一			甲一八貳	乙二八七	乙五六壹	
乙七四壹	甲三八			乙一五壹		乙二七四	
乙一〇八B貳	乙一八壹			乙一二二壹			

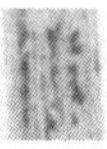

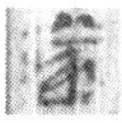

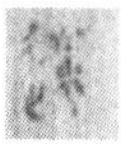

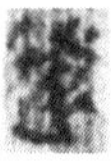

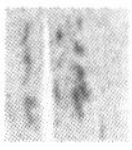

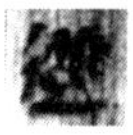

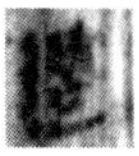

		復	德		道		
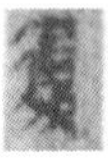 乙八九	 甲三九	 甲二貳	 乙二七五	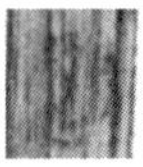 乙二六五	 甲六七貳	 乙三二〇	 乙一二四壹
 乙九一A+九三B+九二	乙六九	 甲三貳	 乙二七五	 地圖三A	乙一六二A+九三A	 乙三二一	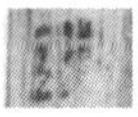 乙一二五壹
 乙九一A+九三B+九二	 乙七三壹 通腹字	甲三三	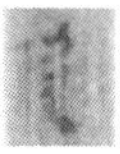 乙二七五 通忒字		 乙一六五		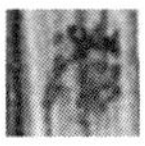 乙二七四
 乙一二三壹	 乙七五壹	 甲三七 通腹字			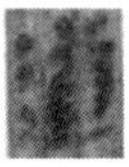 乙一七七叁		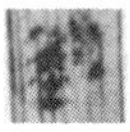 乙三一九

彼　往

彼	彼	彼	彼	彼	往	往	往
乙五壹 通破字	乙一壹 通破字	甲一一 通破字	甲六 通破字	甲一壹 通破字	乙二四六	乙三一四	乙二四六
乙六壹 通破字	乙二壹 通破字	甲一二 通破字	甲七 通破字	甲三壹 通破字	乙二九四	乙三一九	乙二六〇
乙七壹 通破字	乙三壹 通破字	甲一九壹 通破字	甲八 通破字	甲四壹 通破字	乙二九九	乙三二二	乙二六八
乙八壹 通破字	乙四壹 通破字	甲一九壹 通破字	甲九 通破字	甲五 通破字		乙三四二	乙二九五

微 徐 後

微	微	徐	徐	後	後	後	後
乙九+一三壹 通破字	乙一九壹 通破字	乙二〇九	乙二六二	甲五九貳	乙一四貳	乙四六貳	乙一八二伍
乙一〇壹 通破字	乙一九壹 通破字			甲六一貳	乙四〇B貳	乙一〇九壹	乙一八九伍
乙一一壹 通破字	乙一二九壹			甲六五貳	乙四二貳	乙一一一壹	乙一九一壹
乙一二壹 通破字	乙二三八			甲六五貳	乙四六貳	乙一二二貳	乙二一六

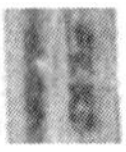

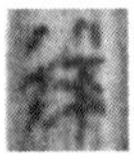

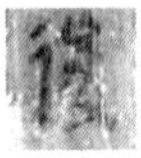

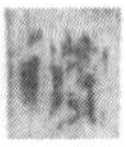

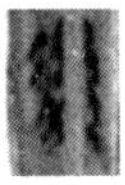

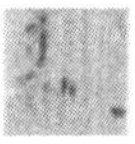

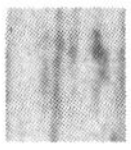

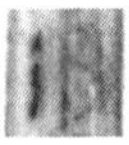

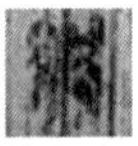

得　很

 甲二五貳	 甲二三	 甲一四	 乙二九六 疑通狠或恨字	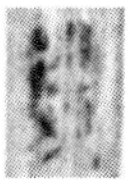 乙三六四A+三五八B	 乙三三八	 乙二六二	乙二四一
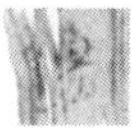 甲二六	 甲二四壹	 甲一八貳		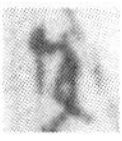 地圖一B	 乙三四六	 乙二九九	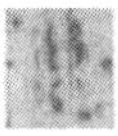 乙二四一
 甲二六	 甲二四壹	 甲一八貳			 乙三五六	 乙三二三	乙二四一
 甲二七	 甲二五壹	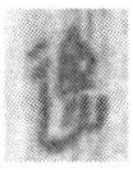 甲二二			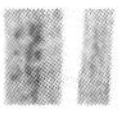 乙三六四A+三五八B	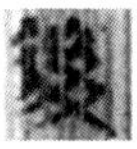 乙三二三	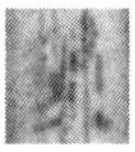 乙二四三

 乙四二B貳	乙三五貳	 甲六六貳	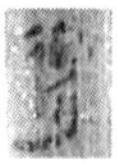 甲六一貳	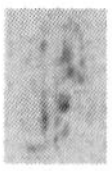 甲五四貳	 甲三五	 甲三〇A+三二B	 甲二八
						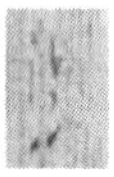	
乙四四貳	乙三六貳	甲七三壹	甲六三貳	甲五四貳	甲三七	甲三一	甲二九壹
						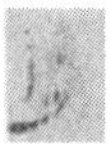	
乙四五貳	乙三七貳	乙一五	甲六四貳	甲五五貳	甲三八	甲三二A+三〇B	甲二九貳
			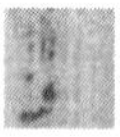				
乙四六貳	乙四〇B貳	乙三五貳	甲六五貳	甲五九貳	甲四〇	甲三三	甲二九貳

乙一〇一貳	乙九六叁	乙七六壹	乙六九	乙六四壹	乙六一壹	乙五八壹	乙五五壹
乙一〇一叁	乙九七叁	乙七七壹	乙七一	乙六六	乙六二壹	乙五九壹	乙五六壹
乙一〇二貳	乙九八叁	乙九四貳	乙七三壹	乙六七	乙六三壹	乙五九壹	乙五七壹
乙一〇三貳	乙九九叁	乙九五叁	乙七四壹	乙六八	乙六三壹	乙六〇壹	乙五七壹

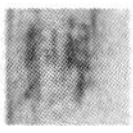					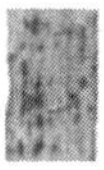		
乙一二二貳	乙二四六	乙二五八A+三七一	乙二九九	乙三二二	乙三二八	乙三三五	乙三三八

乙一二八	乙二四七B	乙二六二	乙二九九	乙三二二	乙三三五	乙三三五	乙三三八
			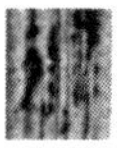				
乙一六五	乙二五六	乙二六二	乙三〇九	乙三二二	乙三三五	乙三三五	志二
		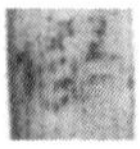					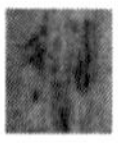
乙二四二	乙二五七	乙二八六	乙三二二	乙三二二	乙三三五	乙三三五	志六

律					徙	徒	
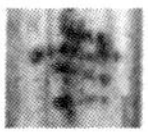 乙三六五+二九二	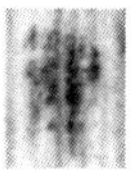 乙三五〇	 乙一九〇叁	 乙三四七貳	 乙三四六	 乙一八叁下	 志一	 志六
	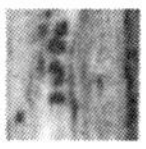 乙三六四A+三五八B	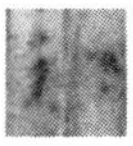 乙二四一		 乙三四六	 乙一二八		 志六
	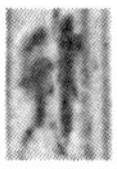 乙三六四A+三五八B	 乙二八四		 乙三四六	乙一二八		
	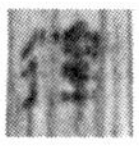 乙三六五+二九二	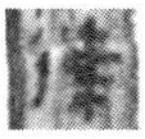 乙二八五		 乙三四七貳	 乙二五二		

乙一二壹	乙八壹	乙四壹	甲一三	甲九	甲五	甲一壹	志一
乙一四壹	乙九+一三壹	乙五壹	乙一壹	甲一〇	甲六	甲二壹	
乙一一二壹	乙一〇壹	乙六壹	乙二壹	甲一一	甲七	甲三壹	
乙三三五	乙一一壹	乙七壹	乙三壹	甲一二	甲八	甲四壹	

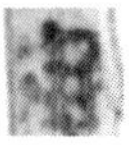

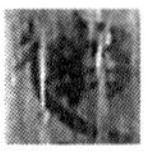

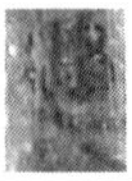

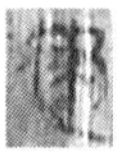

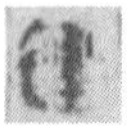

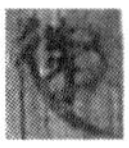

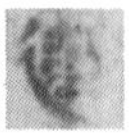

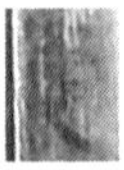

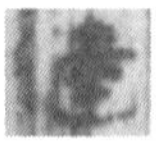

延		行					
 乙二一二	 乙二三六壹	 甲一八壹	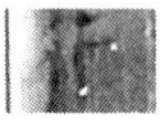 甲六七貳	 乙七二	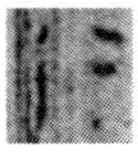 乙八二壹	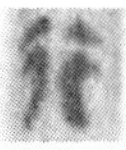 乙九七叁	 乙一〇六壹
 乙二一三		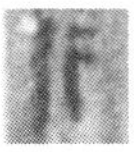 甲二三	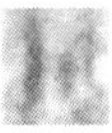 乙一一貳	 乙七八壹	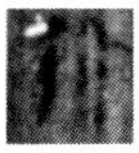 乙九五貳	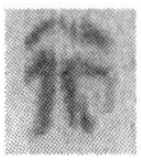 乙九八貳	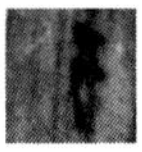 乙一〇六壹
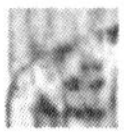 乙二一四+二二三		 甲四二壹	 乙一八壹	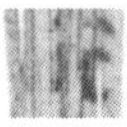 乙七九壹	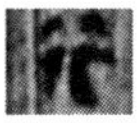 乙九五叁	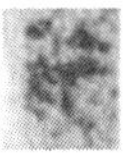 乙九九貳	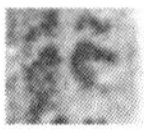 乙一〇九貳
 乙二一八		 甲六六貳	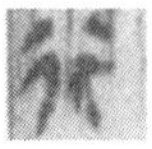 乙五六壹	 乙八〇壹	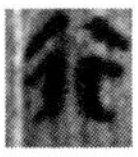 乙九六貳	 乙一〇四壹	 乙一二一壹

乙一二三壹	乙一二四貳	乙一三八	乙一七七叁	乙二一一	乙二一七	乙二二四	乙二三二
乙一二三壹	乙一二五貳	乙一五四	乙一七七叁	乙二一二	乙二一九	乙二二五	乙二三八
乙一二三貳	乙一二六貳	乙一六五	乙二〇九	乙二一三	乙二二〇	乙二二六	乙二三九
乙一二四壹	乙一三七	乙一六五	乙二一〇	乙二一四A+二二三	乙二二二	乙二三〇	乙二四三

齒　街

 甲二四壹	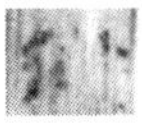 街 乙二六五	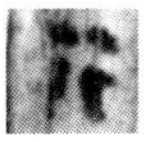 乙三三三	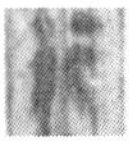 乙三一六	 乙二九〇	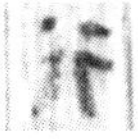 乙二八七	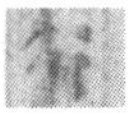 乙二七四	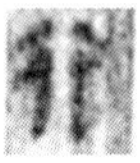 乙二四六
 乙五七壹	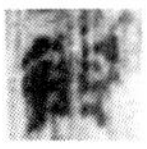 乙二六七	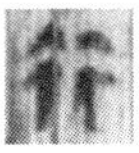 乙三六〇A+一六二B	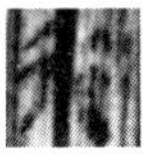 乙三一六	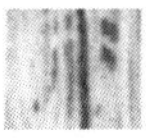 乙二九一	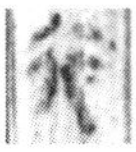 乙二八七	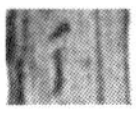 乙二七四	 乙二五四
			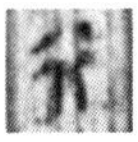 乙三一七壹	 乙二九七	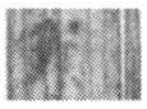 乙二八八	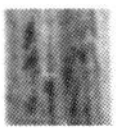 乙二七五	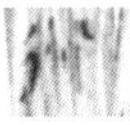 乙二五八B
			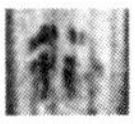 乙三一七貳	 乙三一五	乙二八八	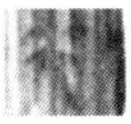 乙二八〇	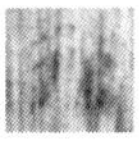 乙二六五

			扁	跡※	蹇	跨	足
			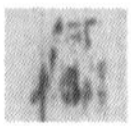	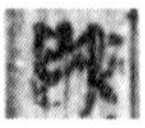	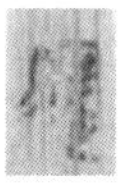	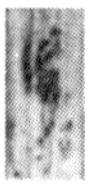	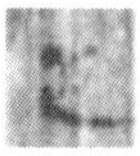
			甲二八	乙二一七	甲三五	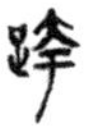 乙二三四壹	甲二五壹
			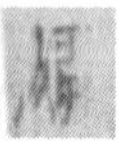		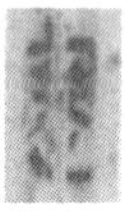		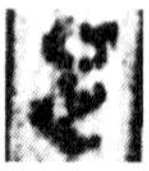
			甲三〇A+三二B		乙七一		乙五八壹
			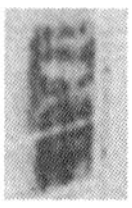				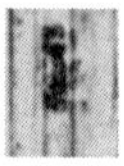
			乙六一壹				乙二二九
			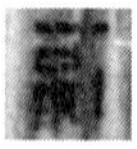				
			乙六六				

卷三

器		舌	只	商		笱
 乙二八九A	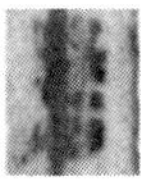 乙三五四	 乙二八一	 乙一二八 通支字	 乙一七六叁	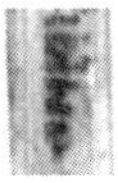 乙二三六貳	 乙一四四壹 通苟字
 乙三〇三B+二八九B		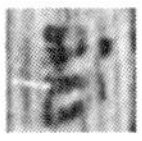 乙二九六		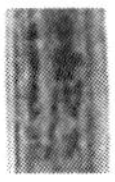 乙一八六肆		
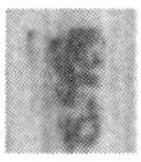 乙三五二				 乙一九九壹		
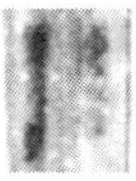 乙三五三				 乙二〇四壹		

古

乙二四四

十

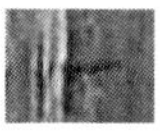

甲一〇
甲一一
甲一二 
甲五二壹 
甲五三壹
甲五四壹 
甲五五壹 
甲五六壹 
甲五七壹
甲五八壹 
甲五九壹 
甲六〇壹 
甲六一壹
甲七三貳 
乙六貳 
乙七貳 
乙一〇壹 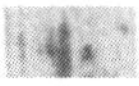
乙一一壹
乙一二壹 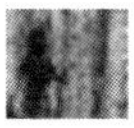
乙一七叁下 
乙二〇叁上
乙二二叁
乙三三壹 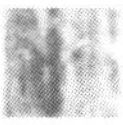
乙三四壹 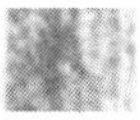
乙三五壹 
乙三六壹
乙三七壹 
乙三八壹

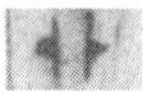

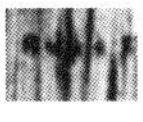 乙一二八	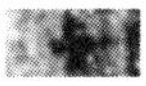 乙一一二貳	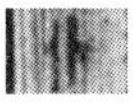 乙八五貳	 乙八四貳	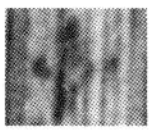 乙六五壹	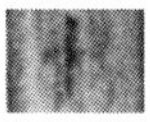 乙五九貳	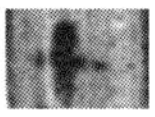 乙五七叁	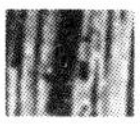 乙四一壹
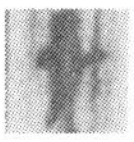	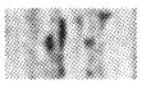		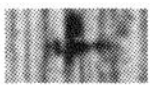	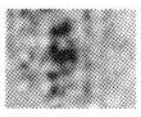	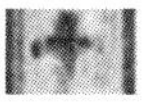	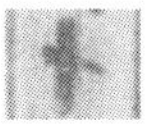	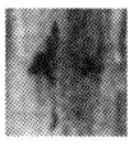
乙一二八	乙一一三貳	乙八六貳	乙八五壹	乙八二貳	乙六〇貳	乙五七叁	乙四二A+三九
	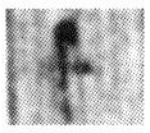		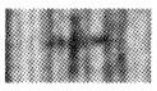	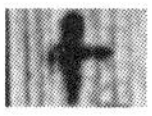	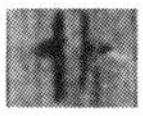	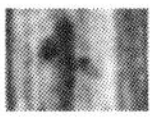	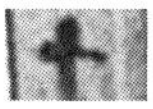
乙一三九	乙一一四貳	乙八六貳	乙八五壹	乙八四壹	乙六一貳	乙五八叁	乙五六叁
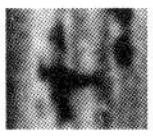		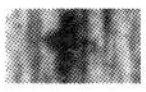	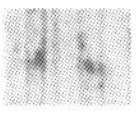	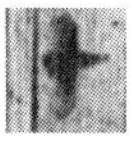	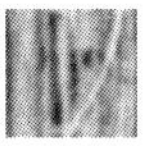	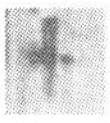	
乙一四〇	乙一二八	乙九四壹	乙八五貳	乙八四貳	乙六五壹	乙五八叁	乙五六叁

 乙一四一	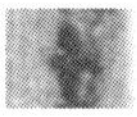 乙一六〇	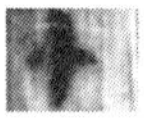 乙一六八+三七四壹	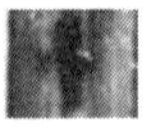 乙一六九壹	 乙一七一壹	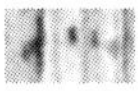 乙一八五柒	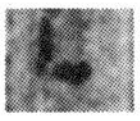 乙一九五貳	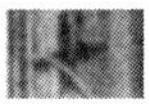 乙一九八貳
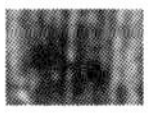 乙一四一	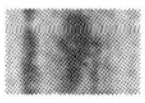 乙一六〇	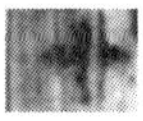 乙一六八+三七四貳	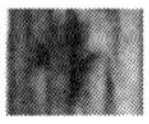 乙一六九壹	 乙一七四壹	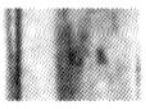 乙一八六柒	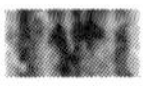 乙一九六貳	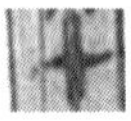 乙一九八貳
 乙一四一	 乙一六七壹	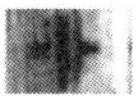 乙一六八+三七四貳	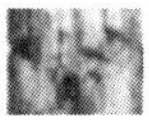 乙一六九貳	乙一七四貳	 乙一九四貳	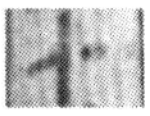 乙一九七貳	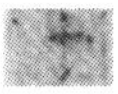 乙一九九貳
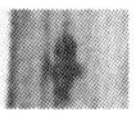 乙一六〇	 乙一六七貳	 乙一六九壹	乙一七〇+三二五壹	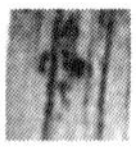 乙一七五壹	乙一九五貳	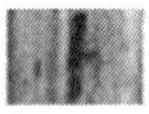 乙一九七貳	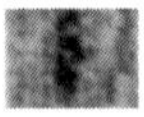 乙一九九貳

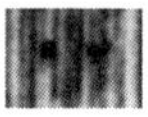 乙三六二壹	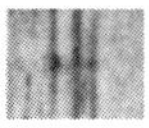 乙三三三	 乙三〇一	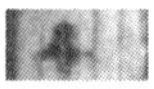 乙二八五	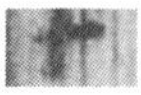 乙二八三	乙二〇五貳	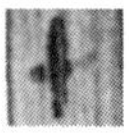 乙二〇二貳	乙二〇〇貳
 地圖二	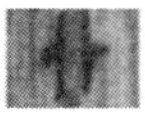 乙三四九	 乙三〇一	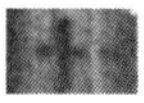 乙二八五	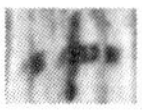 乙二八三	 乙二六〇	 乙二〇二貳	乙二〇〇貳
 地圖二	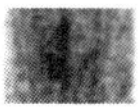 乙三六一壹	 乙三〇九	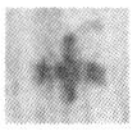 乙三〇〇	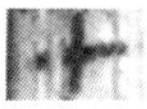 乙二八三	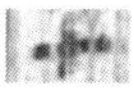 乙二八三	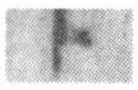 乙二〇三貳	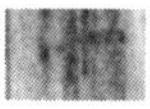 乙二〇一貳
	 乙三六二壹	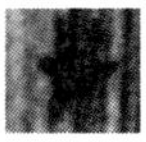 乙三〇九	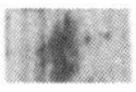 乙三〇一	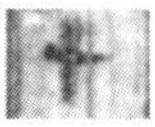 乙二八四	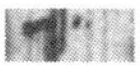 乙二八三	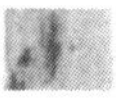 乙二〇三貳	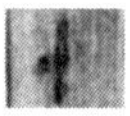 乙二〇一貳

丈

- 甲二八
- 乙六一壹
- 乙一六二A+九三A

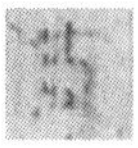

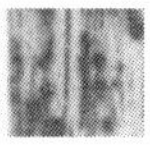

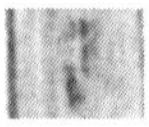

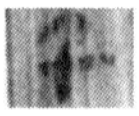

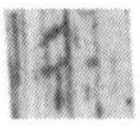

千

- 乙一二三壹
- 乙一九四貳
- 乙一九五貳
- 乙一九六貳
- 乙一九七貳
- 乙一九八貳
- 乙一九九貳
- 乙二〇〇貳
- 乙二〇一貳
- 乙二〇三貳
- 乙二〇四貳
- 乙二〇五貳
- 乙三一九

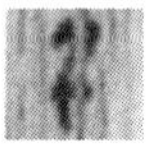

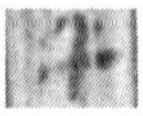

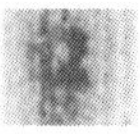

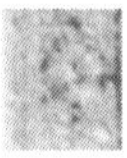

廿

- 甲六二壹
- 甲六三壹
- 甲六四壹
- 甲六五壹
- 甲六六壹
- 甲六七壹
- 甲六八壹
- 甲六九壹
- 甲七〇壹
- 甲七一壹
- 乙四貳
- 乙四三壹

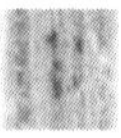

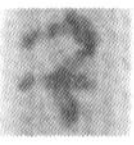

言		卌	卅				
		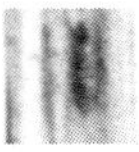		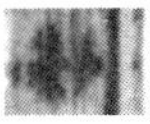		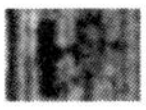	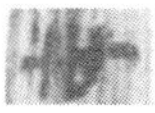
甲一四	乙二八三	乙一八八柒	甲七二壹	乙一七二壹	乙五二壹	乙四八壹	乙四四壹
		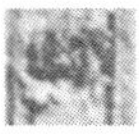	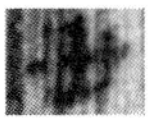	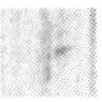		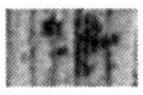	
甲一八貳	乙二八三	乙一八九柒	乙五三壹	乙三六二壹	乙一七〇+三二五壹	乙四九壹	乙四五壹
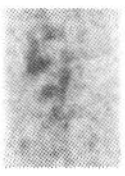		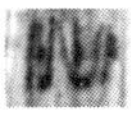	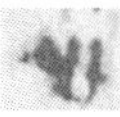			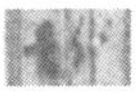	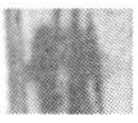
甲四〇		乙一九〇柒	地圖二	地圖二	乙一七〇+三二五壹	乙五〇壹	乙四六壹
		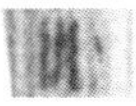		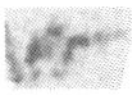		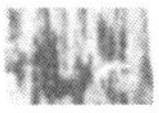	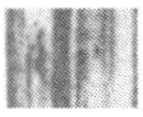
甲五四貳		乙一九四貳		地圖二	乙一七〇+三二五貳	乙五一壹	乙四七壹

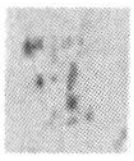 甲五四貳	 甲五五貳	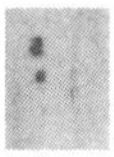 甲五九貳	 甲六三貳	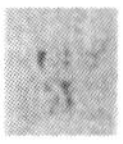 甲六五貳	 乙三五貳	乙三六貳	 乙四〇下貳
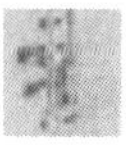 甲五四貳	 甲五五貳	 甲六一貳	甲六三貳	 乙一五壹	乙三六貳	 乙三七貳	 乙四二上+三九貳
 甲五五貳	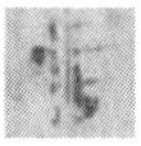 甲五七貳	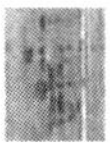 甲六一貳	 甲六四貳	乙三五貳	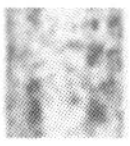 乙三六貳	 乙三七貳	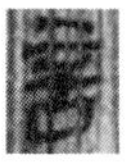 乙四二下貳
 甲五五貳	甲五八貳	 甲六二貳	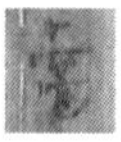 甲六四貳	乙三五貳	乙三六貳	 乙三八貳	 乙四二下貳

語

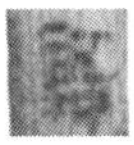					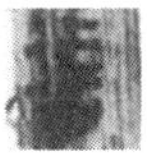		
乙二四三	志七	乙二八五	乙二五二	乙二一〇	乙一〇〇叁	乙四五貳	乙四三貳
			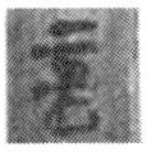				
乙二八五		乙三三六	乙二六四	乙二四三	乙一〇三貳	乙四六貳	乙四四貳
				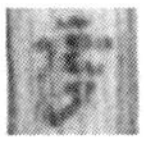			
乙三三六		志四	乙二七〇	乙二四四	乙一二二貳	乙七六壹	乙四四貳
							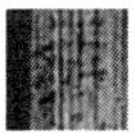
		志五	乙二七五	乙二五一	乙一四四壹	乙九七叁	乙四五貳

許		謁		請			謂
 甲五八貳	乙二五八A+三七一	 甲五八貳	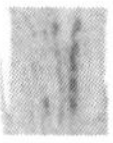 乙二五八A+三七一	 甲五八貳	 乙三六四A+三五八B	 乙二七〇	 甲四貳
 甲六〇貳	 志一	 乙四二上+三九貳	 乙二八四	 乙四二A+三九貳	 乙三六四A+三五八B	 乙二七二	 乙九一A+九三B+九二
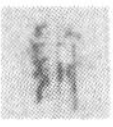 甲六〇貳		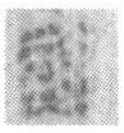 乙二五六	 乙三五六 通情字	 乙二五六	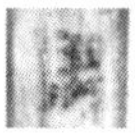 乙三六五+二九二	 乙二八三	乙一三一壹
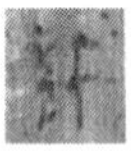 甲六二貳		 乙二五七		 乙二五七	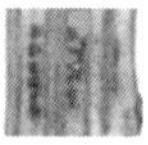 乙三六五+二九二	 乙三一八	 乙二四九

說		謹	論	謀		諸	
 乙三八貳	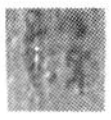 甲五七貳	  志七	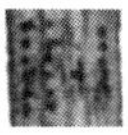 乙二五二	 甲二一壹	乙二八八	 乙四二A+三九貳	 甲六二貳
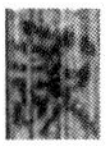 乙四三貳	 甲六二貳		 志二	 乙二一壹	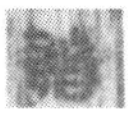 乙二八八	 乙四三貳	 甲六三貳
 乙四四貳	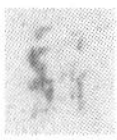 甲六三貳					 乙四三貳	 乙四一貳
 乙二六二	 乙三七貳					 乙四四貳	 乙四一貳

善	認※	詘	詐		訟	詣	
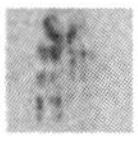					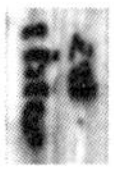		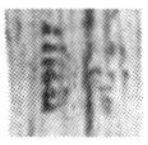
乙五貳	乙二五二 或釋爲諰	乙二三貳上	乙二六〇 通作字	乙三〇〇	乙二六三	乙二五八貳	乙二六五
					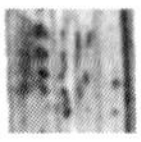		
乙二〇六				乙三二八	乙二八二	乙三三六	

乙二〇七				乙三六〇A+一六二B	乙二九六		

乙二〇七					乙二九七		

乙二〇八	乙二一二	乙二一六	乙二一八	乙二二一	乙二二五	乙二三〇	乙二三四壹
乙二〇九	乙二一三	乙二一六	乙二一八	乙二二二	乙二二七	乙二三一	乙二三五壹
乙二一〇	乙二一四A+二二三	乙二一六	乙二一九	乙二二三	乙二二八	乙二三二	乙二三五壹
乙二一一	乙二一五	乙二一七	乙二二〇	乙二二四	乙二二八	乙二三三壹	乙二三六壹

音

 乙三五三	 乙三二一	 乙二八四	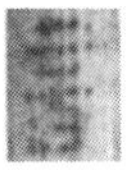 乙二六二	 乙一八三叁	 乙三五二	 乙二六八	 乙二三七壹
 乙三五三	 乙三五〇	 乙二八五	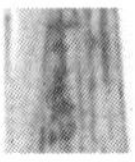 乙二六六	乙二六〇	 乙三六〇B	 乙三三五	 乙二三八
 乙三五四	 乙三五二	 乙二八七	 乙二八一	 乙二六〇		 乙三三五	 乙二三九
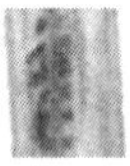 乙三五四	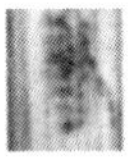 乙三五二	 乙三〇三B+二八九B	 乙二八三	乙二六二		 乙三三六	 乙二四〇

童	妾		業	丞	弇	弄	戒
乙一四四壹 通瞳字	甲二〇貳	乙二九八	乙五貳 通僕字	乙三三九	乙二三四貳	乙二〇七	乙二五九+二四五
	乙二四壹			志一	乙三五三		乙二五九+二四五
	乙一二八				乙三五三		
	乙二九六						

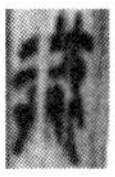

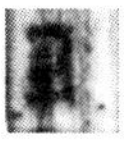

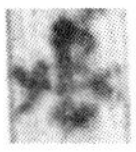

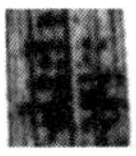

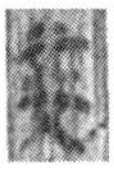

夅※	兵	攀	與		興		要
乙二七七 通仇字	乙一〇一叁	乙二三六壹	乙一五貳	乙三四四	乙一貳	乙一三二壹	乙一三六
乙二八一 通仇字	乙一三九 疑通方字		乙一三〇壹	志三	乙二一叁下		乙二〇八
	乙二七六		乙三四四		乙九三C		乙二〇八
	乙三一三		乙三四四		乙九四壹		乙二一〇

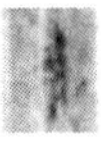

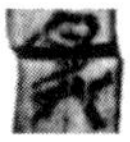

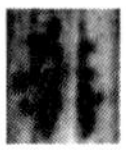

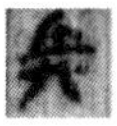

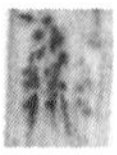

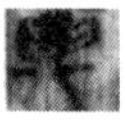

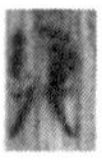

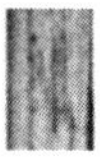

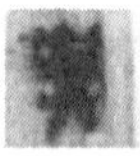

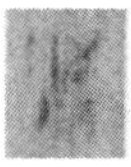

爲　鬲　鞔※　鞮

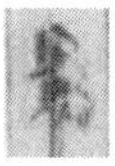	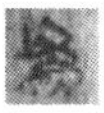		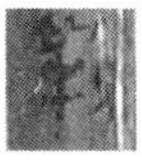				
甲二一壹	甲一三	乙二九五	甲三〇A+三二B	甲四一 通題字	乙二三六壹	乙二一八	乙二一〇
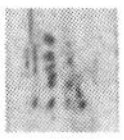			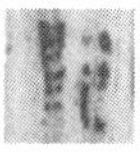			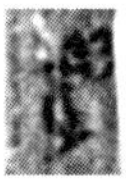	
甲二五貳	甲一五		乙六六	乙七七壹 通題字	乙二三七壹	乙二二一	乙二一二
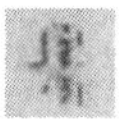			以上兩例均通鋭字			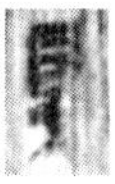	
甲二七	甲一七壹					乙二二九	乙二一三
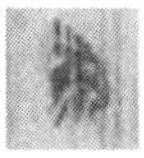	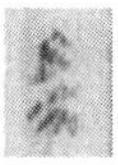						
甲三〇A+三二B	甲一九壹					乙二三一	乙二一五

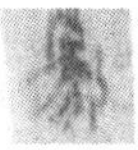							
甲三二A＋三〇B	甲三四	甲四一	乙九＋一三貳	乙一七叁上	乙二一壹	乙二四貳	乙六八
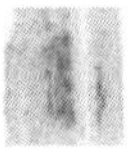		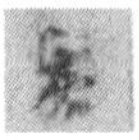					
甲三三	甲三五	甲六七貳	乙一一貳	乙一八叁上	乙二一叁上	乙六〇壹	乙六九
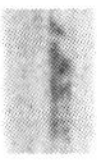	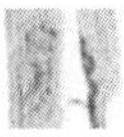	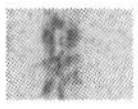					
甲三四	甲三七	甲七三貳	乙一四壹	乙一九壹	乙二一叁下	乙六四壹	乙七〇
		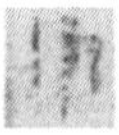					
甲三四	甲三八	乙七貳	乙一七壹	乙二〇叁上	乙二三貳上	乙六六	乙七一

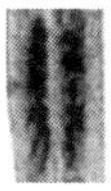

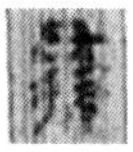

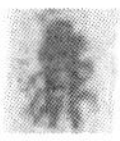

乙一七三叁	乙一六一	乙一二九壹	乙一〇三壹	乙九七壹	乙九一B叁	乙八四壹	乙七二
乙二三八	乙一六五	乙一六〇	乙一二〇壹	乙九八壹	乙九四壹	乙八五壹	乙七三壹
乙二四二	乙一六九叁	乙一六〇	乙一二一壹	乙九九壹	乙九五壹	乙八六壹	乙七四壹
乙二四四	乙一六九叁	乙一六〇	乙一二二壹	乙一〇三壹	乙九六壹	乙八七	乙七七壹

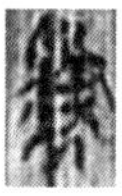

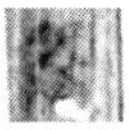

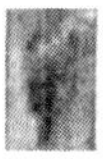

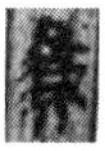

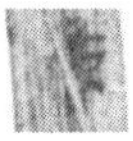

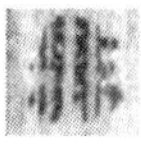

			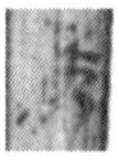	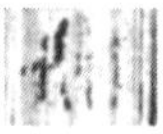			
乙三二七B	乙三二二	乙三一五	乙二九九	乙二八八	乙二八二	乙二五八A+三七一	乙二五〇
				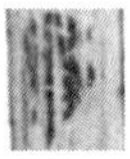		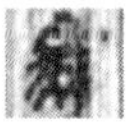	
乙三三八	乙三二二	乙三二二	乙二九九	乙二九三	乙二八五	乙二六〇	乙二五四
			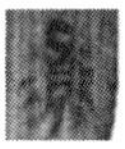		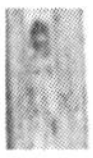	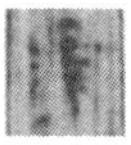	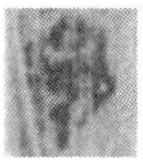
乙三三八	乙三二二	乙三二二	乙二九九	乙二九四	乙二八六	乙二六六	乙二五六
					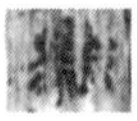		
乙三四〇	乙三二七A	乙三二二	乙二九九	乙二九九	乙二八八	乙二六八	乙二五七

曼			父	又	飄		
乙二七一	乙二四三	乙一一二壹	乙一七貳	乙二四六	乙二五〇	乙三四六	乙三四〇
	乙二八〇	乙一二九貳	乙一〇八A+一〇七		乙三三六	志五	乙三四四
	乙三三六	乙一三三壹	乙一〇九壹			志六	乙三四四
	乙三五〇	乙一三七	乙一一〇壹				乙三四四

及 夬

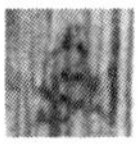

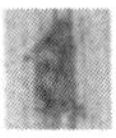

乙三一六	乙二八〇	乙二六五	乙一二一壹	乙七七壹	乙二〇壹	甲二〇壹	地圖二
乙三二〇	乙二八〇	乙二六九	乙一三四貳	乙一〇一壹	乙二一壹	甲二一壹	地圖二
乙三五〇	乙三〇二	乙二七一	乙一六四	乙一〇三壹	乙二二壹	甲二一貳	地圖四B
乙三五〇	乙三〇五	乙二七三	乙一七七叁	乙一〇八A+一〇七	乙五三貳	甲四一	地圖四B

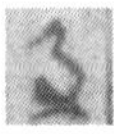

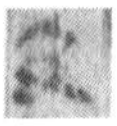

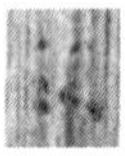

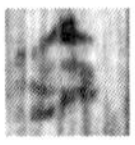

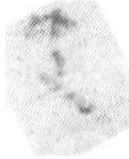

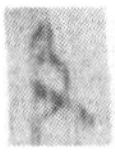

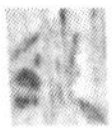

		取	叔		反	秉	
 乙一〇八B壹	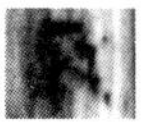 乙六六	甲一六壹 通娶字	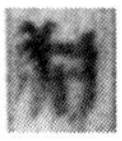 乙一六四	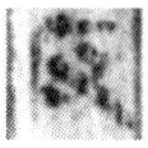 乙二八七	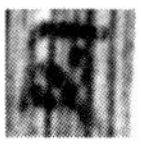 乙一二八	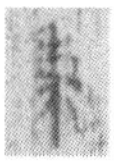 甲七三壹	 乙三五〇
 乙一〇八B貳	 乙七〇	 甲三〇A+三二B	 乙二九五		 乙二二一		乙三六三
 乙一〇八B貳	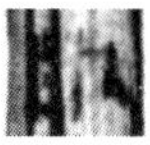 乙八八	 甲三四	 乙三〇三B+二八九B		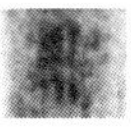 乙二五一		 乙三六三
 乙一〇九壹	 乙一〇二壹	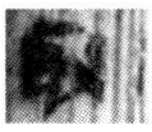 乙一六壹			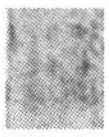 乙二六八		

事　史　友　段

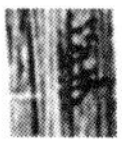 乙四一貳	 甲一六壹	 志一	 乙二七三	 乙二二一 啓字誤字	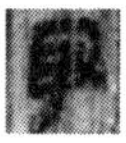 乙二五八A+三七一	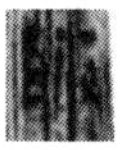 乙一二八	乙一〇九壹
乙九三C	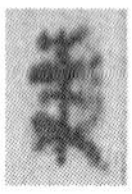 甲二一壹	 志三			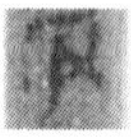 乙二五六	 乙一二九壹	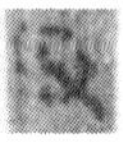 乙一一〇壹
 乙九三C	 甲六〇貳	 志三			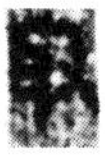 乙二五七	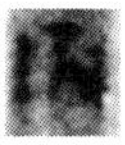 乙一三五壹	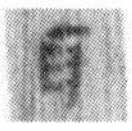 乙一一〇壹
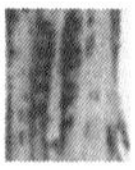 乙一三八	乙二一壹				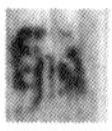 乙二六七	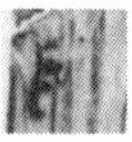 乙二二二 疑通雀字	 乙一二二壹

支

 乙二九四	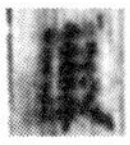 志六	 乙三五二	 乙三一〇	 乙二七五	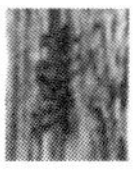 乙二六五	 乙二五一	 乙一四〇
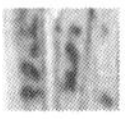 乙三二九		 乙三五三	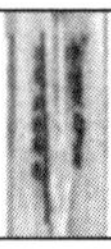 乙三二八	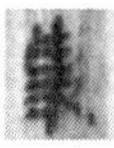 乙二七七	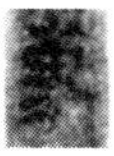 乙二六八	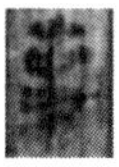 乙二五五	 乙二四二
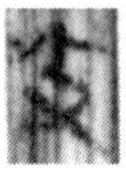 志四 通肢字		 乙三五三	 乙三三四	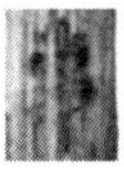 乙二八〇	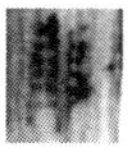 乙二七〇	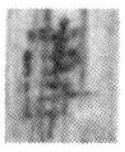 乙二六一	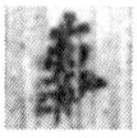 乙二四二
		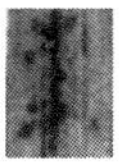 乙三五四	 乙三三四	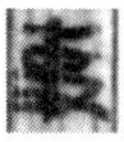 乙三〇三B+二八九B	 乙二七二	 乙二六四	 乙二四三

畫	晝						臣
甲六六貳	甲五四貳	甲五九貳	甲六三貳	乙三六貳	乙四一貳	乙四四貳	乙一二八
乙一六五	甲五五貳	甲六〇貳	甲六四貳	乙三七貳	乙四二A+三九貳	乙四五貳	乙二九六
	甲五七貳	甲六一貳	甲六五貳	乙三八貳	乙四二B貳	乙四六貳	
	甲五八貳	甲六二貳	乙三五貳	乙四〇B貳	乙四三貳		

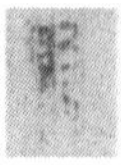

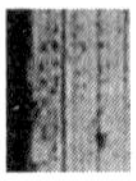

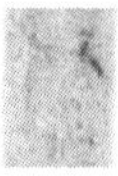

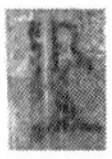

臧

殳

毄

臧	臧	臧	臧	殳	毄	毄	毄
甲一七壹	甲三四	乙六八	以上字形均通藏字	乙二八三	甲二〇壹	乙二五六 通繫字	乙三一一 通繫字
甲三〇A+三二B	甲三五	乙六九		乙三二一	乙二〇壹	乙二五七 通繫字	
甲三二A+三〇B	乙一七壹	乙七〇		乙三五九	乙一二八 通繫字	乙二五八A+三七一 通繫字	
甲三三	乙六六	乙七一		以上字形均通投字	乙二四二 通繫字	乙二六三 通繫字	

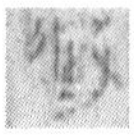

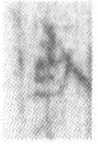

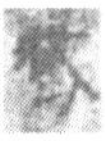

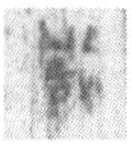

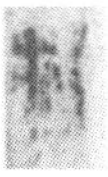

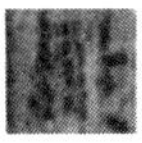

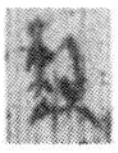

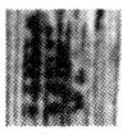

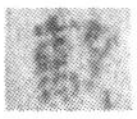

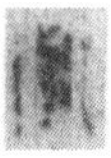

毆　殹

毆 乙三〇九	甲一三	甲二三	甲二五貳	甲二九壹	甲三〇A+三二B	甲三二A+三〇B	甲三四
	甲一九壹	甲二三	甲二六	甲二九壹	甲三〇A+三二B	甲三二A+三〇B	甲三五
	甲二一壹	甲二四壹	甲二七	甲二九貳	甲三一	甲三三	甲三五
	甲二二	甲二五壹	甲二八	甲二九貳	甲三一	甲三四	甲三五

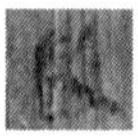

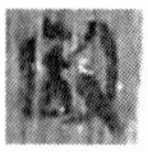

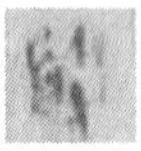

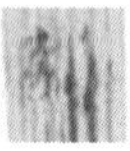

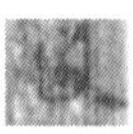

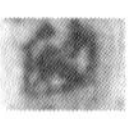

 乙六九	 乙六七	 乙六二壹	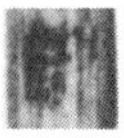 乙五九壹	乙五六壹	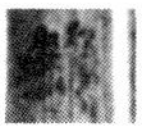 乙一六壹	 甲四一	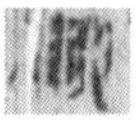 甲三六
 乙七〇	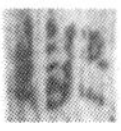 乙六七	 乙六三壹	 乙六〇壹	 乙五六壹	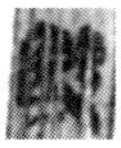 乙一九壹	 甲四一	 甲三八
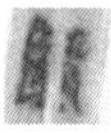 乙七一	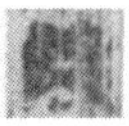 乙六八	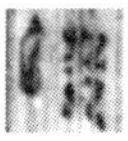 乙六六	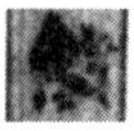 乙六一壹	乙五七壹	 乙二一壹	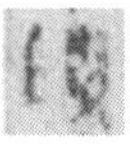 乙七貳	 甲三八
 乙七一	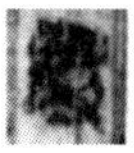 乙六八	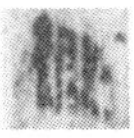 乙六六	 乙六二壹	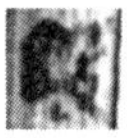 乙五八壹	 乙五五壹	 乙一四壹	 甲三九

乙七一	乙七五壹	乙一一三壹	乙一三〇壹	乙一五五	乙一九六壹	乙一九八壹	乙二〇七
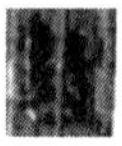 乙七二	乙七七壹	乙一一三壹	乙一三九	乙一五五	乙一九七壹	乙一九九壹	乙二〇八
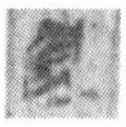 乙七四壹	乙七七壹	乙一一四壹	乙一四四壹	乙一六三	乙一九七壹	乙二〇〇壹	乙二〇九
 乙七四壹	乙九九壹	乙一一四壹	乙一五五	乙一九二	乙一九八壹	乙二〇六	乙二〇九

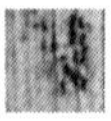

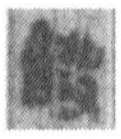

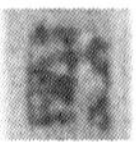

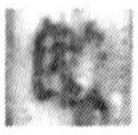

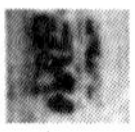

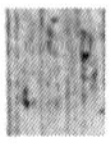

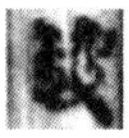

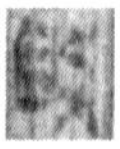

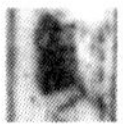			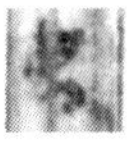		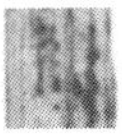		
乙二一〇	乙二一二	乙二一四A+二二三	乙二一九	乙二二二	乙二二五	乙二二八	乙二三〇
	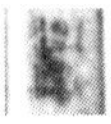				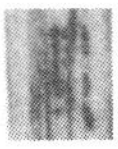		
乙二一一	乙二一三	乙二一五	乙二二〇	乙二二二	乙二二五	乙二二八	乙二三一
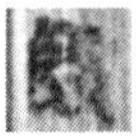					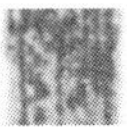		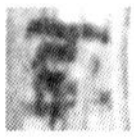
乙二一一	乙二一三	乙二一六	乙二二〇	乙二二四	乙二二六	乙二二九	乙二三二
				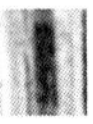			
乙二一二	乙二一四A+二二三	乙二一八	乙二二一	乙二二四	乙二二七	乙二二九	乙二三三

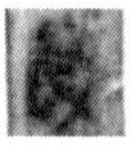					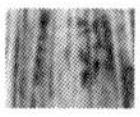		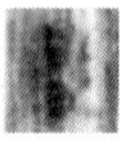
乙二三二	乙二三四壹	乙二三六壹	乙二三八	乙二四三	乙二五八B	乙二六四	乙二六六
				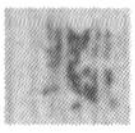		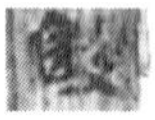	
乙二三二	乙二三五壹	乙二三七壹	乙二三九	乙二四三	乙二六〇	乙二六四	乙二六六
					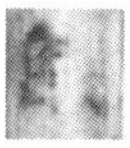		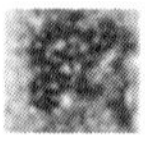
乙二三三壹	乙二三五壹	乙二三七壹	乙二三九	乙二四三	乙二六二	乙二六六	乙二六八
			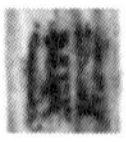				
乙二三四壹	乙二三六壹	乙二三八	乙二四〇上	乙二五六	乙二六二	乙二六六	乙二六八

乙二六八	乙二七〇	乙二七二	乙二九三	乙三〇三B+ 二八九B	乙三二七B	乙三三七	乙三四三
乙二六九	乙二七〇	乙二七四	乙二九三	乙三〇三B+ 二八九B	乙三三〇	乙三三七	乙三四三
乙二七〇	乙二七二	乙二八一	乙二九八	乙三一七貳	乙三三四	乙三四一	乙三四三
乙二七〇	乙二七二	乙二八三	乙三〇三B+ 二八九B	乙三二七A	乙三三七	乙三四三	乙三四三

殺　役

 乙一〇二壹	 乙九五壹	 乙一二四壹	 志六	 志一	 乙三五四	 乙三五二	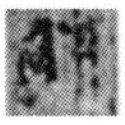 乙三四三
乙一〇二壹	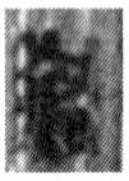 乙九六壹	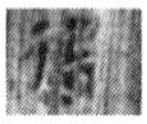 乙一二五壹	 志六	 志五	 乙三五五	 乙三五三	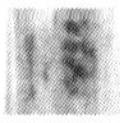 乙三四四
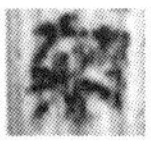 乙二七二	 乙九七壹	 乙二九四	 志七	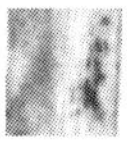 志六	 乙三五六	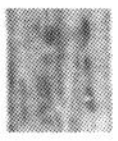 乙三五三	 乙三四四
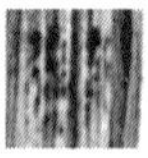 乙三〇九	 乙九八壹	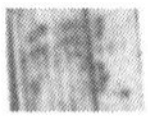 乙三一九		 志六	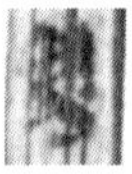 乙三六六	 乙三五四	乙三五〇

故	徹	啓				射	將
乙二六〇	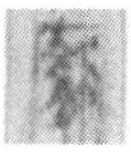 甲一四	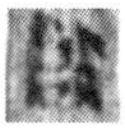 乙一三三貳	 乙二五六	乙二三七壹	 乙二〇四貳	 乙一八八陸	 乙四貳
地圖一B	 乙九四壹	 乙二〇八	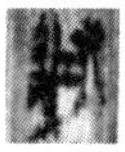 乙二七九	 乙二五〇	 乙二〇八	 乙一八九陸	 乙一六二A+九三A
		 乙二二七	乙三三四 通覈字	 乙二五一	乙二二九 通覈字	 乙一八九柒	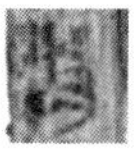 乙二七四
		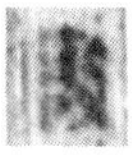 乙二三六貳		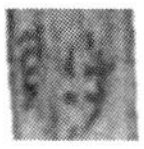 乙二五二	 乙二三六壹	乙一九七貳	 乙三一四

政　數

乙三六四A+三五八B	乙三四〇	乙三二四	乙三三一	乙二四七B	乙九〇	乙一〇貳	甲二〇壹
乙三六四A+三五八B	乙三四四	乙三二七B	乙三三一	乙二七七	乙一七二叁	乙一八叁下	乙一六貳
乙三六五+二九二	乙三四五	乙三二七B	乙三三一	乙二八七	乙一七三叁	乙一八叁下	乙二〇壹
乙三六五+二九二	乙三六〇A+一六二B	乙三四〇	乙三三四	乙二九三	乙一七七叁	乙二〇貳	

收	寇	敗				更	變
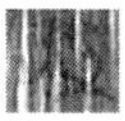 甲一壹	 乙一二一貳	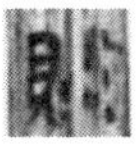 乙二七八	 乙二四叁下	 乙一七貳	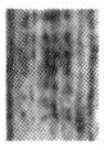 乙九+一三貳	 乙四貳	 志六
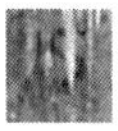 甲二壹	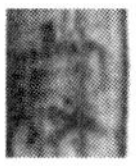 乙二五五		 乙二四叁下	 乙一九叁	 乙一五貳	 乙五貳	 志六
 甲三壹	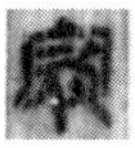 乙二七六		 乙九一B叁	 乙二〇叁上	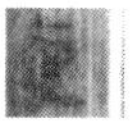 乙一六叁	 乙六貳	
甲四壹			 乙九一B叁	 乙二二叁	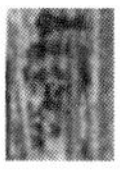 乙一七貳	 乙七貳	

攻

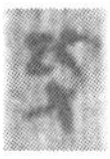

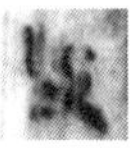

乙一三二壹	甲二四貳	乙一二壹	乙八壹	乙四壹	甲二一貳	甲九	甲五
乙一三四壹	乙一七叁下	乙二二壹	乙九+一三壹	乙五壹	乙一壹	甲一〇	甲六
乙一三八	乙九七貳	志五	乙一〇壹	乙六壹	乙二壹	甲一一	甲七
乙一四〇	乙一三一壹		乙一一壹	乙七壹	乙三壹	甲一二	甲八

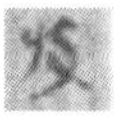

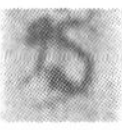

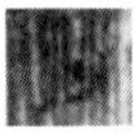

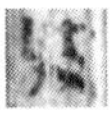

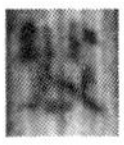

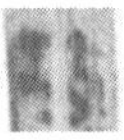

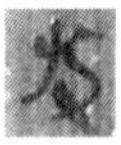

卦　　　　卜

	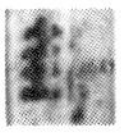			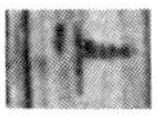		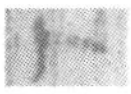	
乙二五〇	乙二四四	乙三五九	乙二八二	乙二七四	乙二六三	乙一〇八A+一〇七	乙一五四
乙二五〇	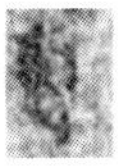 乙二四六		 乙二八五	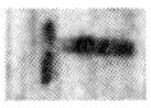 乙二七六	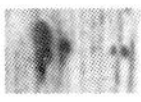 乙二六五	 乙一〇九壹	 乙一五四
乙二五一	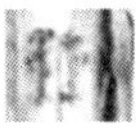 乙二四七A		 乙二九三	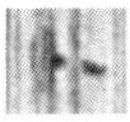 乙二七八	 乙二六七	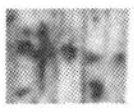 乙二六一	 乙三〇八壹
乙二五二	乙二四九		乙三一一	乙二八〇	乙二七一	乙二六一	以上各例均通功字

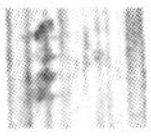

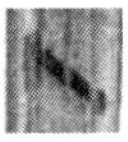

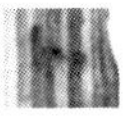

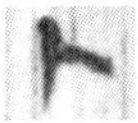

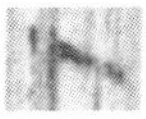

占					貞		
乙九〇	乙三三七	乙二七七	乙二七〇	乙二六〇	乙九三C	乙三〇〇	乙二五三
乙二六九	乙三五六	乙二七九	乙二七二	乙二六二	乙二四三	乙三二八	乙二五四
乙二八三		乙二八一	乙二七四	乙二六四	乙二四四	乙三三六	乙二五五
乙二八三		乙二八五	乙二七五	乙二六六	乙二五一	乙三五六	乙二五九+二四五

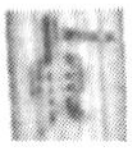

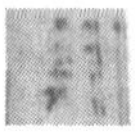

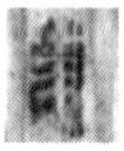

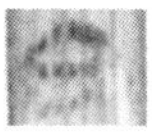

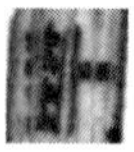

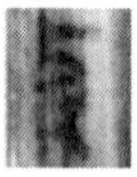

用

		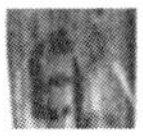	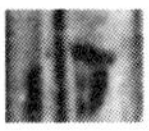	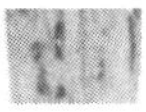			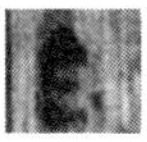
	志四	乙三六〇A+一六二B	乙三五五	乙三三八	乙三二二	乙二九七	乙二八七
					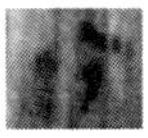		
		乙三六〇A+一六二B	乙三五七	乙三四二	乙三三三	乙二九七	乙二九七
					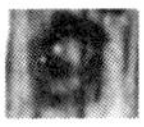	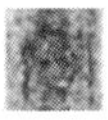	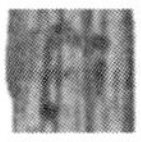
		乙三六〇A+一六二B	乙三六〇A+一六二B	乙三四五	乙三三三	乙三一〇	乙二九七
					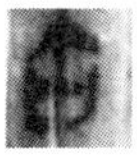	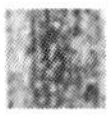	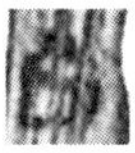
			乙三六〇A+一六二B	乙三五〇	乙三三七	乙三一〇	乙二九七

卷四

目

 甲三〇A+三二B	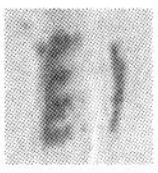 甲三七	 乙七〇	 乙七七壹	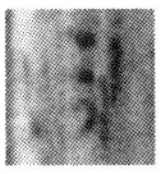 乙二一四A+二二三	 乙二二四	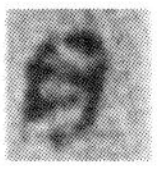 乙二三三壹
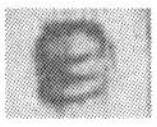 甲三〇A+三二B	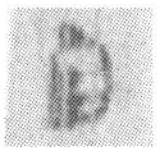 甲四一	 乙七一	 乙二〇九	 乙二一四A+二二三	 乙二二七	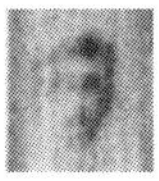 乙二三七壹
 甲三四	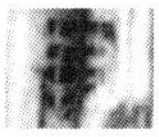 乙六六	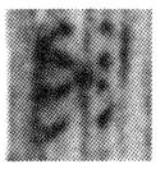 乙七二	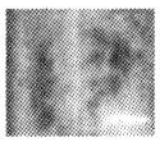 乙二一〇	 乙二一五	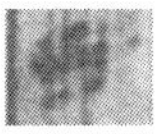 乙二二八	 乙二三九
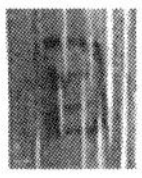 甲三五	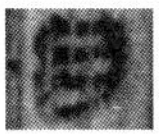 乙六八	 乙七三壹	 乙二一三	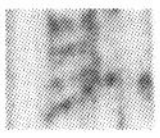 乙二一六	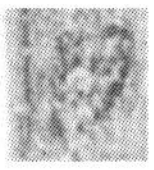 乙二二八	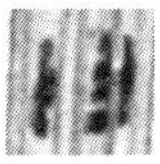 乙二九六

	自	眉	瞗		相	睘	⿰目幵
乙二八六	乙二五九+二四五	乙二三一	乙一四四壹	乙二九六	乙一九二	甲三〇A+三二B	甲三〇A+三二B
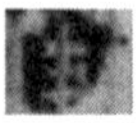 乙二八六	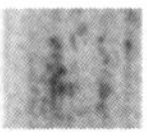 乙二六八			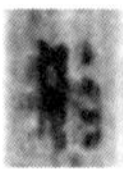 乙三三七	 乙二六二	 乙六八	
乙二八六	乙二八五				乙二六二	以上兩例通圜字	
 乙三三三	乙二八五				 乙二七七		

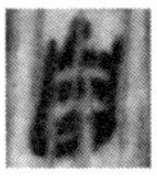

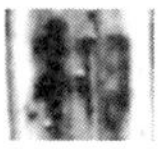

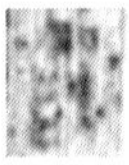

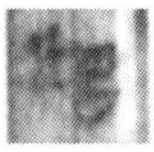

者	皆						
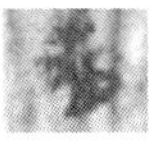 甲二二	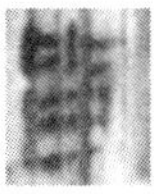 乙三四四	 乙二八八	 乙二五六	 乙一九三	 乙一三三貳	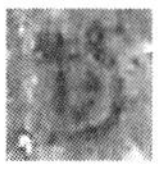 甲二一壹	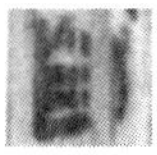 乙三五六
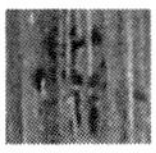 甲二六		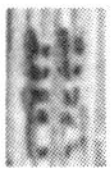 乙二九四	 乙二五七	乙二四一	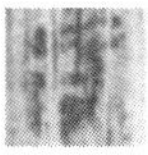 乙一四〇	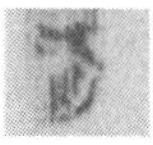 甲七三貳	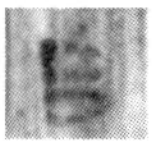 志一
 甲二九貳		 乙二九六	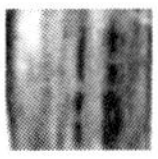 乙二五八A+三七一	 乙二四三	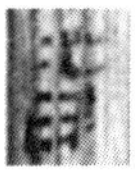 乙一六一	 乙二一壹	
 甲三〇A+三二B		 乙三〇三A+三〇四	 乙二六四	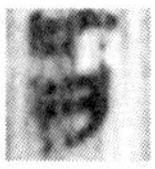 乙二五〇	 乙一七七叁	 乙八八	

 乙一六二A+九三A	 乙一二〇貳	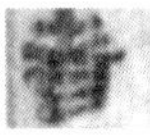 一一六貳	 乙一〇八B壹	 乙七七壹	 乙六六	 甲四一	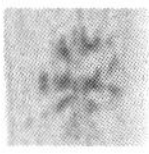 甲三四
 乙一六九叁	 乙一二一壹	 一一七貳	 乙一〇八B壹	 乙一〇二叁	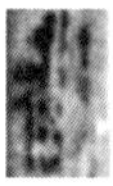 乙七〇	 乙五五壹	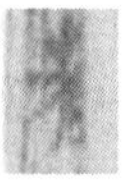 甲三四
 乙一六九叁	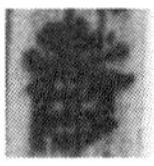 乙一二八	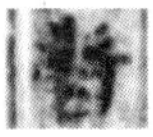 乙一一八貳	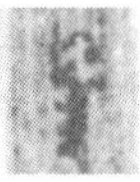 乙一一〇壹	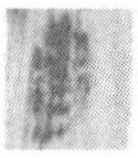 乙一〇四壹	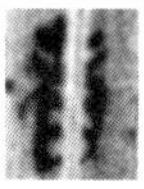 乙七一	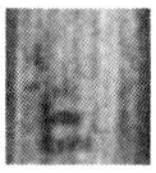 乙五九壹	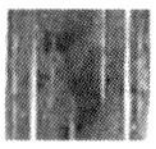 甲三五
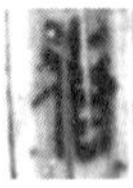 乙一九二	 乙一二八	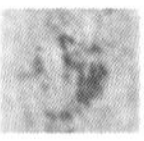 乙一一九貳	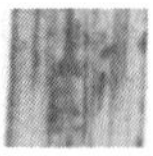 乙一一一壹	 乙一〇八A+一〇七壹	 乙七三壹	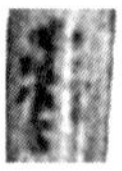 乙六三壹	 甲三七

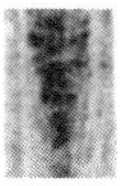

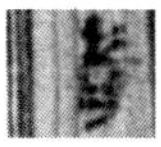

乙二九六	乙二九三	乙二八五	乙二七四	乙二六三	乙二五七	乙二四一	乙一九六壹
乙二九七	乙二九三	乙二八八	乙二七六	乙二六六	乙二五七	乙二四二	乙一九七壹
乙三〇九	乙二九三	乙二八八	乙二八二	乙二七一	乙二五七	乙二四二	乙一九八壹
乙三一五	乙二九五	乙二九〇	乙二八三	乙二七四	乙二五八A+三七一	乙二四九	乙一九九壹

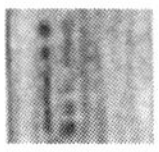

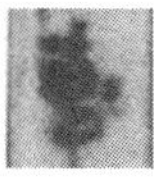

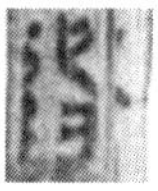

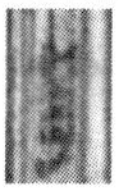

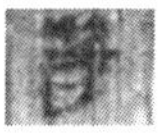

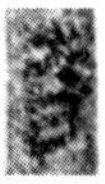

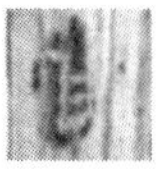

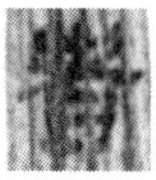

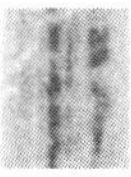

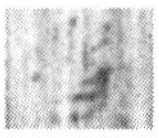

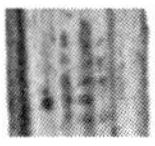

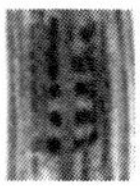

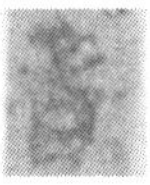

1	2	3	4	5	6	7	8
乙三二一	乙三三四	乙三四〇	乙三四三	乙三四四	乙三五五	乙三六〇A+一六二B	志二
乙三二四	乙三三四	乙三四〇	乙三四三	乙三四五	乙三五五	乙三六〇A+一六二B	志四
乙三二七B	乙三三七	乙三四三	乙三四三	乙三四九	乙三五六	乙三六七	志五
乙三二八	乙三四〇	乙三四三	乙三四四	乙三五〇	乙三五九	志二	志六

百

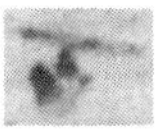 地圖三A	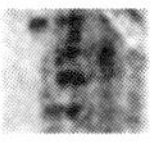 乙二六八	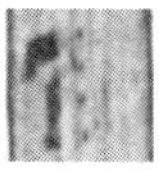 乙二〇二貳	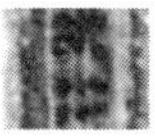 乙一九六貳	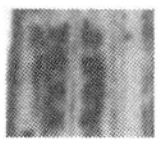 乙一三八	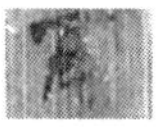 甲六〇壹	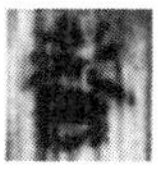 志六	 志六
	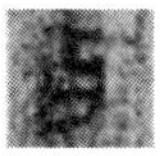 乙三一〇	 乙二〇三貳	 乙一九七貳	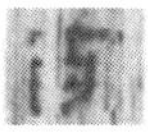 乙一四〇	 乙四一壹	 志七	 志六
	 乙三一四	 乙二〇四貳	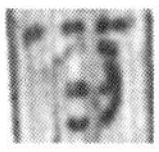 乙一九八貳	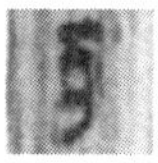 乙一九四貳	 乙一二六貳		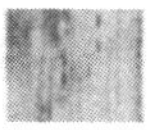 志六
	 乙三五五	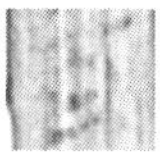 乙二〇五貳	 乙二〇〇貳	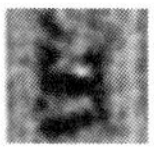 乙一九五貳	 乙一二六貳		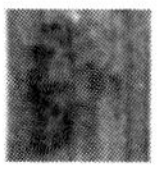 志六

雉	翕	羽	羽	鼻	鼻	智	智
乙二二一	乙二二二	乙三五四	乙一〇九壹	乙二二八	乙二〇九	以上四例均通知字	乙二九三
		乙三五四	乙一八七肆	乙二三三	乙二一〇		乙三四三
		乙三五四	乙一九八壹	乙二三八	乙二一八		乙三四八
			乙二〇三壹		乙二二七		乙三五六

雜	雌	雄	雝	離			雞
 乙一五八	 乙二九七	 乙二九七	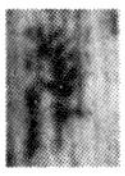  志一	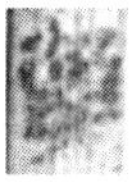  乙二五五	 乙二三二	 乙七五壹	 甲一九貳
 乙二一四A+二二三	 乙三〇〇	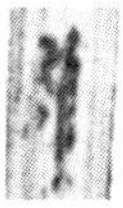 乙三〇〇	  志二	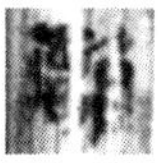 乙二七二	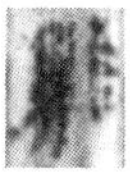 乙三五六	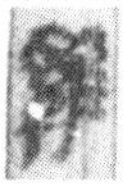 乙一四三	 甲三五
 乙二五〇				 乙三一八	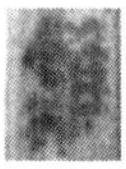 志四	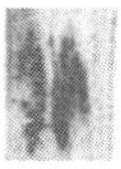 乙一四七壹	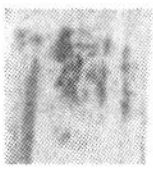 甲三九
						 乙一六六	 乙七一

羭			羊	雒※		難※	奪
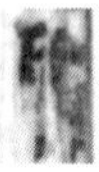  羭 乙二五四	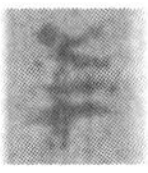 乙二九五	 乙一六六	 甲三七	 乙二三四壹 鶅字異體	 乙三六四A+三五八B	 甲一五	 乙三三三
		 乙二二七	 乙七三壹			 乙二五六	
		 乙二五四	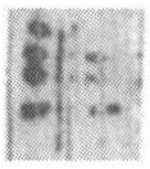 乙一〇一壹			 乙二五六	
		 乙二八九	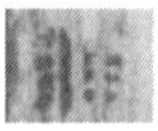 乙一五〇壹			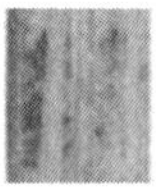 乙二五六	

鳳	鳥	羹				美	群
  乙三三六	  乙二九六	 志七	 乙二八八	 乙三六貳	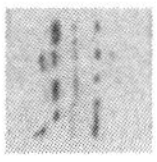 甲六一貳	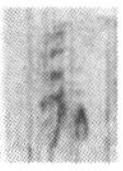 甲三八	 乙二八八
	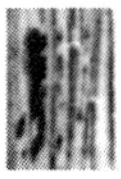 乙二九六			 乙四二B貳	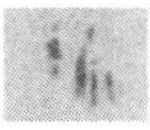 甲六三貳	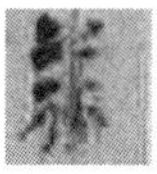 甲五四貳	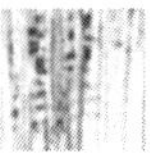 乙二八八
				 乙四四貳	 乙三五貳	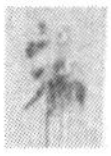 甲五四貳	
				 乙七四壹	乙三五貳	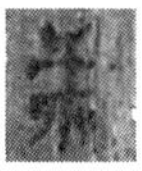 甲五五貳	

鳴

甲一九壹

乙一四三

乙一八〇伍

乙一八一伍

乙一八二伍

乙一八九伍

乙一九〇肆

乙三〇〇

乙三〇三B+二八九B

乙三三四

乙三三六

乙三五四

乙三五六

志四

烏

乙二三五壹

於

乙一七〇+三二五叁

乙一七〇+三二五叁

乙一七五叁

乙二七七

乙二九〇

乙二九〇

乙三二八

乙三三六

乙三三六

乙三四七貳

乙三五一

乙三六一叁

爯	再	翼	糞	畢	⿰有鳥※	焉	
甲三六	乙二四一	乙一三三貳	甲三五	甲三〇上A＋三二B 糞字誤字	乙三三四	 乙三貳	志五
甲三七	乙二六〇	乙一七八貳	甲四〇	乙六六		乙三五五	以上諸例爲烏字古文形
甲三八		乙二六二	乙七一	乙一六〇			
甲三九				乙一六九壹			

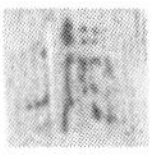

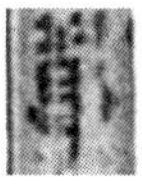

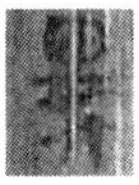

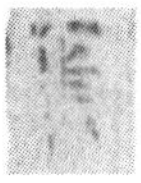

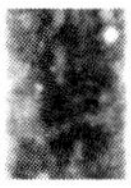

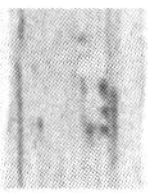

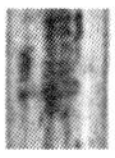

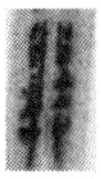

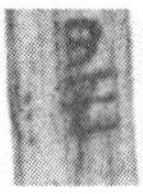

死　殤　敢　争　受　幾

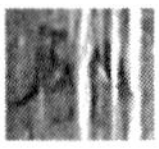							
甲三貳	乙三五〇	乙二七一	乙二九六	乙一二八	乙三四五	乙七四壹	甲四〇
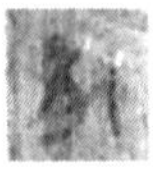 甲一四		 志一	 乙三四九	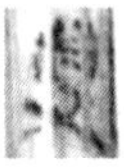 乙二七〇		 乙七五壹	 甲四一
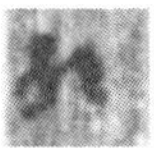 甲二四貳		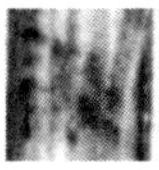 志五		 乙二七一		 乙七七壹	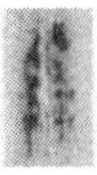 乙七二
 甲二七				 乙三〇九			 乙七三壹

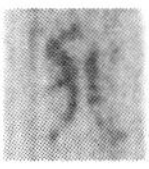	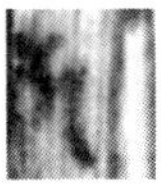		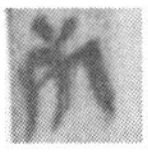	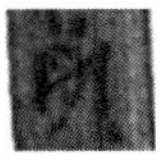			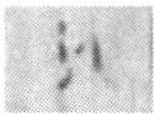
乙一一〇壹	乙一〇九壹	乙一〇八B壹	乙一〇八A+一〇七壹	乙一〇五貳	乙一〇〇壹	乙八九	甲二九貳
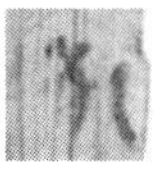	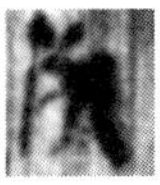		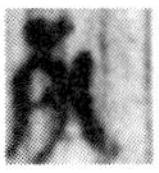		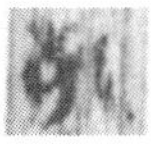	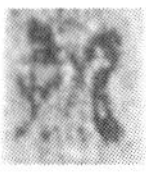	
乙一一〇壹	乙一〇九叁	乙一〇八B壹	乙一〇八B叁	乙一〇六貳	乙一〇一壹	乙八九	乙一五壹
	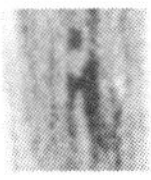			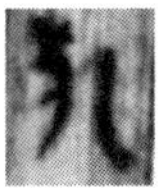	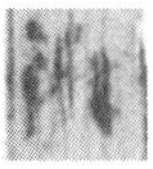		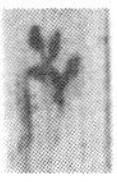
乙一一〇壹	乙一一〇壹	乙一〇九壹	乙一〇八B壹	乙一〇八A+一〇七壹	乙一〇一壹	乙九一A+九三B+九二	乙六〇壹
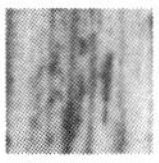	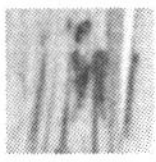		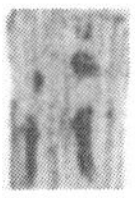	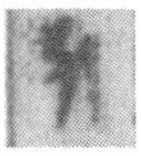	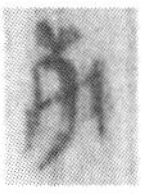		
乙一一一壹	乙一一〇壹	乙一〇九壹	乙一〇八B壹	乙一〇八A+一〇七壹	乙一〇三叁	乙九九壹	乙六三壹

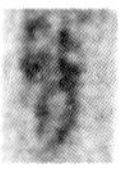					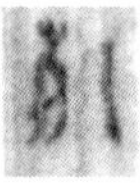		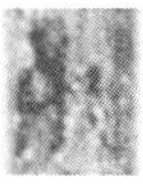
乙一三五壹	乙一三一壹	乙一二六貳	乙一二〇貳	乙一一七貳	乙一一五壹	乙一一二壹	乙一一一壹
			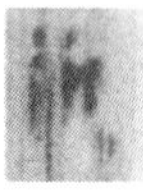		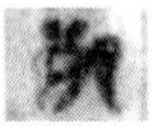		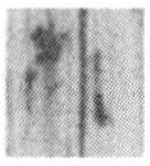
乙一三六	乙一三一貳	乙一二九貳	乙一二一壹	乙一一八貳	乙一一五貳	乙一一二壹	乙一一一貳
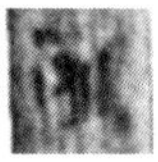			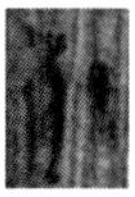	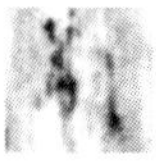	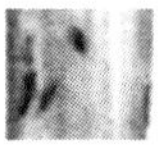	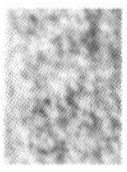	
乙一三六	乙一三三壹	乙一三〇壹	乙一二三壹	乙一一九貳	乙一一六壹	乙一一二貳	乙一一二壹
			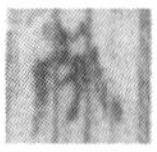		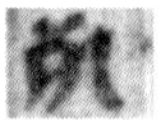		
乙一三六	乙一三四壹	乙一三〇貳	乙一二四壹	乙一二〇壹	乙一一六貳	乙一一四貳	乙一一二壹

 乙二九六	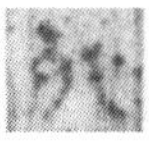 乙二八六	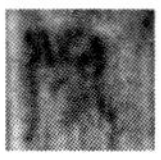 乙二八〇	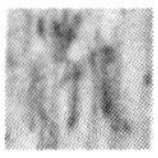 乙二六一	 乙一六二A+九三A	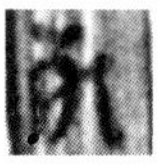 乙一四〇	 乙一三八	 乙一三七
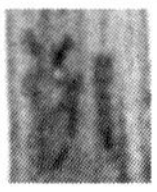 乙三〇八壹	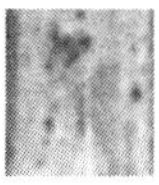 乙二八六	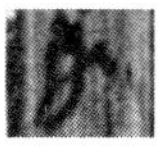 乙二八一	 乙二六七	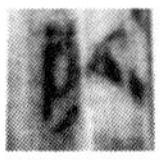 乙二五四	 乙一四〇	 乙一三九	 乙一三七
 乙三〇九	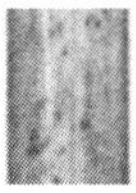 乙二八六	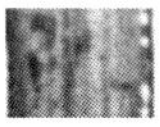 乙二八五	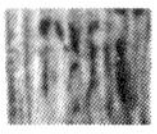 乙二六九	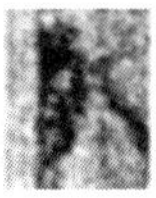 乙二五七	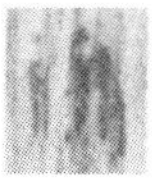 乙一四〇	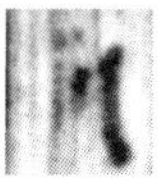 乙一三九	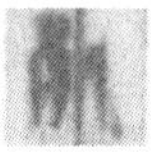 乙一三七
 乙三一三	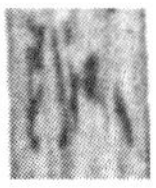 乙二九四	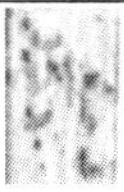 乙二八六	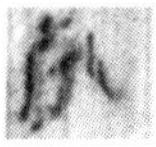 乙二七六	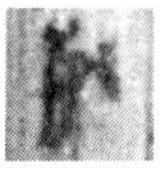 乙二五八A+三七一	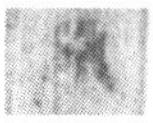 乙一四一	 乙一三九	 乙一三七

胃	脾	脣	肉	體※			
 乙五三壹	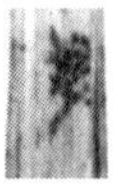 乙二〇八	 乙二一六	 乙三貳	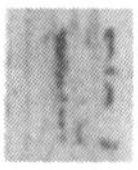 體 乙二一九 體字異體	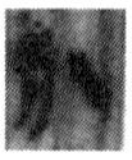 乙三五六	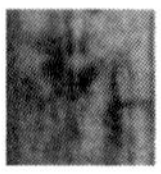 乙三三五	 乙三一七壹
 乙一一三壹 通謂字	 乙二二一	  脣 乙二二四			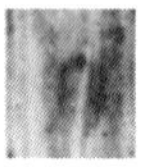 志三	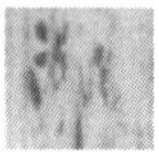 乙三三八	 乙三一七貳
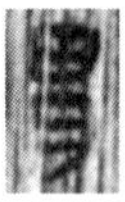 乙一二八 通謂字	 乙二二四				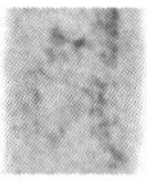 志四	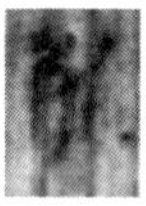 乙三四八	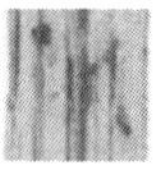 乙三一九
 乙一六八+三四七貳	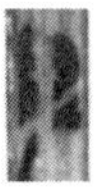 乙二三七壹				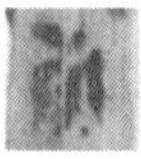 志五	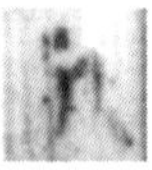 乙三五〇	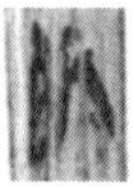 乙三二七A

肘		肩	脅			腸	
乙三四三	乙二二二	乙二〇九	乙二一八	乙二九一	乙二二七	乙二〇六	乙二八一 通謂字
	乙二三二	乙二一三	乙二二二	乙三四三	乙二三二	乙二〇八	乙二九〇 通謂字
	乙二三九	乙二一七	乙二三三壹	乙三五三	乙二三八	乙二一六	
	乙三四三	乙二二〇			乙二九〇	乙二二六	

脂	朐	隋	脱	胻	股		腹
乙一〇四壹	乙二〇七 疑通鴝字	乙二〇七	乙二一七	乙二二一	乙三四三	乙二九一	乙二〇八
乙二九五		乙二一三 通楕字		乙三四三		乙三四三	乙二一五
							乙二三五壹
							乙二三八

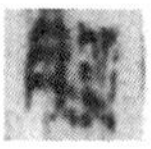

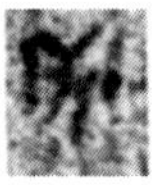

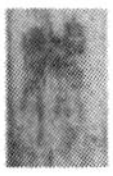

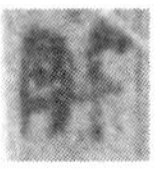

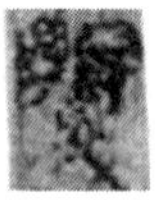

腏	肎	腞	利				
志五 通餟字	乙一〇四壹 通肯字	乙二七〇 通斷字	甲一五	乙一九壹	乙二三貳	乙一一二壹	乙一六六
志七 通餟字	乙一〇六壹 通肯字		甲一九壹	乙二〇壹	乙九三C	乙一一二壹	乙一六六
			甲六七壹	乙二二叁	乙九四壹	乙一六五	乙一六六
			乙一四貳	乙二二叁	乙一一二壹	乙一六六	乙一六六

	則		初				
乙一二一貳	甲一七貳 通側字	乙三六六	乙一一六壹	乙三六五+二九二	乙三〇九	乙二七〇	乙一六六
乙一二一貳	甲一七貳 通側字		乙二四一	乙三七八	乙三〇九	乙二七一	乙一六六
乙一四二 通側字	乙六貳		乙二四一		乙三二八	乙二七一	乙二四三
乙一四二 通側字	乙一二一貳		乙二四三		乙三六〇A+一六二B	乙三〇〇	乙二七〇

刊　剽　剥

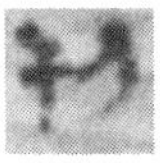 地圖三A	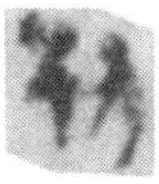 地圖二	  乙三三八	  乙二五四	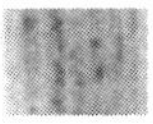 乙二七五	 乙二五八A＋三七一	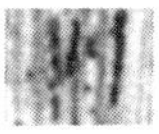 乙二三一	 乙一八六陸
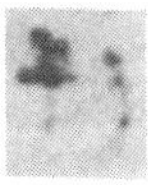 地圖三A	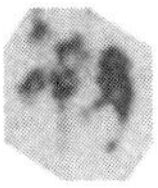 地圖二			 乙二七五	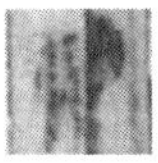 乙二五九＋二四五	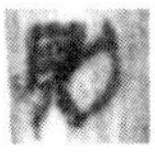 乙二三二	 乙一八七陸
	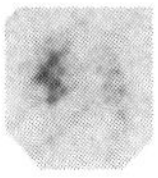 地圖二			 乙三七六	 乙二六八	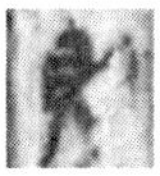 乙二四四	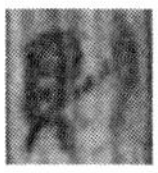 乙二〇二貳
	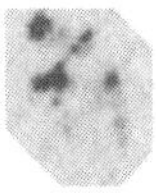 地圖二			 乙三七六	 乙二七五	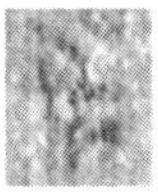 乙二四六	 乙二三〇

刑		劃	刺	別	耐	劍	劉※
乙二〇叁上	乙三四七貳	地圖三A	志一	乙二五五	乙二〇叁上	乙三六二壹	乙二七二 通戮字
乙二一叁下	乙三四七貳		志一	乙二七二	乙一三三壹		
乙三三〇					乙二五五		
乙三四七貳					乙二五五		

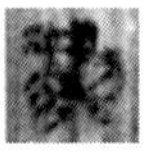

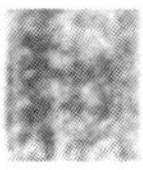

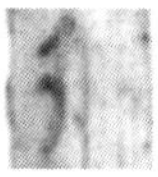

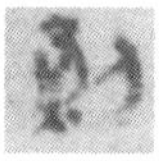

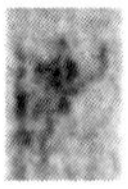

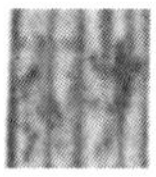

角

乙一一一壹

乙一六七壹

乙一七六叁

乙一七七叁

乙一八二肆

乙一八八肆

乙一九五壹

乙二〇〇壹

乙二〇五壹

乙二三三貳

乙三〇三B+二八九B

乙三〇三B+二八九B

觿

乙一七六貳

免※

乙二〇六 通俛字

乙二一一 通俛字

乙二二〇 通俛字

乙二二五 通俛字

乙二三〇 通俛字

乙二三一 通俛字

乙二三三 通俛字

乙二三八 通俛字

乙二五七

乙二五八A+三七一

乙三一一

		其	箕	竽	等	節	卷五
甲二八	甲二七	甲二三	乙一七五壹	乙三三四	乙三四〇	乙二九三 通即字	
甲二八	甲二七	甲二五壹			乙三四五	乙三三七	
甲二九貳	甲二八	甲二五貳					
甲三一	甲二八	甲二七					

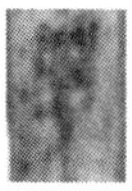

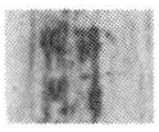

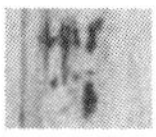

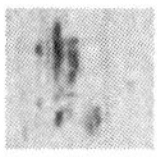

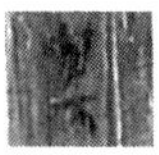

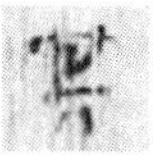

乙九三C	乙七〇	乙六三壹	乙六一壹	乙五八壹	乙一六貳	甲四一	甲三二A+三〇B
乙九三C	乙七一	乙六四壹	乙六一壹	乙六〇壹	乙二三貳下	乙六貳	甲三四
乙九三C	乙七三壹	乙六七	乙六一壹	乙六〇壹	乙二四貳	乙八貳	甲三五
乙一〇四壹	乙七七壹	乙六八	乙六一壹	乙六〇壹	乙五六壹	乙一四貳	甲三七

乙二六〇	乙二五二	乙二四七B	乙二一九	乙二一三	乙一三九	乙一二二貳	乙一〇五壹
乙二六〇	乙二五五	乙二四七B	乙二二三	乙二一四A+二一三	乙一七二叁	乙一三〇壹	乙一一五貳
乙二六〇	乙二五八B	乙二四八	乙二三三	乙二一四B	乙二一一	乙一三五壹	乙一二二壹
乙二六二	乙二五八B	乙二五〇	乙二四三	乙二一七	乙二一二	乙一三五壹	乙一二二貳

乙二六二	乙二六九	乙二七四	乙二七六	乙二八一	乙二八七	乙二八七	乙二九一
乙二六二	乙二七一	乙二七五	乙二七七	乙二八四	乙二八七	乙二八九A	乙二九三
乙二六四	乙二七一	乙二七五	乙二七八	乙二八六	乙二八七	乙二八九A	乙二九五
乙二六五	乙二七三	乙二七五	乙二八〇	乙二八六	乙二八七	乙二八九A	乙二九六

乙三三八	乙三三八	乙三三五	乙三二七A	乙三二二	乙三〇三B+二八九B	乙二九九	乙二九六
乙三三八	乙三三八	乙三三五	乙三三五	乙三二二	乙三〇三B+二八九B	乙三〇三B+二八九B	乙二九七
乙三五二	乙三三八	乙三三七	乙三三五	乙三二二	乙三一一	乙三〇三B+二八九B	乙二九七
乙三五二	乙三三八	乙三三七	乙三三五	乙三二二	乙三一五	乙三〇三B+二八九B	乙二九九

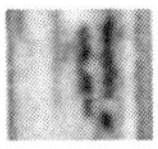			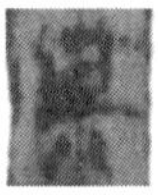				
乙三五二	乙三五三	乙三五三	乙三五四	乙三五五	乙三六〇A+一六二B	乙三七五	志四
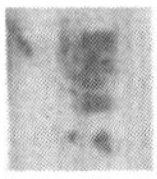		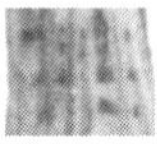		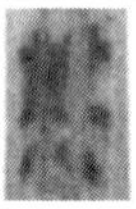			
乙三五二	乙三五三	乙三五四	乙三五四	乙三五六	乙三六四A+三五八B	乙三七七	志五
		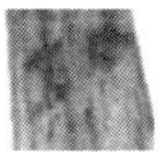	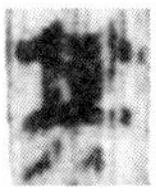	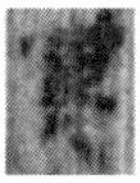			
乙三五二	乙三五三	乙三五四	乙三五四	乙三五七	乙三七〇	乙三七八	志六
					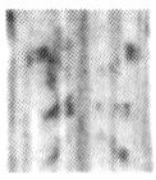	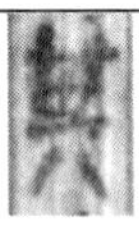	以上諸例爲箕字古文字形
乙三五二	乙三五三	乙三五四	乙三五五	乙三五八A	乙三七五	志二	

左	差	式	巫		甘	甚	曰
乙二〇叁上	乙二七五	乙二八六	甲三四	乙二五〇	乙一四四壹	乙一五貳	乙六六
乙二四叁下		乙三二二	乙七壹	乙二五九+二四五	乙三五二	乙二八八	乙六六
乙二五四		乙三二二	乙九一B叁	乙二九〇		乙三四四	乙六六
乙三三三			乙二一八	乙三五〇			乙六六

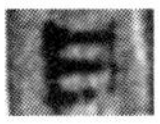

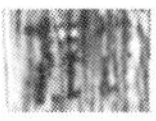

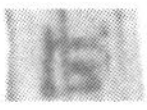

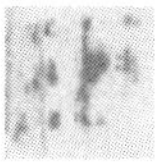

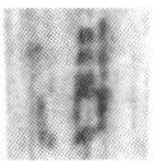

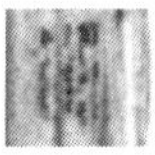

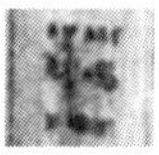

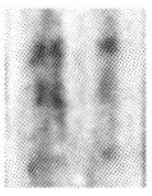

乙三四五	乙二七〇	乙二五七	乙二五三	乙二四九	乙一七七叁	乙一六三	乙七四壹
乙三四五	乙二七四	乙二五九+二四五	乙二五四	乙二五〇	乙二四四	乙一六三	乙七五壹
乙三四五	乙二七七	乙二六八	乙二五五	乙二五一	乙二四六	乙一六五	乙一二二貳
乙三五五	乙三四五	乙二六九	乙二五六	乙二五二	乙二四七A	乙一七七叁	乙一六三

可　　乃

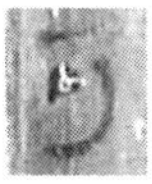						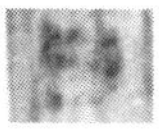	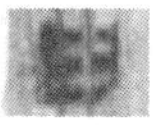
甲一四	甲一三	乙三五五	乙二七二	乙二六四	乙一四貳	志一	乙三四八
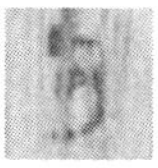 甲一四	 甲一三	 乙三六四A+三五八B	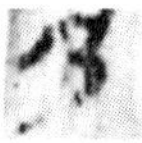 乙二七九	乙二六四	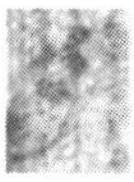 乙二〇叁	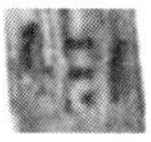 志四	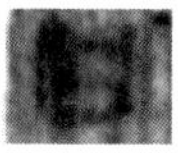 乙三四八
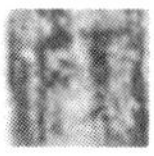 甲一五	 甲一三	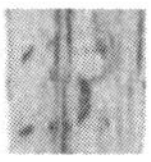 乙三六四B	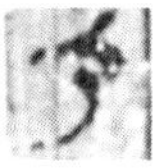 乙二八四	 乙二六八	 乙二六〇		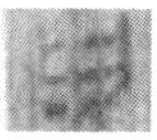 乙三四八
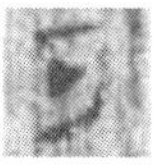 甲一五	 甲一三	 志四	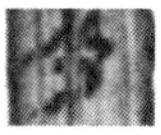 乙二八五	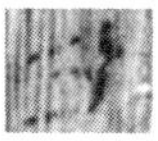 乙二六九	 乙二六〇		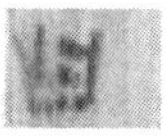 乙三五九

					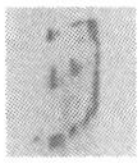		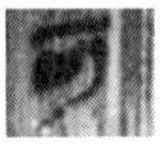
甲一六壹	甲一八壹	甲二〇貳	甲二一貳	甲四四貳	甲七三貳	乙一四壹	乙一六壹

甲一六壹	甲一八貳	甲二一壹	甲二一貳	甲四八貳	乙四貳	乙一四壹	乙一六壹
		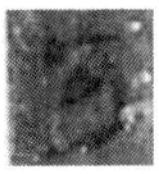					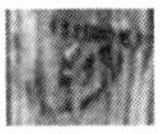
甲一七壹	甲一九壹	甲二一壹	甲二四貳	甲五〇貳	乙一四壹	乙一五壹	乙一七壹
	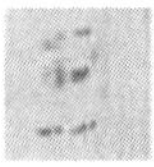		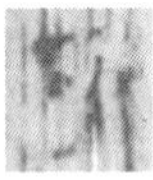			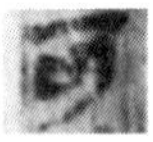	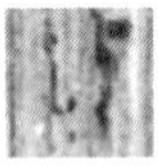
甲一七壹	甲二〇壹	甲二一貳	甲二九貳	甲七三貳	乙一四壹	乙一五壹	乙一七壹

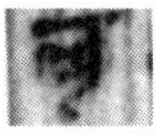 乙一二二壹	 乙一一六壹	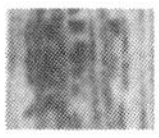 乙一〇〇貳	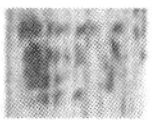 乙六五壹	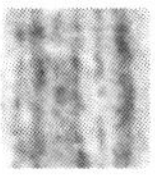 乙三〇貳	 乙二二壹	乙二〇壹	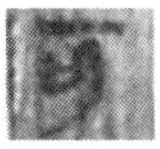 乙一七叁上
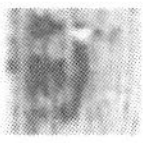 乙一二三貳	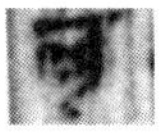 乙一一九壹	乙一〇二壹	 乙九四壹	乙三一貳	 乙二二壹	 乙二一壹	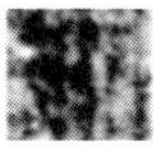 乙一八壹
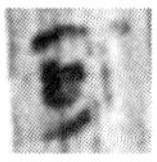 乙一二四貳	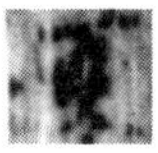 乙一二〇壹	 乙一〇三壹	 乙九九壹	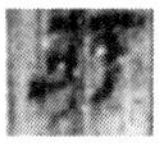 乙五三貳	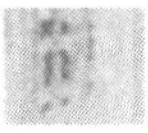 乙二二壹	 乙二一壹	 乙一八叁上
 乙一二五壹	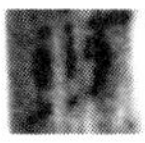 乙一二一壹	乙一一五壹	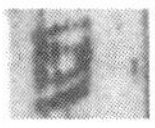 乙一〇〇壹	 乙六三壹	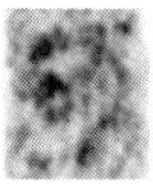 乙二四壹	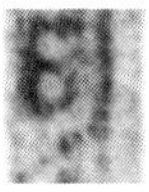 乙二一叁上	 乙一九壹

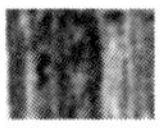

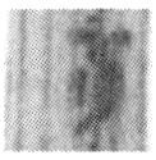

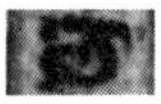

乙二五二	乙二四六 通何字	乙一四一	乙一三八	乙一三四壹	乙一三一壹	乙一二九壹	乙一二五貳
乙二五四 通何字	乙二四六 通何字	乙一六四	乙一三八	乙一三五壹	乙一三一貳	乙一二九貳	乙一二六貳
乙二五六	乙二四八	乙二一四B	乙一三九	乙一三五壹 通倚字	乙一三二壹	乙一三〇壹	乙一二八
乙二七〇	乙二五二	乙二四一B	乙一四〇	乙一三六	乙一三三壹	乙一三〇貳	乙一二八

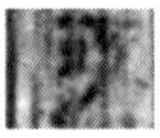

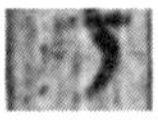

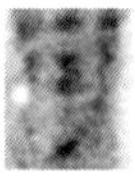

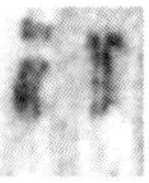

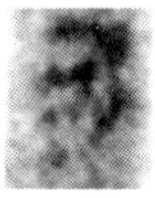

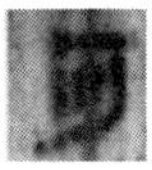

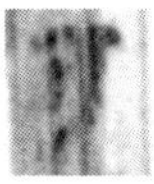

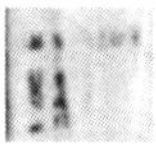

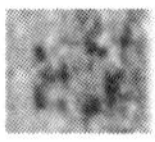

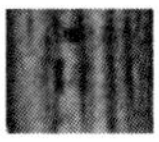

于※ 奇

乙二六二	乙五五壹 通宇字	甲一八壹	乙二九三	地圖三A	乙三三六	乙三一六	乙二七九
乙二六八	乙五九壹 通宇字	甲二二 通宇字		地圖三A	乙三五七	乙三一七貳	乙三〇一
乙二七四	乙九三C	甲二六 通宇字			乙三六二壹	乙三一八	乙三〇五
乙三〇〇	乙二六〇	乙一八壹			乙三六三	乙三一九	乙三〇八壹

平

乙一一壹	 乙七壹	 乙三壹	甲一六壹	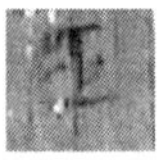 甲九	 甲五	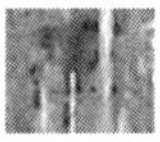 甲一壹	 志一
 乙一二壹	 乙八壹	 乙四壹	 甲一六貳	甲一〇	 甲六	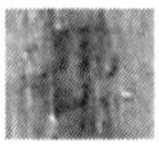 甲二壹	
 乙一六壹	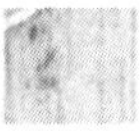 乙九+一三壹	 乙五壹	 乙一壹	甲一一	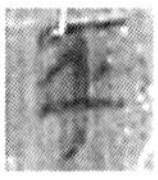 甲七	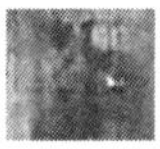 甲三壹	
 乙八二壹	 乙一〇壹	 乙六壹	 乙二壹	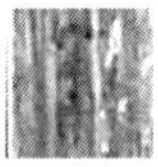 甲一二	 甲八	 甲四壹	

虎	虞	鼓	憙			喜	
		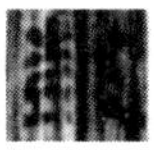					
甲三二A+ 三〇B	 乙二三九	乙三〇九	乙八〇壹	甲三一	乙二六八	甲五四貳	乙一四二
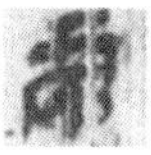						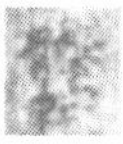	
乙六八		乙三三四	乙八一壹	乙六七	乙三〇三C	乙三五貳	乙一七九肆
			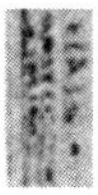				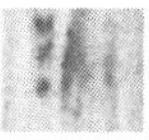
乙二一二			乙八二壹	乙七八壹	乙三〇九	乙七二	乙一九七壹
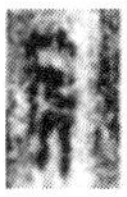			以上各例均通喜字				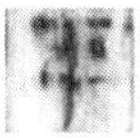
乙二四六				乙七九壹	乙三六四A+ 三五八B	乙一二八	乙二〇六

盈			益	盧	盂		
 甲一壹	 乙三六〇A+一六二B	 乙三三三	 乙二四二	 地圖四A	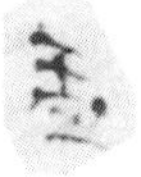 地圖四A	 地圖四A	 乙二五八B
 甲二壹	 乙三六〇A+一六二B	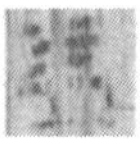 乙三五七	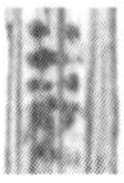 乙二九七	 地圖四A			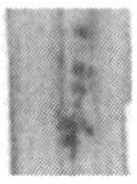 乙三五二
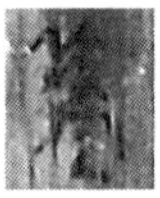 甲三壹	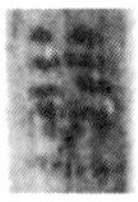 乙三六〇A+一六二B	 乙三六〇A+一六二B	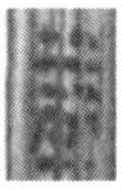 乙二九七				 乙三五二
 甲四壹	 志四	 乙三六〇A+一六二B	 乙三二三				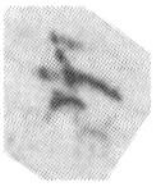 地圖三A

盡

 甲二一貳	 乙三三五	 乙一〇三壹	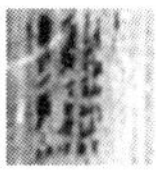 乙九+一三壹	 乙五壹	 乙一壹	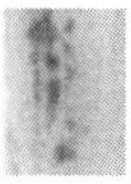 甲一〇	 甲六
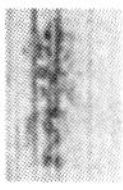 乙一二貳	 志四	 乙一〇五壹	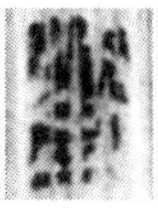 乙一〇壹	 乙六壹	 乙二壹	 甲一一	 甲七
 乙一九貳		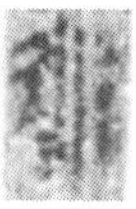 乙一一二壹	 乙一一壹	 乙七壹	 乙三壹	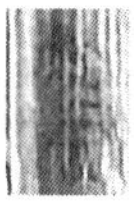 甲一二	 甲八
 乙二二壹		 乙三二七B	 乙一二壹	 乙八壹	 乙四壹	 甲一五	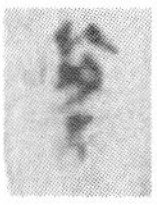 甲九

主		衆	血	去		盍※	
乙一四貳	乙五貳	甲二一壹	乙二七七	乙三一〇	乙二八八	乙三四四	乙二八八
乙一六貳	乙六貳	乙二一壹	乙三〇九	地圖三A	乙二九九		地圖三A
乙二一叁	乙八貳	乙二六四		地圖三A	乙三〇九		地圖三A
乙二四貳	乙一〇貳	乙三四四		志五	乙三〇九		

青　　丹

乙一九七壹	甲二三	志三	乙一一七壹	乙三三九	乙三〇八貳	乙一九九壹	乙一四四壹
	甲二九貳	志四	志一	乙三三九	乙三〇九	乙一九九壹	乙一九七壹
	乙五六壹	志五	志二	乙三四〇	乙三一一	乙二〇〇壹	乙一九七壹
	乙六三壹	志七	志二	乙三五六	乙三二九	乙二八二	乙一九八壹

井	井	即	即	爵	食	食	食
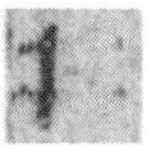 乙二貳	 乙一六一	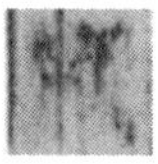 乙五二貳	 乙三五五	 乙一四貳	 甲一六貳	 甲二七	 甲四六貳
 乙二四叁	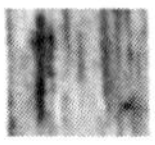 乙一七〇+三二五壹	 乙一〇六壹			 甲一六貳	 甲四三貳	 甲四七貳
 乙一三六	 地圖四A	 乙二九三			 甲二二	 甲四四貳	 甲四八貳
 乙一四六壹		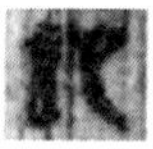 乙三二一			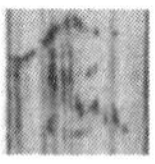 甲二六	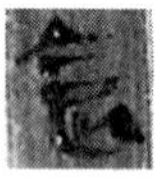 甲四五貳	 甲四九貳

 甲五〇貳	乙二〇貳	 乙二九貳	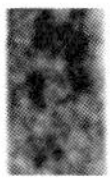 乙三三貳	 乙五九壹	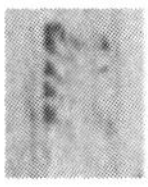 乙一二一貳	 乙一七九伍	 乙一八四伍
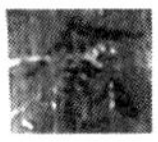 甲五一貳	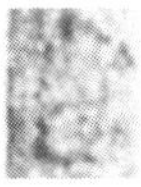 乙二六貳	 乙三〇貳	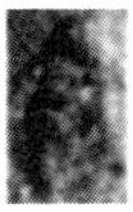 乙三四貳	 乙六〇壹	 乙一二一貳	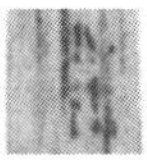 乙一八〇伍	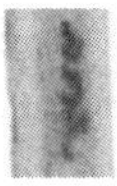 乙一八八伍
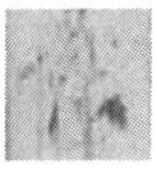 甲五二貳	 乙二七貳	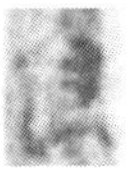 乙三一貳	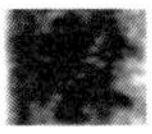 乙五四+二五貳	 乙八一貳	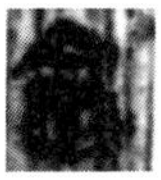 乙一四二	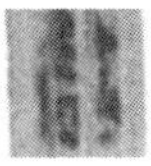 乙一八一肆	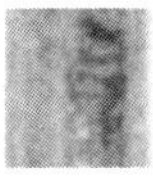 乙一九〇肆
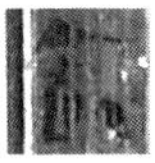 甲五三貳	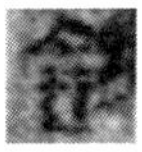 乙二八貳	 乙三二貳	 乙五五壹	 乙一二一貳	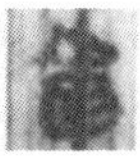 乙一四二	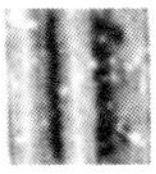 乙一八二肆	 乙二四八

餘 飢 合 今

 乙二七四	 乙一七二叁	 乙一五六	 乙二七〇	 乙三〇〇	 乙三二七B	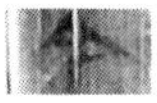 甲六七壹	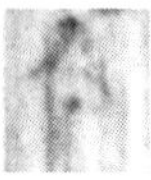 志一
 志四	 乙三三五	 乙一五六	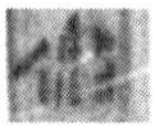 乙二八三	 乙三一七貳		 乙一六五	
 志五	 乙三五五	 乙一六一	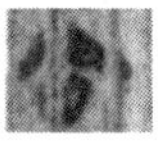 乙二九三	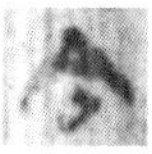 乙三二一		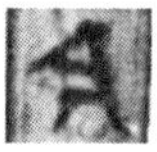 乙二九九	
 志七		以上三例通饑字	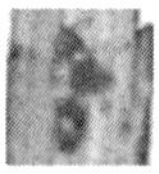 乙三〇〇	 乙三二一		 乙三三七	

侖	舍	會	倉	入			
地圖四A	志二	乙九四壹	乙二貳	甲一三	甲一七貳	甲二四壹	甲三六
	志二	乙一三〇壹	乙一〇三壹	甲一五	甲二〇貳	甲三二A+三〇B	甲三九
		乙一三九	乙三五三	甲一六壹	甲二一貳	甲三三	甲四三壹
		志六		甲一七貳	甲二三	甲三四	甲四四壹

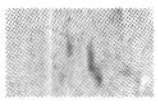

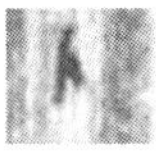

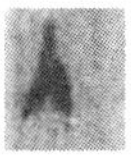

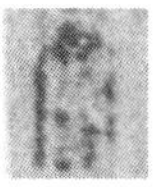

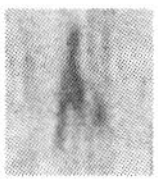

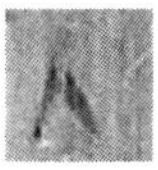

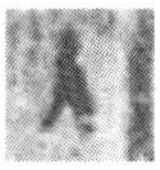

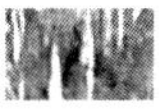

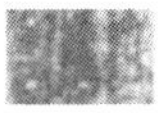

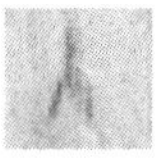

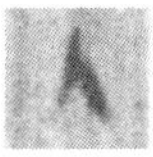

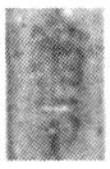

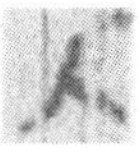

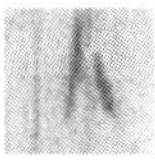

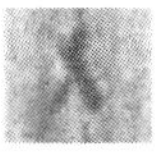

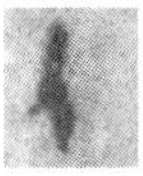

乙一四壹	甲七一壹	甲六七壹	甲六三壹	甲五九壹	甲五三壹	甲四九壹	甲四五壹
乙一六壹	甲七二壹	甲六八壹	甲六四壹	甲六〇壹	甲五五壹	甲五〇壹	甲四六壹
乙二二壹	乙一〇貳	甲六九壹	甲六五壹	甲六一壹	甲五六壹	甲五一壹	甲四七壹
乙二二叁	乙一一壹	甲七〇壹	甲六六壹	甲六二壹	甲五七壹	甲五二壹	甲四八壹

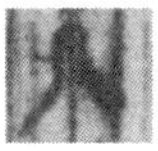 乙五六壹	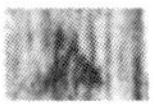 乙五一壹	 乙四七壹	 乙四三壹	 乙三八壹	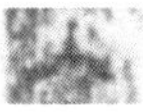 乙三四壹	 乙二九壹	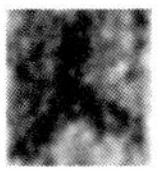 乙二四壹
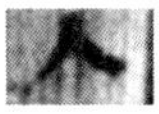	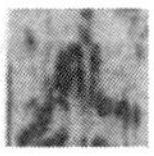	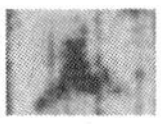		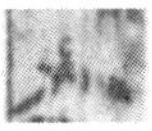	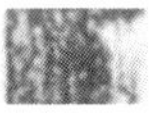		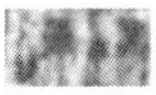
乙五七壹	乙五二壹	乙四八壹	乙四四壹	乙四〇A壹	乙三五壹	乙三一壹	乙二六壹
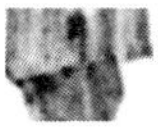		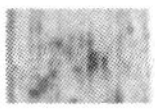					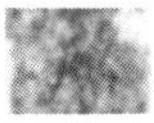
乙六八	乙五二壹	乙四九壹	乙四五壹	乙四一壹	乙三六壹	乙三二壹	乙二七壹
	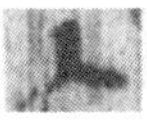	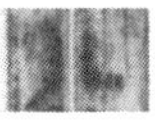	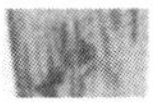	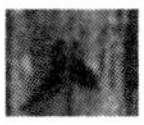	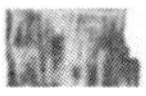		
乙六九	乙五三壹	乙五〇壹	乙四六壹	乙四二A+三九	乙三七壹	乙三三壹	乙二八壹

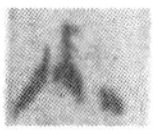	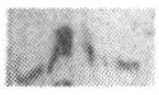	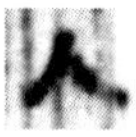			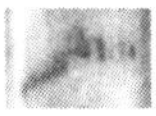	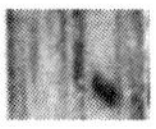	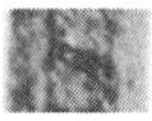
乙七〇	乙一二五壹	乙一四二	乙一七四叁	乙二〇七	乙二一三	乙二一九	乙二二六
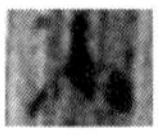	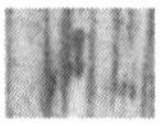	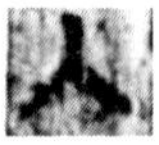	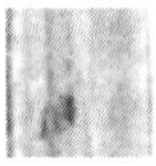		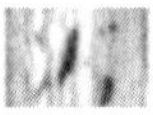	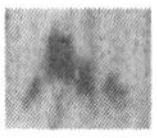	
乙七二	乙一二五壹	乙一五八	乙一八六伍	乙二〇八	乙二一四A+二二三	乙二二〇	乙二二八
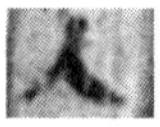	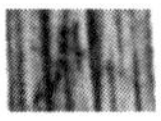	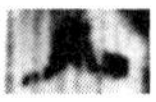	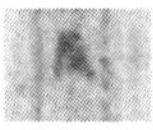	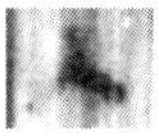	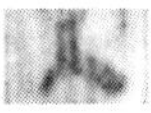	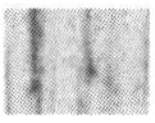	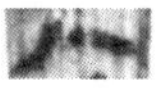
乙七五壹	乙一二八	乙一六二A+九三A	乙一八九肆	乙二一〇	乙二一六	乙二二三	乙二二九
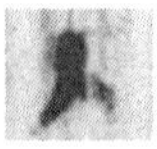	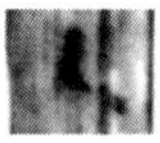	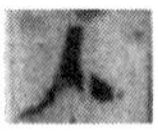	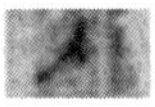	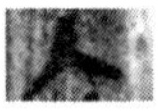	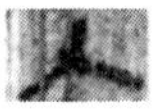	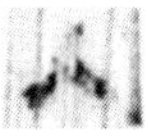	
乙一〇四壹	乙一四二	乙一六六	乙一九九壹	乙二一一	乙二一七	乙二二五	乙二三一

疾 矢 内

疾 甲三九 通瘊字	甲四一 通屎字	甲三四	乙三七八	乙三一八	乙二七三	乙二三九	乙二三二
乙七五壹 通瘊字	甲七二貳 通屎字	乙七〇	乙三八一	乙三六二壹	乙二九五	乙二四〇	乙二三四壹
乙一五五 通瘊字	乙三〇七 通屎字	乙九九壹		乙三六三	乙三〇九	乙二四一	乙二三五壹
	乙三二七B	乙一〇三壹		乙三六六	乙三〇九	乙二六八	乙二三七壹

	市	高	矩※		矣		短
乙二四二	乙二二叁	 乙九一B叁	 矩 乙一九八壹	 乙三二一	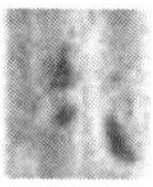 甲二五壹	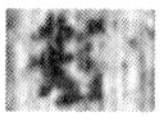 乙二六〇	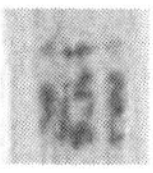 甲三三
 乙二四二	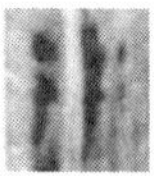 乙一八四伍	 乙一三九			 甲二七		 乙六九
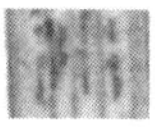 乙二四三	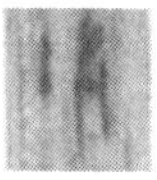 乙一八六肆	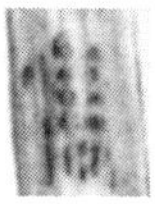 乙二四八			 乙五八壹		乙二一四A+二二三
 乙二七〇	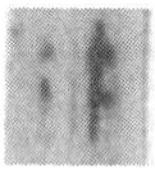 乙一八八肆				 乙六〇壹		 乙二四〇

	享	就			央		
		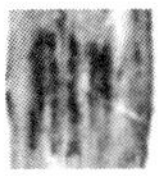			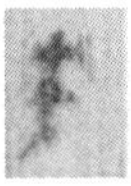	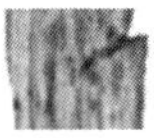	
乙一六一	乙一五四	 [illegible] 乙二七九	乙二九五	乙一六三 通殃字	乙九一B叁 通殃字	乙二九七	乙二七〇
				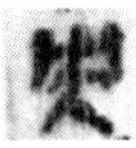	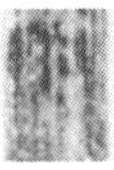		
	乙一六一			乙一六三 通殃字	乙一一一壹 通殃字	乙三六〇A+一六二B	乙二七一
				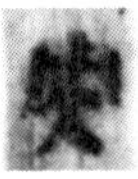	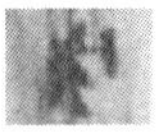	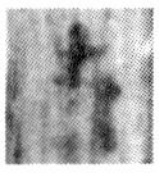	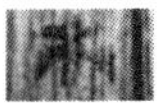
	乙一六一			乙一六三 通殃字	乙一二一貳 通殃字	志一	乙二八八
				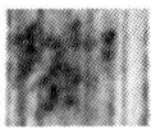	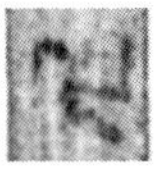		
	乙一六一			乙二一四B	乙一三一貳		乙二八八

良

甲一三
甲六九壹
甲七〇貳
乙一四壹
乙四八壹
乙八三壹
乙一三五壹
乙三〇六

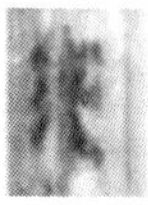

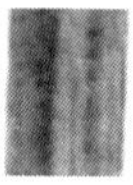

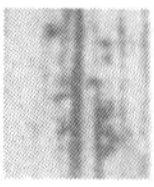

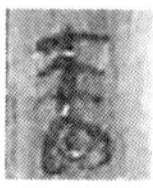

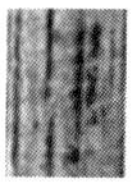

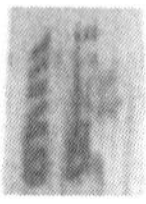

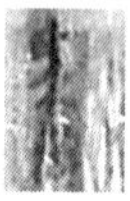

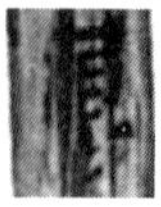

嗇

甲一三
甲一四
甲一五
乙九+一三貳
乙一一貳
乙一四壹
乙一五壹
乙一二九壹
乙二一八
乙二七五 通穡字
乙三五二

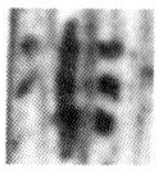

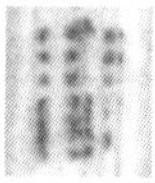

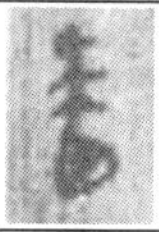

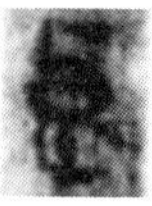

來

乙九〇
乙二七四
乙二九四
乙三一三
乙三三六
乙三四五
乙三四五
乙三五五

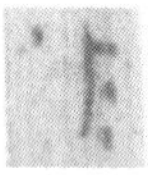

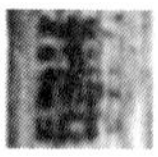

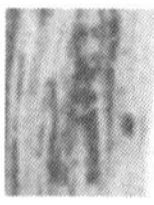

麥

乙一六四

韋	夏						憂
乙二七二 通圍字	乙三〇三A+三〇四	乙一三〇貳	乙九六壹	乙三六〇A+一六二B	乙二九四	乙二七九	乙一二八
	乙三二九	乙一三一壹	乙一二四壹		乙三〇九	乙二七九	乙二五二
	乙三六三	乙二八五	乙一二九壹		乙三五七	乙二八〇	乙二六四
	地圖三A	乙三〇二	乙一三〇壹		乙三六〇A+一六二B	乙二九〇	乙二六六

弟

乙六貳

乙二五四

久

乙一一六壹

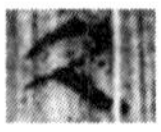

乙二四二

乙二六〇

乙三四八

乙三四八

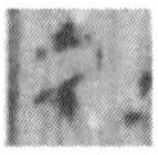

乙三五五

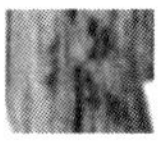

乙三五八A

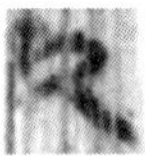

乙三六〇A+一六二B

乙三七〇

乘

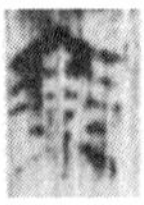

乙一〇四壹

乙一〇六壹

乙二九六

乙三六二壹

椲						木	
地圖三A	地圖三A	乙二五五	乙一八三叁	乙一五四	乙七七貳	甲三五	卷六
	地圖三A	乙三〇五	乙一九一貳	乙一七九肆	乙七七貳	乙一七叁下	
	地圖四A	乙三五七	乙一九七壹	乙一八〇壹	乙一〇〇貳	乙七一	
	地圖四A	地圖三A	乙二五三	乙一八一壹	乙一四〇	乙七六貳	

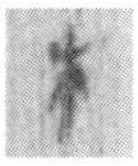

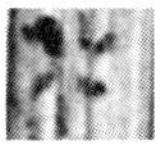

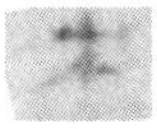

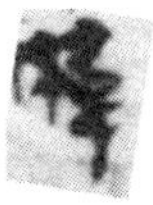

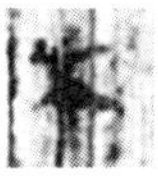

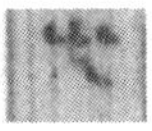

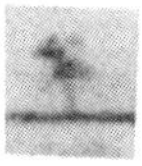

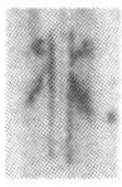

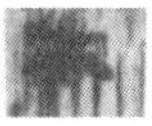

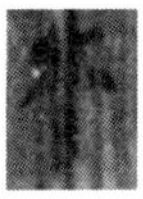

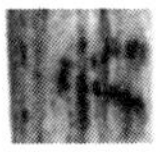

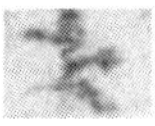

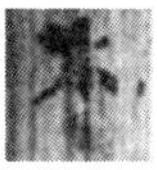

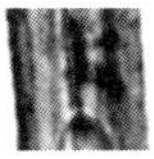

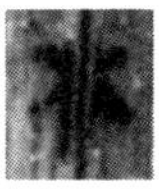

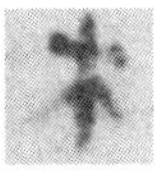

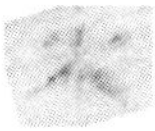

榆	桐	槐	權	楊	柔		栩
乙一二九貳	地圖三A	乙二五五	乙一九九壹	地圖三A	乙一一四壹	乙二八六 通羽字	乙一七六叁 通羽字
	地圖三A	地圖一A	乙三三〇	地圖三A			乙一八一肆 通羽字
				地圖四A			乙二一四B
				地圖四A			乙二三七貳 通羽字

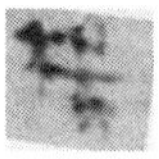

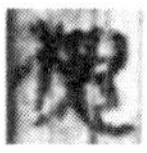

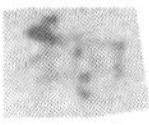

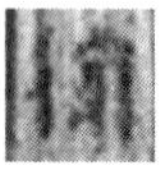

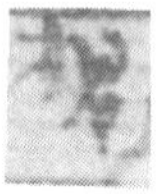

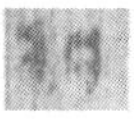

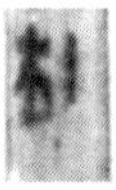

松	柏	某	梃	榣	橚	格	槀
地圖二	志四	乙二七〇 通謀字	地圖四B	乙三〇三B+二八九B 通搖字	地圖三A	地圖一B	 甲三六
地圖二		乙二七二		乙三〇三B+二八九B 通搖字			
地圖二		乙二八五		乙三一〇			
地圖二		乙二八五		乙三一〇			

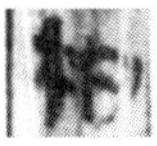

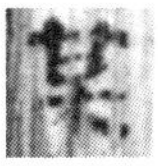

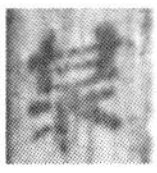

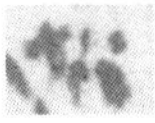

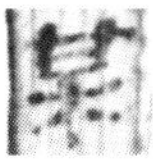

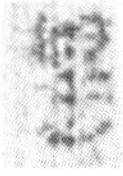

材		築			程	杓	
							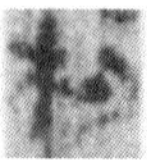
甲七〇貳 通裁字	乙三〇五	甲一五	乙四八貳	乙一〇一壹	地圖二	乙九五壹 通剽字	乙一三六
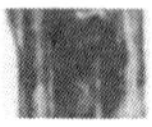			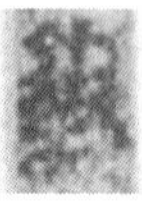			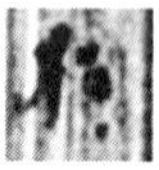	
乙八三壹 通裁字		甲一五	乙九九壹	乙一一七壹		乙九六壹 通剽字	乙一三七
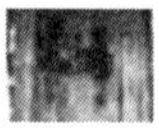		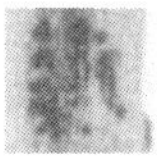					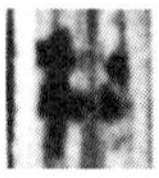
乙九四壹		乙二三貳下	乙一〇〇壹	乙一一八壹		乙九七壹 通剽字	乙一三七

乙二七〇 通財字		乙二三貳下	乙一〇一壹	乙一二九壹		乙九八壹 通剽字	

棓	樂	横	析		梁	枼	楺※
乙一四四壹 杯字異體	乙二四六	甲六七貳	地圖二	地圖四B	志一	乙一四貳 通世字	甲四貳 通柔字
乙三〇三B+二八九B 杯字異體	乙三〇九	乙一六五	地圖二				
			地圖四B				
			地圖四B				

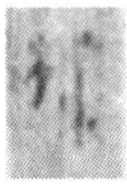

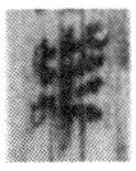

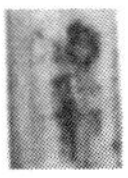

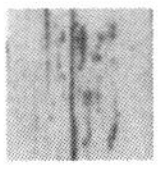

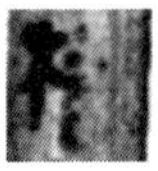

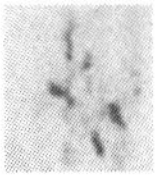

東

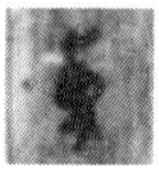

甲二三

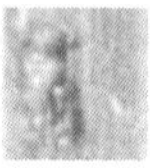

甲二五壹

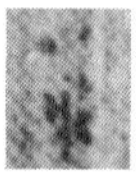

甲三二A+三〇B

甲三三

甲三四

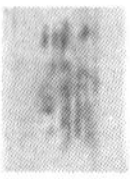

甲三九

甲四三壹

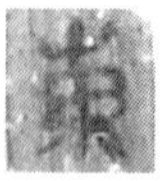

甲四四壹

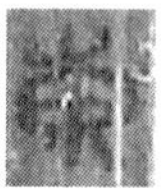

甲四五壹

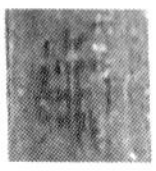

甲四六壹

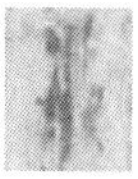

甲四七壹

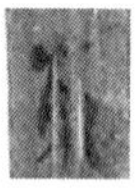

甲四八壹

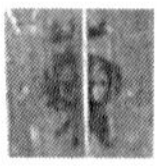

甲五三壹

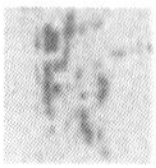

甲五四壹

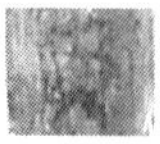

甲五五壹

甲五六壹

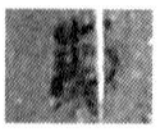

甲五七壹

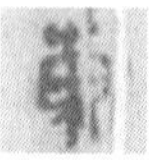

甲五八壹

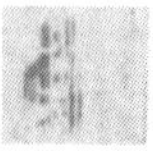

甲五九壹

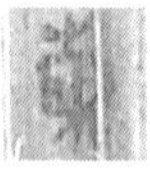

甲六〇壹

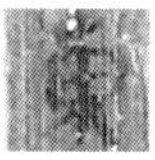

甲六一壹

甲六二壹

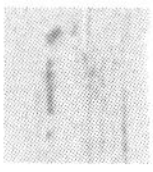

甲六三壹

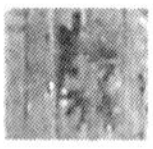

甲六四壹

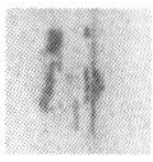

甲六五壹

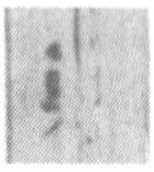

甲六六壹

甲六七壹

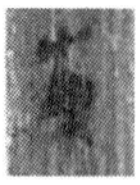

甲六八壹

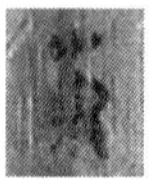

甲六九壹

甲七〇壹

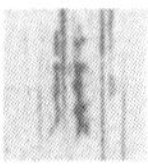

甲七一壹

甲七二壹

 乙五六壹	 乙五一貳	 乙四八壹	 乙四四壹	 乙四一壹	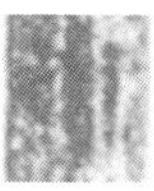 乙三五壹	 乙二九壹	乙一八貳
 乙五八壹	 乙五二壹	 乙四九壹	 乙四五壹	 乙四二A+三九壹	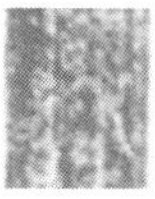 乙三六壹	 乙三〇壹	 乙二六壹
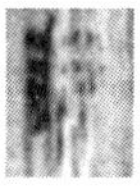 乙六八	 乙五三壹	 乙五〇壹	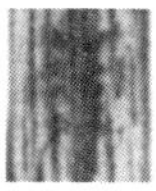 乙四六壹	 乙四二B壹	 乙三七壹	乙三一壹	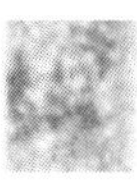 乙二七壹
 乙六九	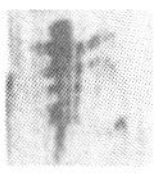 乙五四+二五壹	 乙五一壹	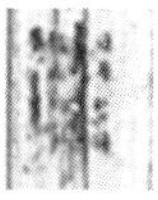 乙四七壹	 乙四三壹	 乙三八壹	 乙三四壹	 乙二八壹

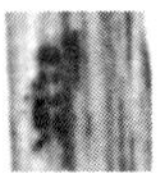			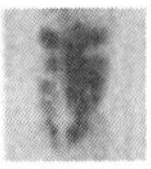		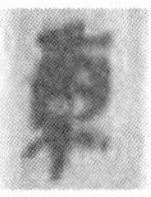	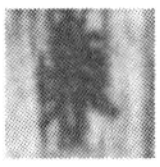	
乙一七〇+三二五貳	乙一六二A+九三A	乙一一九貳	乙一〇三貳	乙一〇一貳	乙九七叁	乙九四貳	乙七〇
		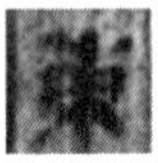				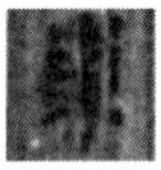	
乙一七四叁	乙一六二A+九三A	乙一二九貳	乙一一五貳	乙一〇一叁	乙九八叁	乙九五貳	乙七五壹
				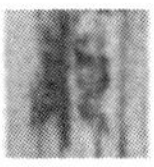	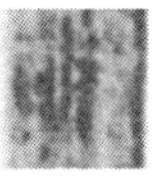		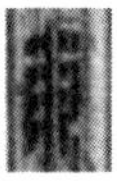
乙一七八壹	乙一六二A+九三A	乙一三九	乙一一六貳	乙一〇二貳	乙九九叁	乙九五叁	乙九三C
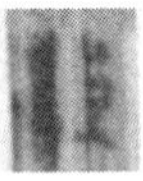				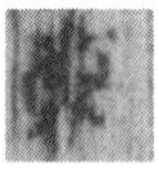	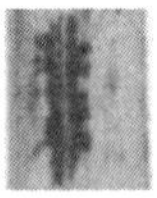		
乙一八三肆	乙一六八+三七四叁	乙一六一	乙一一八貳	乙一〇二叁	乙一〇〇叁	乙九六叁	乙九三C

鬱	林						
 地圖四A	 乙二五七	 乙二二九	 乙一八六柒	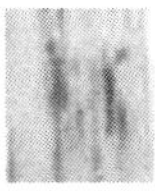 甲三三	乙三四二	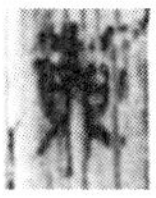 乙三二六	 乙一九七壹
	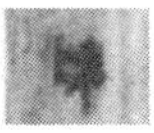 乙二七四	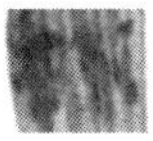 乙二五三	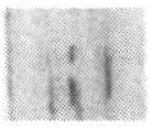 乙二〇一貳	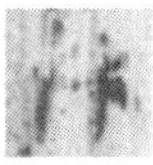 乙六九	 地圖四A	 乙三三九	乙二六六
	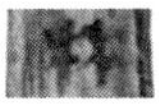 乙二七四	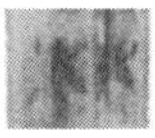 乙二五四	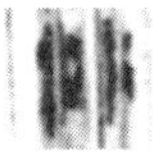 乙二二七	乙一七九陸		乙三三九	 乙三〇三A+三〇四
	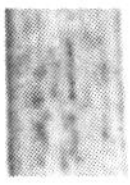 乙二八六	 乙二五五	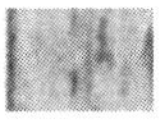 乙二二八	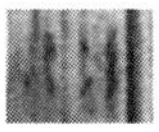 乙一八〇陸		 乙三四二	 乙三一五

橆※	才	桑		之			
	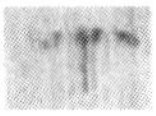	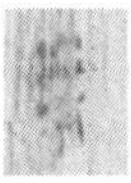			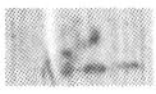		
乙七壹 舞字異體	甲三六 通在字	甲三一	乙三〇五	甲二貳	甲三六	乙三貳	乙二一貳
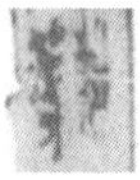					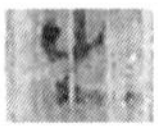		
乙二四一 舞字異體	乙七二 通在字	乙六七		甲三貳	甲六一壹	乙八貳	乙二三貳下
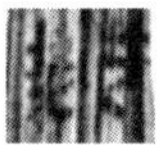	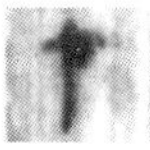						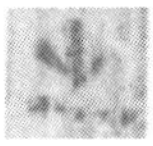
乙三〇九 舞字異體	乙二七七 通在字	乙一三一貳		甲四貳	甲六五貳	乙九+一三貳	乙二三貳下
					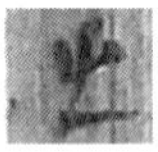		
		乙二七一		甲三〇A+三二B	甲六七貳	乙一四貳	乙二四貳

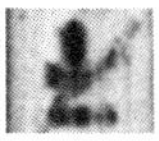

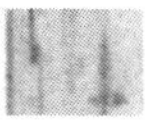

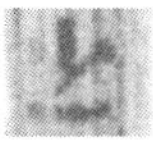

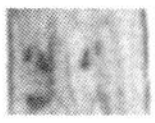

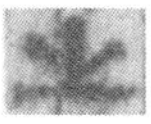

乙四二B貳	乙七〇	乙九〇	乙一〇〇壹	乙一一〇壹	乙一二二貳	乙一四四壹	乙一七〇+三二五叁
乙四六貳	乙七二	乙九一A+九三B+九二	乙一〇一壹	乙一一三壹	乙一二三壹	乙一四四壹	乙一七二叁
乙五二貳	乙七三壹	乙九一A+九三B+九二	乙一〇六壹	乙一一四壹	乙一二五壹	乙一六二A+九三A	乙一七三叁
乙六六	乙八九	乙九九壹	乙一〇八B壹	乙一二一壹	乙一三一貳	乙一六五	乙一七五叁

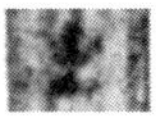

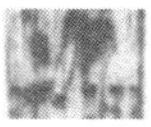

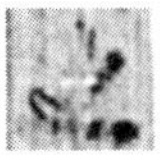

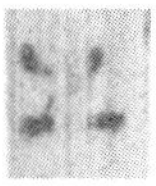

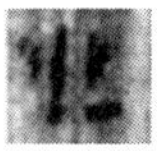

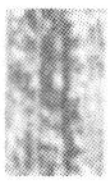

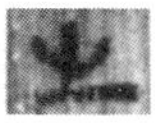

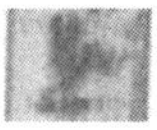

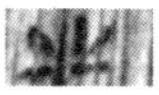

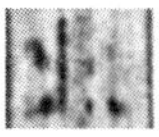

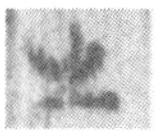

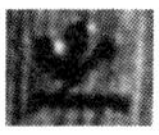

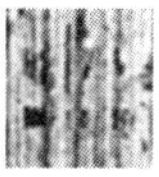

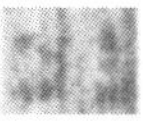

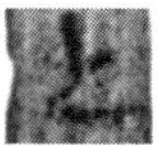

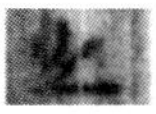

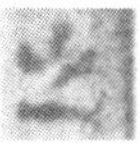

乙一七五叁	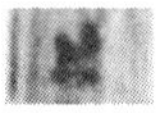 乙一九五壹	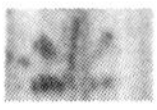 乙二四一	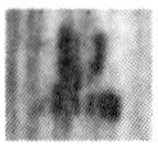 乙二四七A	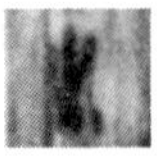 乙二四八	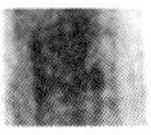 乙二五一	 乙二五四	 乙二六〇
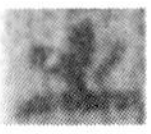 乙一七五叁	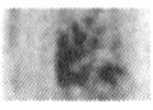 乙一九五壹	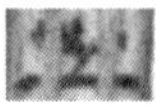 乙二四三	 乙二四七A	 乙二四九	 乙二五二	 乙二五五	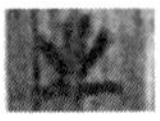 乙二六四
乙一七五叁	 乙一九五壹	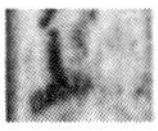 乙二四四	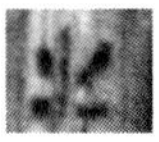 乙二四七A	乙二五〇	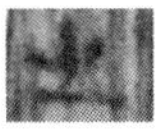 乙二五二	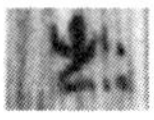 乙二五八B	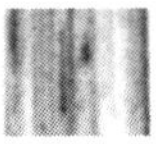 乙二六六
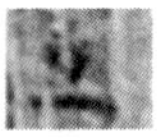 乙一九五壹	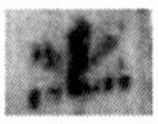 乙二四一	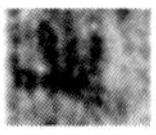 乙二四六	 乙二四七B	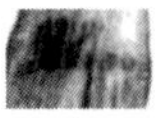 乙二五〇	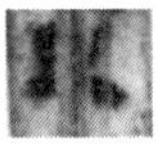 乙二五三	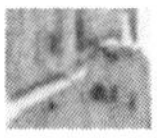 乙二五九+二四五	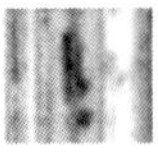 乙二六六

乙三四四	乙三三三	乙三二七A	乙三二一	乙三〇九	乙二九三	乙二七七	乙二六六
乙三四五	乙三三八	乙三二七B	乙三二一	乙三一三	乙三〇三C	乙二八七	乙二六八
乙三五二	乙三三八	乙三三一	乙三二三	乙三一五	乙三〇五	乙二八八	乙二六八
乙三五三	乙三四三	乙三三一	乙三二四	乙三二一	乙三〇八貳	乙二九三	乙二七五

出

 乙七二	乙六八	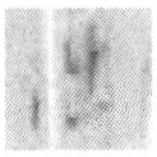 甲三九	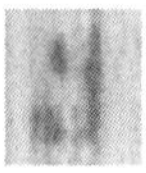 甲三四	 甲一六貳	 志三	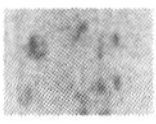 乙三六一叁	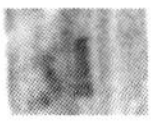 乙三五四
 乙七三壹	 乙六九	甲六六貳	甲三六	 甲三二A+三〇B	 志四	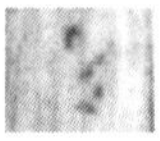 志一	 乙三五五
 乙七三壹	 乙六九	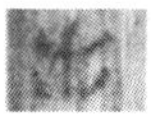 乙一六叁	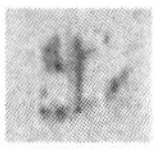 甲三七	 甲三三	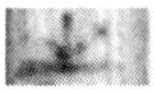 志五	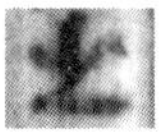 志二	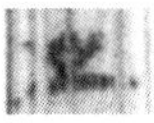 乙三五六
 乙七五壹	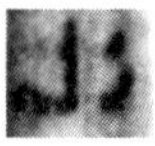 乙七〇	 乙二〇貳	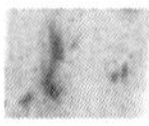 甲三七	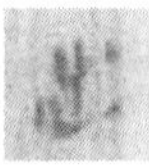 甲三三		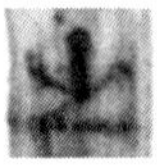 志三	 乙三五七

南

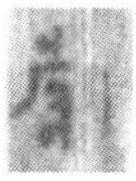	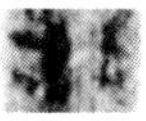	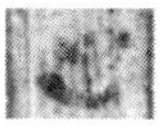	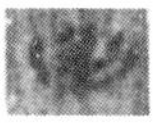	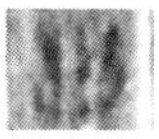	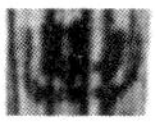	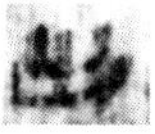	
甲二五壹	乙三七八	乙二八七	乙二八四	乙一八三伍	乙一二八	乙一一七貳	乙一〇二壹
	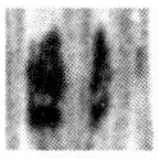	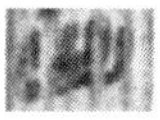	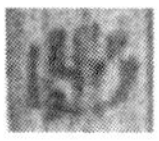	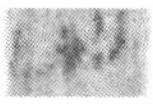	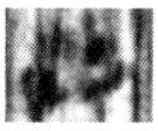		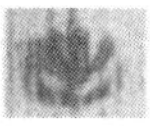
甲二六	乙三八一	乙二九六	乙二八四	乙二五六	乙一四二	乙一一八貳	乙一〇二壹
	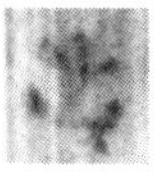			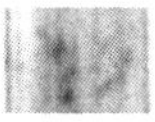	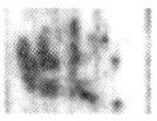	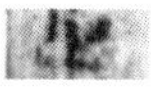	
甲二七	志三	乙三〇九	乙二八五	乙二六六	乙一六五	乙一一九貳	乙一一五貳
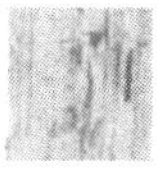		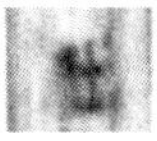	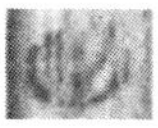	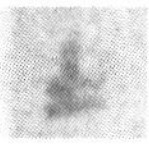			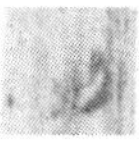
甲三六		乙三五二	乙二八五	乙二七七	乙一八〇肆	乙一二〇貳	乙一一六貳

	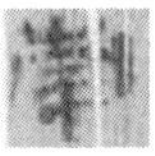		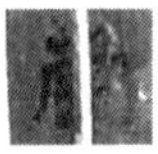				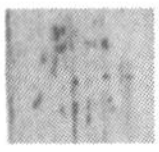
甲三七	甲四六壹	甲四九壹	甲五一壹	甲五四壹	甲五八壹	甲六二壹	甲六六壹
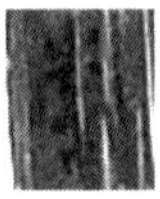			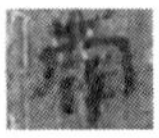	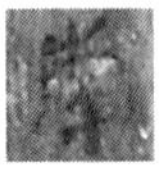			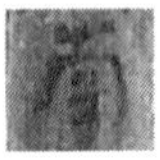
甲四三壹	甲四七壹	甲五〇壹	甲五二壹	甲五五壹	甲五九壹	甲六三壹	甲六七壹
	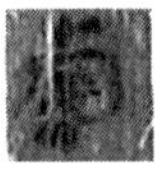	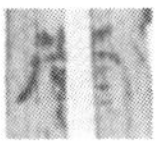			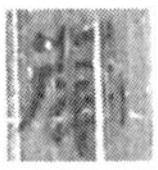	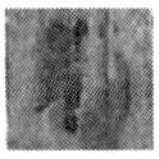	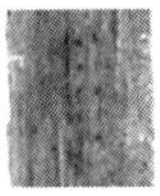
甲四四壹	甲四八壹	甲五〇壹	甲五二壹	甲五六壹	甲六〇壹	甲六四壹	甲六八壹
	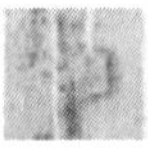		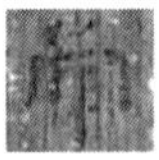				
甲四五壹	甲四九壹	甲五一壹	甲五三壹	甲五七壹	甲六一壹	甲六五壹	甲六九壹

 甲七〇壹	 乙二貳	 乙二七壹	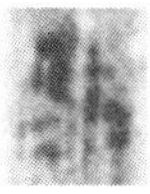 乙三一壹	 乙三三壹	 乙三七壹	 乙四二A+三九	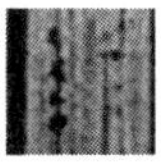 乙四五壹
 甲七一壹	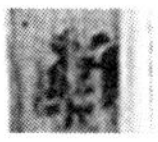 乙四貳	 乙二八壹	 乙三二壹	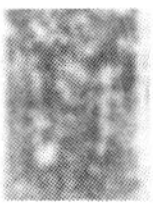 乙三四壹	 乙三八壹	 乙四二B壹	 乙四六壹
 甲七二壹	乙一七叁上	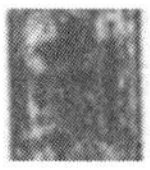 乙二九壹	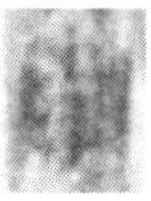 乙三二壹	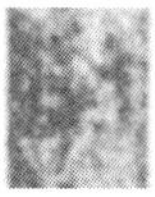 乙三五壹	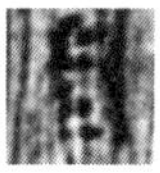 乙四〇A壹	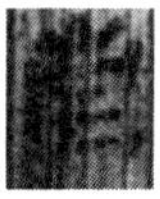 乙四三壹	 乙四七壹
 乙二貳	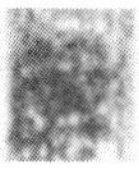 乙二六壹	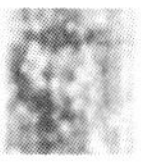 乙三〇壹	 乙三三壹	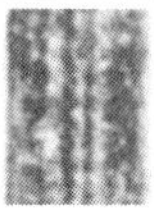 乙三六壹	 乙四一壹	 乙四四壹	 乙四八壹

 乙四八貳	 乙五二壹	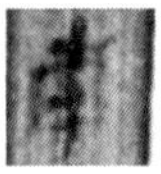 乙五九壹	 乙九四壹	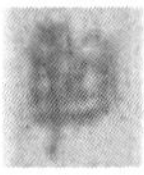 乙九七叁	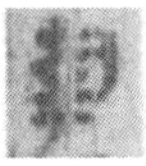 乙一〇一貳	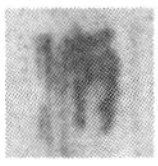 乙一〇三貳	 乙一二四貳
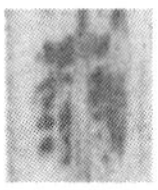 乙四九壹	 乙五三壹	 乙六〇壹	 乙九五壹	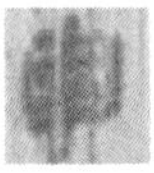 乙九八叁	 乙一〇一叁	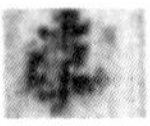 乙一一五貳	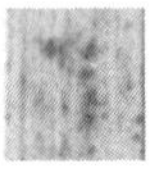 乙一三〇貳
 乙五〇壹	 乙五四+二五壹	 乙七二	 乙九六貳	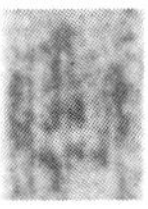 乙九九叁	 乙一〇二貳	 乙一一七貳	 乙一三九
 乙五一壹	 乙五八壹	 乙七三壹	 乙九六叁	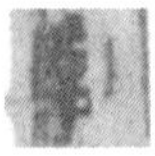 乙一〇〇叁	 乙一〇二叁	 乙一一八貳	 乙一六二A+九三A

生

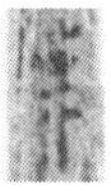

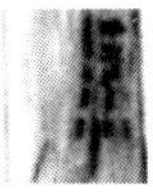

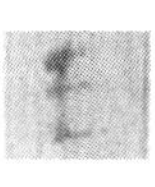

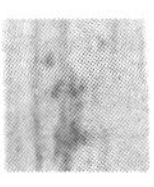

甲二一貳 通牲字	甲一三 通牲字	乙三四二	乙二七七	乙二五八A+三七一	乙二三四壹	乙一九六貳	乙一六二A+九三A
乙一四壹 通牲字	甲一五 通牲字	乙三四二	乙三〇三A+三〇四	乙二六六	乙二三五壹	乙一九八壹	乙一八一陸
乙一四貳 通牲字	甲一六貳	志二	乙三一五	乙二七四	乙二四七A	乙二〇三貳	乙一八二陸
乙二二壹 通牲字	甲一六貳	地圖一A	乙三四二	乙二七七	乙二四九	乙二三三壹	乙一八八柒

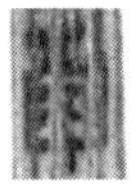

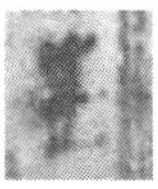

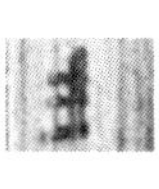

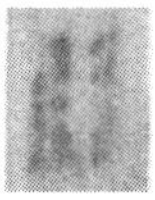

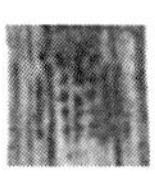

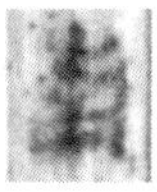

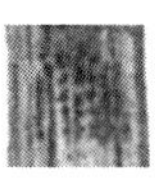

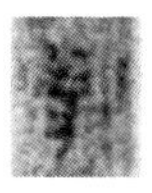

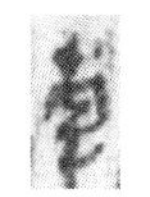

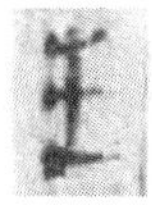

 乙七三貳	 乙七七貳	 乙一四二	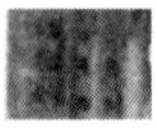 乙一八〇陸	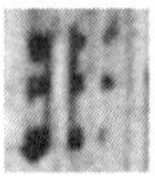 乙一八四陸	 乙一八九陸	 乙二五〇 通牲字	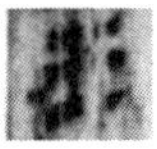 乙三二七A
				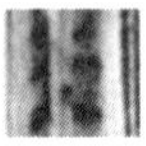		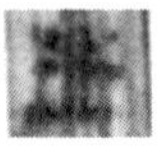	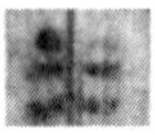
乙七四貳	乙七七貳	乙一六九叁	乙一八一陸	乙一八五陸	乙一九三	乙二八〇	乙三三三
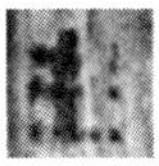				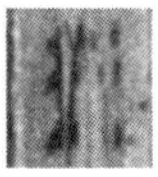	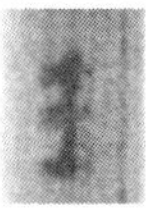	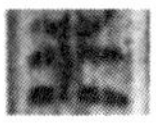	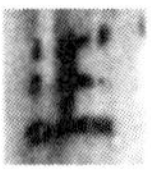
乙七五貳	乙七七貳	乙一六九叁	乙一八二陸	乙一八六陸	乙一九三	乙二九三	乙三三七
			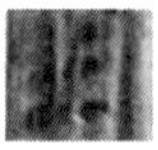		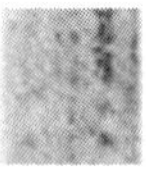		
乙七六貳	乙一四二	乙一七九陸	乙一八三陸	乙一八八陸	乙一九九貳	乙三〇九	乙三三七

圈			困	圜	束	華	
 甲三七	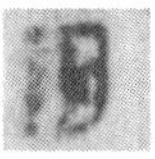 乙一〇三壹	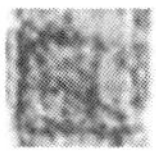 乙二四叁	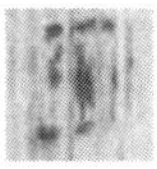 甲三五	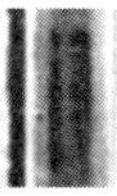  乙二一五	 地圖一B	 乙三五二	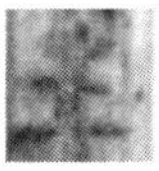 志二
  乙七三壹	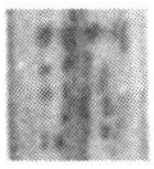 乙三五三	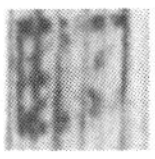 乙六五壹	 甲三九	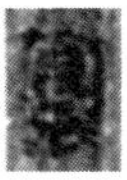 乙二二二			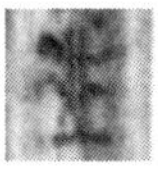 志二
		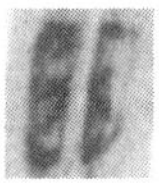 乙七一	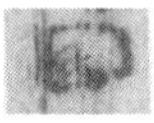 甲七三貳	 乙二三〇			
		 乙七五壹	 乙二貳	 乙二三三壹			

財	員	圂		囚		因	園
乙九+一三貳	乙三三九	甲四一	乙二六三	乙一二八	志一	乙九〇	甲七二貳
乙一一貳	地圖三A	乙七七壹	乙三一一	乙二五六	志三	乙二四一	乙三〇七
乙二二叁	地圖四A			乙二五七	志三	乙二九三	地圖四A
乙二二叁				乙二五八A+三七一	志三	乙三五五	

贏	賜	賞	贊	賀	資	貨	
乙二四四	甲一六壹	乙一六四 通賞字	乙三七七	乙三〇九	乙二七四	乙九〇	乙一〇二壹
乙二九七	乙一六壹				乙二七五		乙一二二貳
	乙二六五						乙二七四
							乙二九六

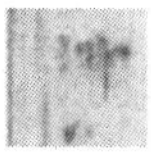

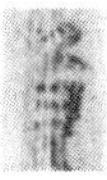

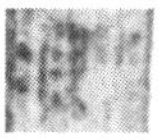

賈	責	質				賓	負
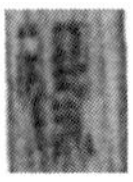 乙二二二叁	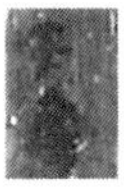  責 甲二〇壹	 甲六六貳	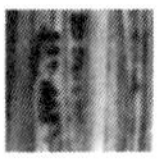 乙二七二	 乙二五一	 乙二二四	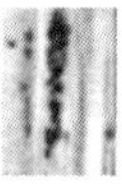 乙一八四陸	 乙三五二
 乙二三四壹	 甲四〇 通積字	 乙一六五		 乙二五二	 乙二二五	 乙一八五陸	
 乙二七〇	 乙二〇壹			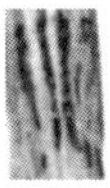 乙二五八A+三七一	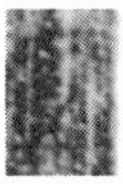 乙二二六	 乙一八五柒	
 乙二七一	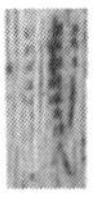 乙三二八 通積字			 乙二七二	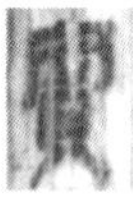 乙二五〇	乙二〇〇貳	

貴	貲	貧			賤	販	
  乙四七貳	 乙一三三壹	 乙二五二	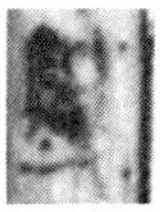 志五	 乙七一	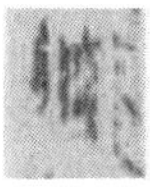 甲三〇A+三二B	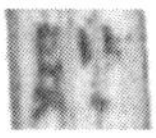 乙二四三	 乙二八八
 乙二八七				 乙二四七A	 甲三五	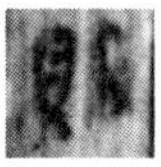 乙二七〇	 乙二八八
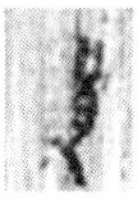 乙三二四				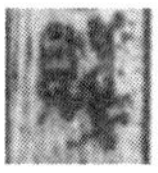 乙二八七	  乙一八貳	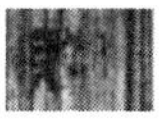 乙二八八	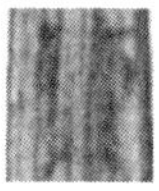 乙二九七
 乙三五三				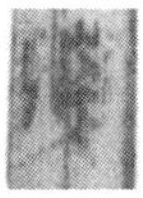 乙三五四	 乙六六		 乙三六〇A+一六二B

乙三五三

志六

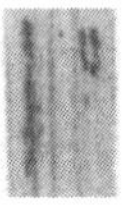

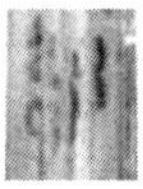

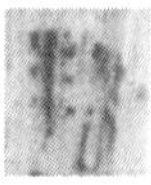

邑

甲六六貳

乙一〇四壹

乙一六五

邦

乙四貳

乙一六貳

乙一八貳

乙二三貳

乙二四叁

乙一〇五壹

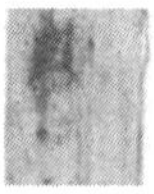

乙一五四

乙一五四

乙三一三

乙三四一

都

乙一八五柒

邸

地圖一A

志一

鄭

乙一八一伍

通定字

鄉

字形	出處	說明
	甲六六貳	通嚮字
	乙二貳	通嚮字
	乙一三〇壹	通嚮字
	乙一三五壹	通嚮字
	乙一三七	通嚮字
	乙一三七	通嚮字
	乙一三七	通嚮字
	乙一三九	通嚮字
	乙一六五	通嚮字
	乙三一五	通嚮字

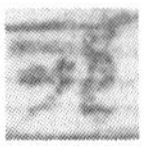

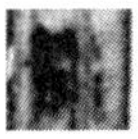

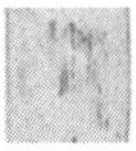

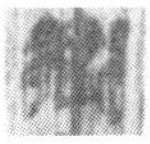

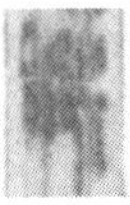

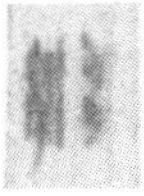

⿰可阝※

字形	出處	說明
	地圖一A	阿字異體

日

卷七

甲一貳	甲二貳	甲四貳	甲一五	甲一六貳	甲一七貳	甲二〇壹
甲一貳	甲二貳	甲一三	甲一六壹	甲一七壹	甲一八壹	甲二〇貳
甲二貳	甲三貳	甲一三	甲一六貳	甲一七貳	甲一八貳	甲二一壹
甲二貳	甲三貳	甲一四	甲一六貳	甲一七貳	甲一九壹	甲三〇A+三二B

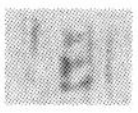 甲三〇A+三二B	甲三九	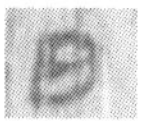 甲四三壹	 甲四四壹	 甲四四貳	 甲四五貳	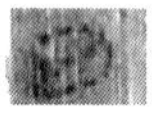 甲四六貳	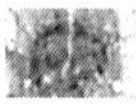 甲四七壹
甲三〇A+三二B	 甲四二壹	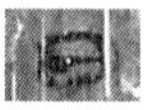 甲四三貳	 甲四四壹	 甲四五壹	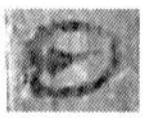 甲四五貳	 甲四六貳	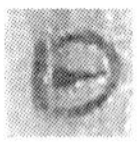 甲四七貳
 甲三〇A+三二B	甲四二貳	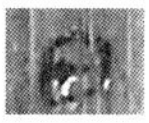 甲四三貳	 甲四四貳	 甲四五壹	 甲四六壹	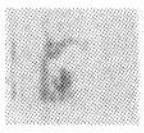 甲四六貳	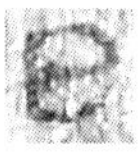 甲四七貳
 甲三八	甲四三壹	 甲四三貳	 甲四四貳	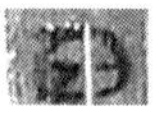 甲四五貳	 甲四六壹	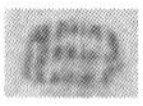 甲四七壹	 甲四八壹

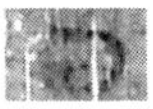

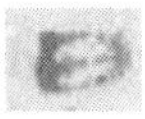

甲四八壹	甲四九壹	甲五〇壹	甲五〇貳	甲五一壹	甲五二貳	甲五三壹	甲五四壹
甲四八貳	甲四九壹	甲五〇壹	甲五一壹	甲五一壹	甲五二貳	甲五三貳	甲五四壹
甲四八貳	甲四九貳	甲五〇貳	甲五一壹	甲五二壹	甲五二貳	甲五三貳	甲五五壹
甲四八貳	甲四九貳	甲五〇貳	甲五一壹	甲五二壹	甲五三壹	甲五三貳	甲五五壹

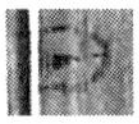

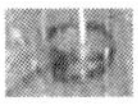

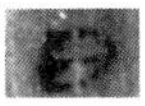

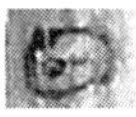

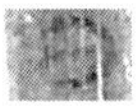

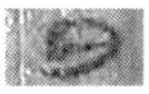

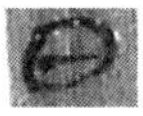

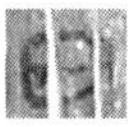

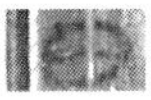

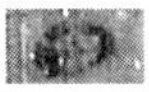

甲五六壹	甲五八壹	甲六〇壹	甲六二壹	甲六四壹	甲六六壹	甲六七壹	甲六九壹
甲五六壹	甲五八壹	甲六〇壹	甲六二壹	甲六四壹	甲六六壹	甲六七貳	甲六九壹
甲五七壹	甲五九壹	甲六一壹	甲六三壹	甲六五壹	甲六六貳	甲六八壹	甲六九貳
甲五七壹	甲五九壹	甲六一壹	甲六三壹	甲六五壹	甲六七壹	甲六八壹	甲七〇壹

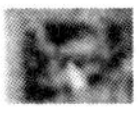

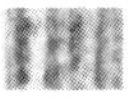

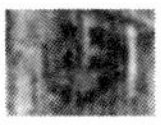

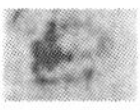

甲七〇壹	甲七二壹	乙一四壹	乙一七壹	乙二一壹	乙二六壹	乙二七貳	乙二八貳
甲七〇貳	甲七二壹	乙一五壹	乙一八壹	乙二三貳下	乙二七壹	乙二七貳	乙二八貳
甲七一壹	甲七三貳	乙一六壹	乙一九壹	乙二四壹	乙二七壹	乙二八壹	乙二八貳
甲七一壹	乙一四壹	乙一六叁	乙二〇壹	乙二六壹	乙二七貳	乙二八壹	乙二九壹

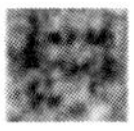

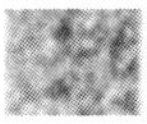

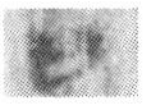

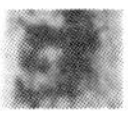

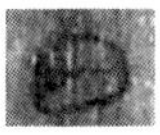

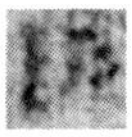

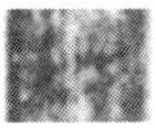

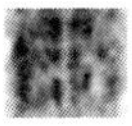

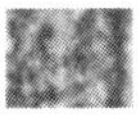

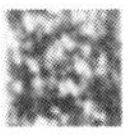

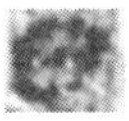

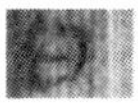

乙二九壹	乙三〇壹	乙三一壹	乙三一貳	乙三二貳	乙三三貳	乙三四壹	乙三五壹
乙二九貳	乙三〇貳	乙三一壹	乙三二壹	乙三二貳	乙三三貳	乙三四貳	乙三五壹
乙二九貳	乙三〇貳	乙三一貳	乙三二壹	乙三三壹	乙三三貳	乙三四貳	乙三六壹
乙三〇壹	乙三〇貳	乙三一貳	乙三二貳	乙三三壹	乙三四壹	乙三四貳	乙三六壹

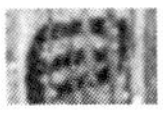 乙五一壹	 乙四九壹	 乙四七貳	 乙四六壹	乙四四壹	 乙四二A+三九壹	 乙四〇A壹	乙三七壹
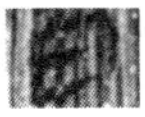 乙五一壹	 乙四九壹	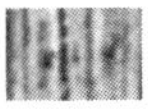 乙四八壹	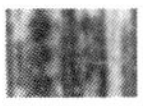 乙四六壹	乙四四壹	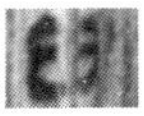 乙四二A+三九壹	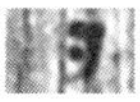 乙四〇A壹	 乙三七壹
 乙五二壹	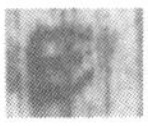 乙五〇壹	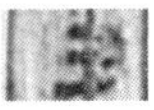 乙四八壹	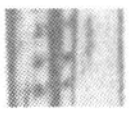 乙四七壹	乙四五壹	 乙四三壹	 乙四一壹	乙三八壹
 乙五二壹	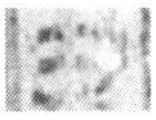 乙五〇壹	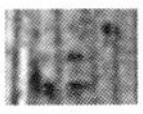 乙四八貳	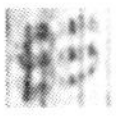 乙四七壹	 乙四五壹	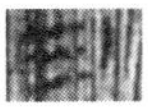 乙四三壹	 乙四一壹	 乙三八壹

乙五三壹	乙五四+二五貳	乙五七貳	乙五九貳	乙六三貳	乙七八貳	乙八〇貳	乙八三貳
乙五三壹	乙五五貳	乙五七叁	乙六〇貳	乙六四貳	乙七九壹	乙八一壹	乙八四貳
乙五四+二五貳	乙五六貳	乙五八貳	乙六一貳	乙六五壹	乙七九貳	乙八二貳	乙八五貳
乙五四+二五貳	乙五六叁	乙五八叁	乙六二貳	乙六五貳	乙八〇壹	乙八三壹	乙八六壹

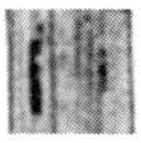					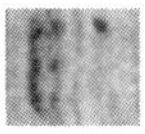		
乙一一三壹	乙一一二壹	乙一〇三壹	乙九一A＋九三B＋九二	乙九一A＋九三B＋九二	乙九〇	乙八九	乙八六貳
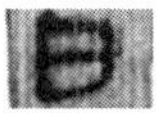			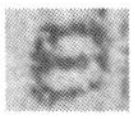			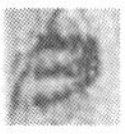	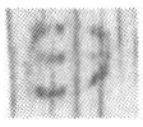
乙一一三壹	乙一一二壹	乙一〇七壹＋一八〇A	乙九四壹	乙九一A＋九三B＋九二	乙九一A＋九三B＋九二	乙八九	乙八七
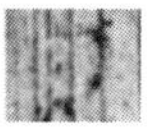	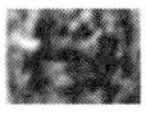		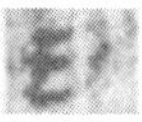	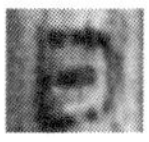	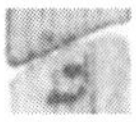	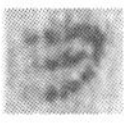	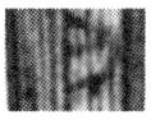
乙一一三壹	乙一一二壹	乙一〇九壹	乙九九壹	乙九一A＋九三B＋九二	乙九一A＋九三B＋九二	乙八九	乙八八
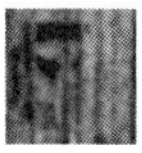	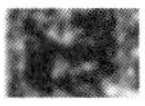	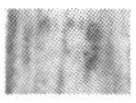	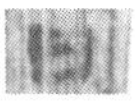	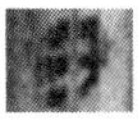		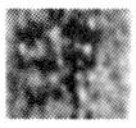	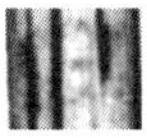
乙一一四壹	乙一一二壹	乙一一一壹	乙一〇二壹	乙九一A＋九三B＋九二	乙九一A＋九三B＋九二	乙八九	乙八八

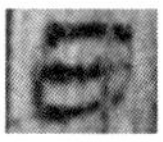					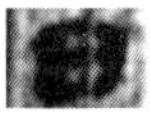	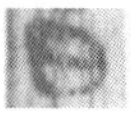	
乙一一四壹	乙一二五壹	乙一三一壹	乙一四〇	乙一四二	乙一四二	乙一四八壹	乙一五三壹
				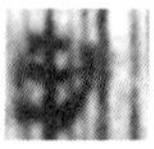			
乙一一四壹	乙一二五壹	乙一三五貳	乙一四〇	乙一四二	乙一四五壹	乙一四九壹	乙一五七
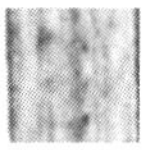		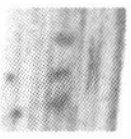		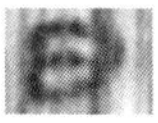		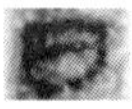	
乙一一四壹	乙一二九壹	乙一三八	乙一四二	乙一四二	乙一四六壹	乙一五〇壹	乙一五八
				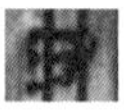			
乙一一八貳	乙一三〇壹	乙一四〇	乙一四二	乙一四二	乙一四七壹	乙一五一壹	乙一五八

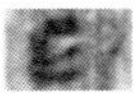 乙一九九壹	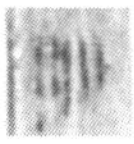 乙一八六伍	 乙一八三伍	乙一七七叁	 乙一六六	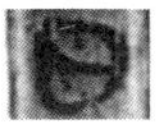 乙一六六	 乙一五九	 乙一五八
 乙二〇六	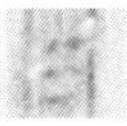 乙一八九肆	 乙一八三伍	 乙一七七叁	乙一六七叁	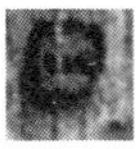 乙一六六	 乙一六二A+九三A	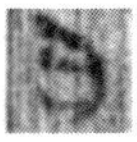 乙一五八
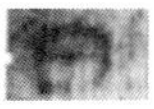 乙二〇七	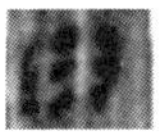 乙一九〇壹	 乙一八四肆	乙一七七叁	 乙一七三叁	 乙一六六	乙一六五	 乙一五八
 乙二〇七	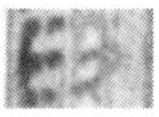 乙一九八壹	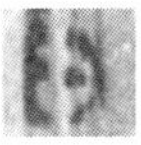 乙一八四伍	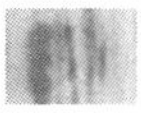 乙一八〇肆	 乙一七四叁	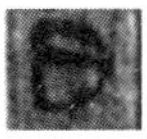 乙一六六	 乙一六六	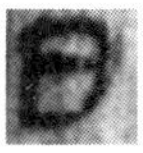 乙一五九

乙二三〇	乙二二七	乙二二五	乙二二一	乙二一八	乙二一五	乙二一二	乙二〇八
乙二三一	乙二二八	乙二二五	乙二二三	乙二一九	乙二一六	乙二一三	乙二〇九
乙二三一	乙二二八	乙二二六	乙二二三	乙二一九	乙二一六	乙二一三	乙二一〇
乙二三二	乙二二九	乙二二七	乙二二四	乙二二〇	乙二一七	乙二一四A+二二三	乙二一一

乙三二七B	乙三一七貳	乙三〇一	乙二九三	乙二四三	乙二三九	乙二三六壹	乙二三三壹
乙三三八	乙三一八	乙三〇六	乙二九七	乙二五四	乙二三九	乙二三七壹	乙二三四壹
乙三三九	乙三二一	乙三一五	乙二九七	乙二八六	乙二四〇	乙二三七壹	乙二三四壹
乙三四〇	乙三二七A	乙三一六	乙二九八	乙二八六	乙二四一	乙二三八	乙二三五壹

時

 乙一九一肆	 乙一七七叁	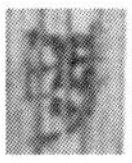  乙九〇	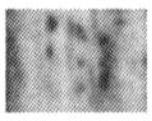 志一	乙三六三	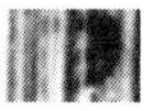 乙三六二壹	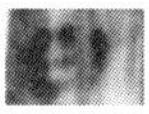 乙三四九	 乙三四〇
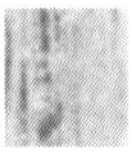		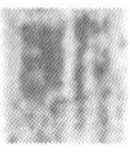				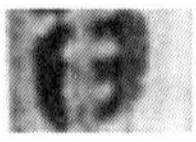	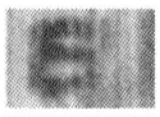
乙一九七壹	乙一八四伍	乙九九壹	志三	乙三七二壹	乙三六二壹	乙三五五	乙三四四
	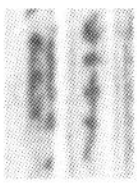		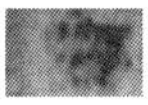			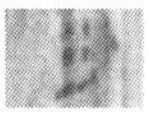	
乙一九八壹	乙一八五伍	乙一七三叁	志六	乙三七三貳	乙三六二壹	乙三五九	乙三四五
	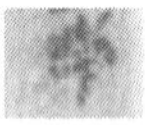	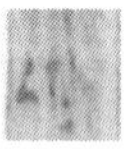					
乙一九九壹	乙一八六叁	乙一七四叁		乙三八〇	乙三六二貳	乙三五九	乙三四八

昏

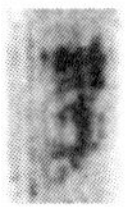

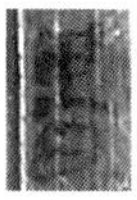

甲五八壹	甲五四壹	甲五〇壹	甲四六壹	甲一七貳	乙三五五	乙三四五	乙二〇〇壹
甲五九壹	甲五五壹	甲五一壹	甲四七壹	甲四三壹		乙三四五	乙二四一
甲六〇壹	甲五六壹	甲五二壹	甲四八壹	甲四四壹		乙三四八	乙二四三
甲六一壹	甲五七壹	甲五三壹	甲四九壹	甲四五壹		乙三五五	乙三三八

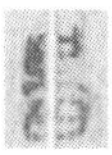

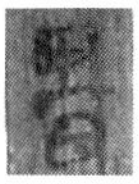

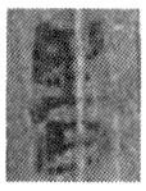

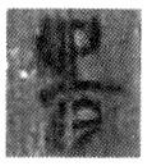

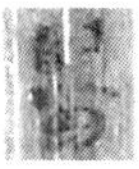

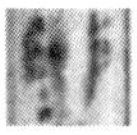

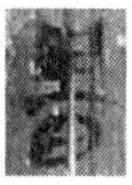

甲六二壹	甲六六壹	甲七〇壹	乙二七壹	乙三一壹	乙三五壹	乙四〇A壹	乙四三壹
甲六三壹	甲六七壹	甲七一壹	乙二八壹	乙三二壹	乙三六壹	乙四一壹	乙四四壹
甲六四壹	甲六八壹	甲七二壹	乙二九壹	乙三三壹	乙三七壹	乙四二A+三九壹	乙四五壹
甲六五壹	甲六九壹	乙二六壹	乙三〇壹	乙三四壹	乙三八壹	乙四二B壹	乙四六壹

昌　　旱　晦

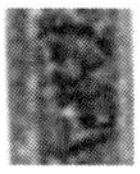 乙二二二	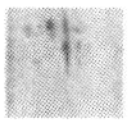 乙六貳	 乙一五八	 乙一五四	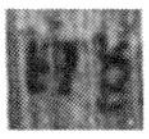  乙一七九伍	 乙一四二	 乙五一壹	 乙四七壹
	 乙八貳	 乙一五九	 乙一五八	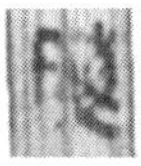 乙二九七	 乙一八九壹	 乙五二壹	 乙四八壹
	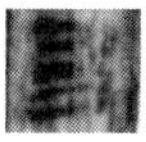 乙一〇八A+一〇七壹	 乙一五九	 乙一五八	 乙三五九	 乙一九一壹	 乙五三壹	 乙四九壹
	 乙一〇八B壹	 乙一五九	 乙一五八			 乙五四+二五壹	 乙五〇壹

旦

甲五六壹	甲五四壹	甲五二壹	甲五〇壹	甲四八壹	甲四六壹	甲四四壹	甲一六貳
甲五七壹	甲五四貳	甲五二貳	甲五〇貳	甲四八貳	甲四六貳	甲四四貳	甲一七貳
甲五七貳	甲五五壹	甲五三壹	甲五一壹	甲四九壹	甲四七壹	甲四五壹	甲四三壹
甲五八壹	甲五五貳	甲五三貳	甲五一貳	甲四九貳	甲四七貳	甲四五貳	甲四三貳

乙二九壹	乙二七壹	甲七一壹	甲六七壹	甲六四貳	甲六二貳	甲六〇貳	甲五八貳
乙二九貳	乙二七貳	甲七二壹	甲六八壹	甲六五壹	甲六三壹	甲六一壹	甲五九壹
乙三〇壹	乙二八壹	乙二六壹	甲六九壹	甲六五貳	甲六三貳	甲六一貳	甲五九貳
乙三〇貳	乙二八貳	乙二六貳	甲七〇壹	甲六六壹	甲六四壹	甲六二壹	甲六〇壹

 乙三一壹	乙三三壹	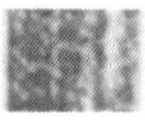 乙三五壹	 乙三七壹	乙四〇A壹	 乙四二A+三九壹	 乙四三貳	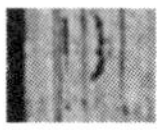 乙四五貳
乙三一貳	乙三三貳	 乙三五貳	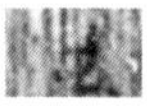 乙三七貳	 乙四〇B壹	 乙四二A+三九貳	乙四四壹	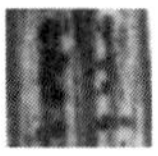 乙四六壹
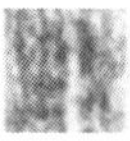 乙三二壹	乙三四壹	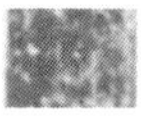 乙三六壹	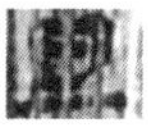 乙三八壹	乙四一壹	 乙四二B壹	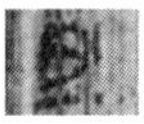 乙四四貳	 乙四六貳
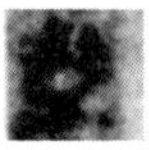 乙三二貳	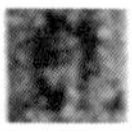 乙三四壹	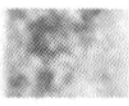 乙三六貳	 乙三八貳	乙四一貳	乙四三壹	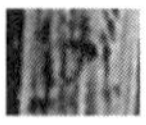 乙四五壹	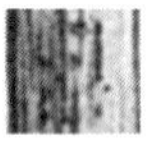 乙四七壹

 乙三四一	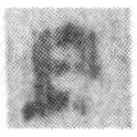 乙二三八	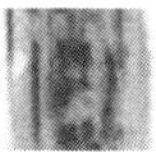 乙二二七	 乙二一五	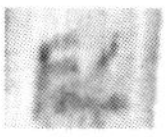 乙一九七壹	 乙八二壹	 乙五二壹	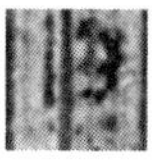 乙四八壹
 乙三五九	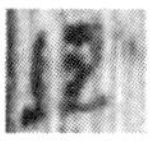 乙二八三	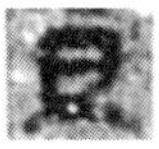 乙二三〇	 乙二一八	 乙二〇六	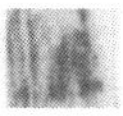 乙一四二	 乙五三壹	 乙四九壹
	 乙二八六	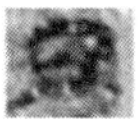 乙二三三壹	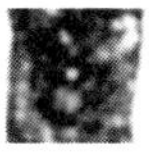 乙二二一	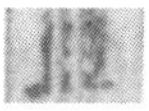 乙二〇九	乙一七四叁	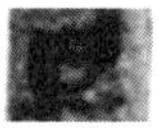 乙五四+二五貳	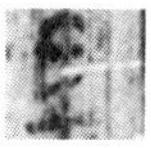 乙五〇壹
	 乙二九七	乙二三六壹	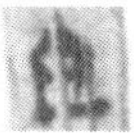 乙二二四	乙二一二	 乙一七九肆	 乙五五壹	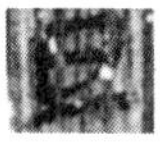 乙五一壹

		族	旅	旌	游	施	朝
乙二一四B	乙二〇一貳	乙六壹	乙二四二	乙二一一	 志六	乙七貳	 乙二九四
乙二五〇	 乙二一二	 乙一八〇壹	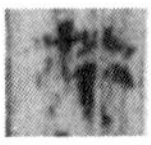 乙二四二		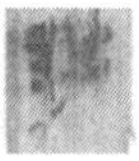 志六	 乙三五一 通弛字	 乙三五一
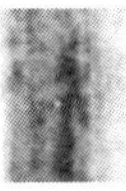 乙二五一	 乙二一三	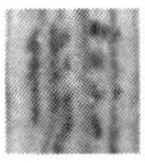 乙一八一陸			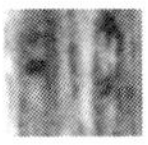 志六		
 乙二五二	 乙二一四A+二一三	 乙一八一柒					

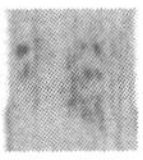

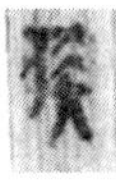

冥　星　曑

冥			星				曑
乙二五八A+三七一	乙二七七	乙二七二	乙一三〇壹	乙一七七貳	乙二九三	乙三五〇	乙一貳 通三字
乙二六四			乙一三二壹	乙一七七叁	乙三二一	志六	乙一一九壹 通三字
乙二六四			乙一三三貳	乙一七七叁	乙三二七B		乙一七五貳
乙二六四			乙一六三	乙一八六叁	乙三四四		乙一八一柒

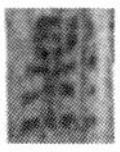

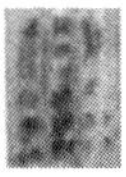

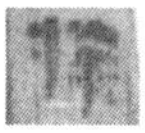

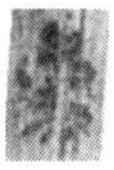

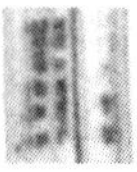

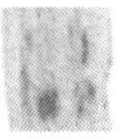

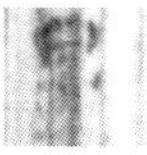

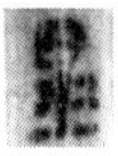

月　　晨

月	月	晨	晨	晨	晨	晨	晨
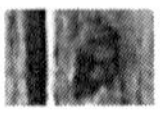 甲五	 甲一壹	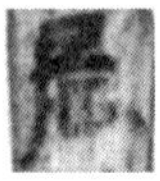 乙二三二	 乙二一七	乙一八八伍	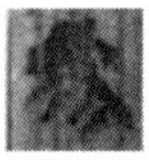 乙三二一 通三字	 乙二九九 通三字	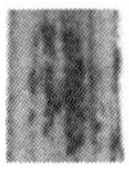 乙一八二柒
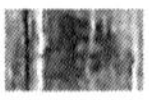 甲六	 甲二壹	 乙二三五壹	 乙二二〇	 乙二〇八		 乙二九九 通三字	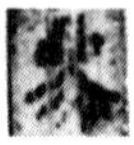 乙二四四
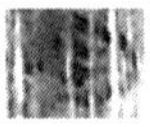 甲七	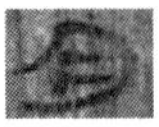 甲三壹	 乙二四〇	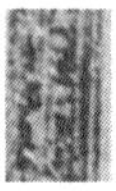 乙二二六	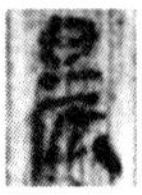 乙二一一		 乙三二一 通三字	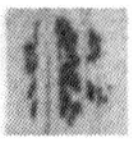 乙二九三 通三字
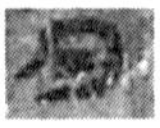 甲八	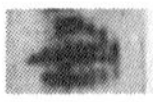 甲四壹	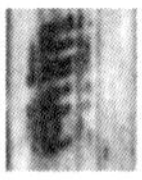 乙三四四 通辰字	 乙二二九	 乙二一四A+二二三		 乙三二一 通三字	 乙二九三 通三字

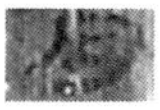

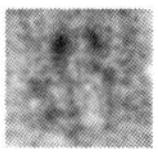

甲六六壹	甲六二壹	甲五八壹	甲五四壹	甲五〇壹	甲四六壹	甲四〇	甲九
甲六七壹	甲六三壹	甲五九壹	甲五五壹	甲五一壹	甲四七壹	甲四三壹	甲一〇
甲六八壹	甲六四壹	甲六〇壹	甲五六壹	甲五二壹	甲四八壹	甲四四壹	甲一一
甲六九壹	甲六五壹	甲六一壹	甲五七壹	甲五三壹	甲四九壹	甲四五壹	甲一二

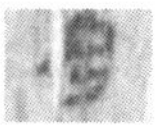

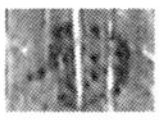

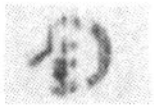

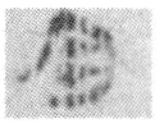

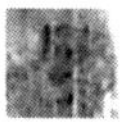

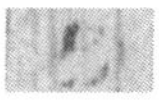

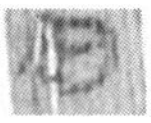

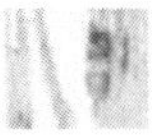

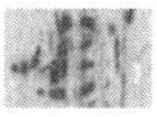

乙三三壹	乙二九壹	乙二二壹	乙九十一三壹	乙六壹	乙二壹	甲七三貳	甲七〇壹
乙三四壹	乙三〇壹	乙二六壹	乙一〇壹	乙六貳	乙三壹	甲七三貳	甲七一壹
乙三五壹	乙三一壹	乙二七壹	乙一一壹	乙七壹	乙四壹	甲七三貳	甲七一貳
乙三五壹	乙三二壹	乙二八壹	乙一二壹	乙八壹	乙五壹	乙一壹	甲七二壹

 乙六三貳	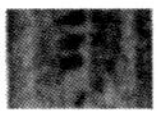 乙五九貳	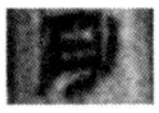 乙五七貳	乙五三壹	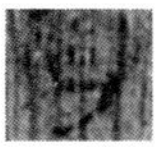 乙四九壹	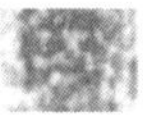 乙四五	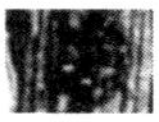 乙四一壹	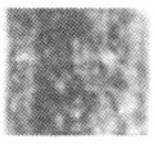 乙三六壹
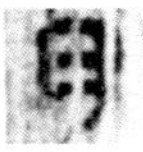 乙六四貳	 乙六〇貳	 乙五七叁	 乙五五貳	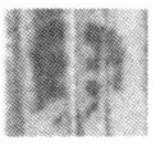 乙五〇壹	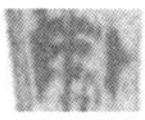 乙四六壹	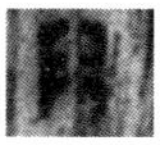 乙四二A+三九壹	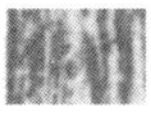 乙三七壹
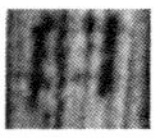 乙六五壹	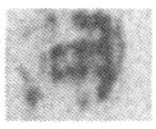 乙六一貳	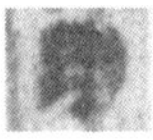 乙五八貳	 乙五六貳	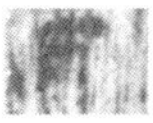 乙五一壹	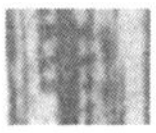 乙四七壹	 乙四三壹	乙三八壹
 乙七六壹	 乙六二貳	 乙五八叁	 乙五六叁	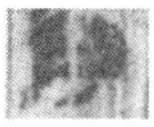 乙五二壹	 乙四八壹	 乙四四壹	 乙四〇A壹

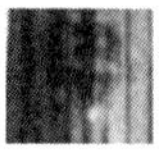 乙七八貳	 乙八二貳	 乙八四壹	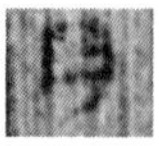 乙八四壹	 乙八五壹	 乙八五壹	 乙八八	 乙九四壹
 乙七九貳	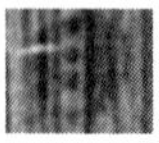 乙八三貳	 乙八四壹	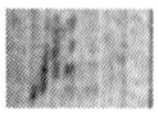 乙八四貳	 乙八五壹	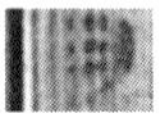 乙八五貳	乙九四壹	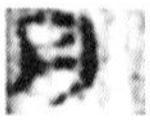 乙九五壹
 乙八〇貳	 乙八四壹	 乙八四壹	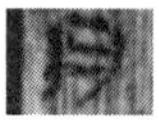 乙八五壹	 乙八五壹	乙八六貳	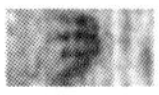 乙九四壹	 乙九六壹
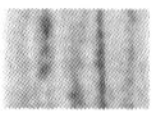 乙八一貳	 乙八四壹	乙八四壹	 乙八五壹	 乙八五壹	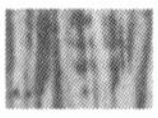 乙八八	乙九四壹	乙九七壹

乙一三九	乙一三九	乙一二九貳	乙一二三貳	乙一一三貳	乙一〇九叁	乙一〇五貳	乙九八壹
乙一四一	乙一三九	乙一三〇貳	乙一二四貳	乙一一四貳	乙一一〇貳	乙一〇六貳	乙一〇〇貳
乙一四一	乙一三九	乙一三五壹	乙一二五貳	乙一一六貳	乙一一一貳	乙一〇七貳	乙一〇三叁
乙一四一	乙一三九	乙一三八	乙一二六貳	乙一一九貳	乙一一二貳	乙一〇八B叁	乙一〇四貳

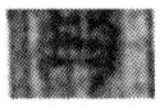

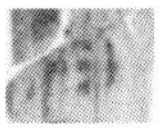

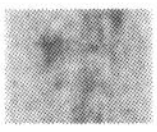

乙一四一
乙一四一
乙一四一
乙一五七
乙一五八
乙一五九
乙一六〇
乙一六〇

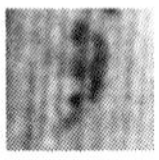

乙一四一
乙一四一
乙一五四
乙一五八
乙一五八
乙一六〇
乙一六〇
乙一六〇

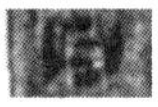

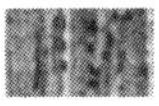

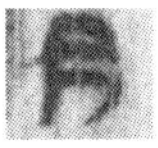

乙一四一
乙一四一
乙一五五
乙一五八
乙一五九
乙一六〇
乙一六〇
乙一六〇

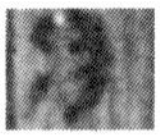

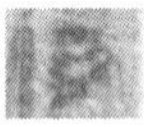

乙一四一
乙一四一
乙一五六
乙一五八
乙一五九
乙一六〇
乙一六〇
乙一六〇

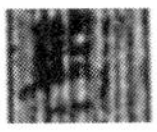

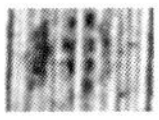

乙一六〇	乙一六六	乙一六八+ 三七四贰	乙一七一贰	乙二六〇	乙三〇一	乙三〇一	乙三〇一
乙一六〇	乙一六六	乙一六九壹	乙一七二壹	乙二八五	乙三〇一	乙三〇一	乙三〇一
乙一六〇	乙一六七贰	乙一六九贰	乙一七二贰	乙三〇一	乙三〇一	乙三〇一	乙三〇二
乙一六二A+ 九三A	乙一六八+ 三七四壹	乙一七〇+ 三二五壹	乙二四七B	乙三〇一	乙三〇一	乙三〇一	乙三〇二

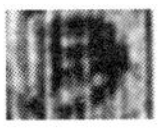

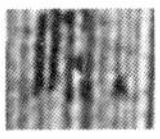

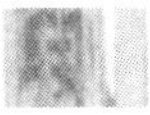

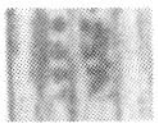

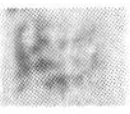

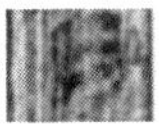

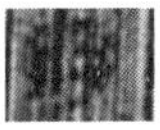

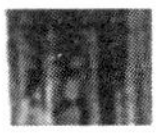

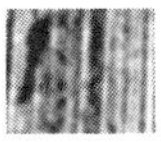

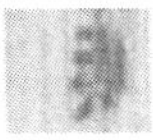

朔

乙一二七	乙一二七	志一	乙三六一壹	乙三〇五	乙三〇三A+三〇四	乙三〇二	乙三〇二
乙一二七	乙一二七		乙三六二壹	乙三一七貳	乙三〇三A+三〇四	乙三〇二	乙三〇二
乙一二七	乙一二七		乙三六二貳	乙三三八	乙三〇三A+三〇四	乙三〇二	乙三〇二
乙一二七	乙一二七		乙三六三	乙三三九	乙三〇三A+三〇四	乙三〇二	乙三〇二

有　期

乙三貳	甲六四貳	甲五五貳	甲三六 通又字	甲二八	甲一五	乙一七二叁	乙一二七
乙一九壹	甲六五貳	甲五七貳	甲三七 通又字	甲二九貳	甲一九壹	乙二五四	乙一二八
乙二一壹	甲六五貳	甲五八貳	甲三九	甲三二A+三〇B 通又字	甲二一壹	乙三三一	
乙二三貳下	甲六七貳	甲六一貳	甲五四貳	甲三四 通又字	甲二三	乙三三一	

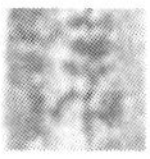 乙三五貳	 乙四二A+三九貳	 乙四六貳	 乙六八 通又字	 乙七五壹	 乙一〇八A+一〇七壹 通又字	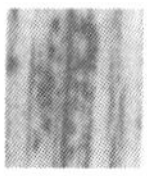 乙一一一壹	 乙一一八貳
乙三六貳	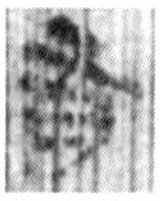 乙四二B貳	 乙五六壹	乙七〇 通又字	 乙九一B叁	 乙一〇八A+一〇七壹	 乙一一五貳	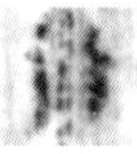 乙一一九貳
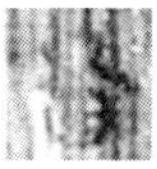 乙三七貳	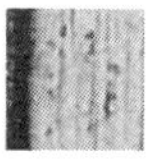 乙四五貳	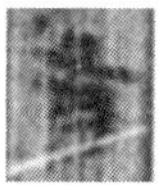 乙六一壹	 乙七二 通又字	 乙一〇五壹	 乙一〇八B壹 通又字	 乙一一六貳	乙一二〇貳
 乙三八貳	乙四六貳	 乙六三壹	 乙七三壹 通又字	 乙一〇五壹	 乙一一〇壹	 乙一一七貳	 乙一二一貳

乙一二一贰	乙一五四	乙一五五	乙一六五	乙三四二 通又字	乙二四八	乙二五五	乙二五九+二四五
乙一二二贰	乙一五四	乙一五六	乙二四一	乙二四三	乙二五三	乙二五六	乙二五九+二四五
乙一四一	乙一五四	乙一五八	乙二四一	乙二四四	乙二五三	乙二五七	乙二六三
乙一五四	乙一五五	乙一六一	乙二四二	乙二四四	乙二五四	乙二五八A+三七一	乙二六六

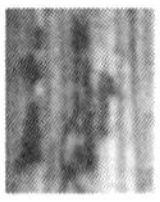

乙三二七B	乙三〇三A+二八九B	乙二九七	乙二九〇	乙二八三	乙二八一	乙二七〇	乙二六八
乙三三六	乙三一九	乙二九八	乙二九一	乙二八五	乙二八一	乙二七一	乙二六九
乙三四一	乙三二一 通又字	乙二九八	乙二九三	乙二八八	乙二八一	乙二七四	乙二七〇
乙三四一	乙三二二	乙二九八	乙二九四	乙二八八	乙二八三	乙二七七	乙二七〇

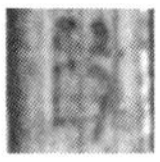

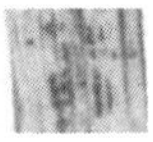

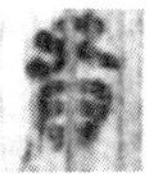

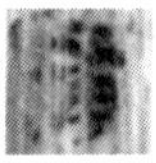

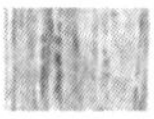

夕　明

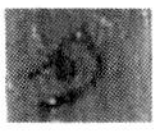 甲五一貳	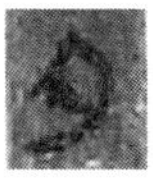 甲四七貳	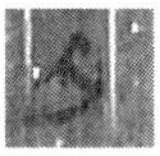 甲四三貳	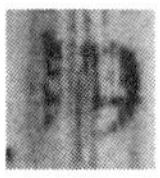 乙一二一貳	 地圖四A	 乙三七六	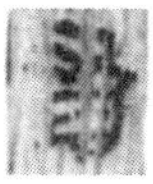 乙三五七	 乙三五六
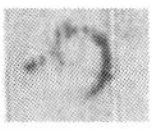 甲五二貳	 甲四八貳	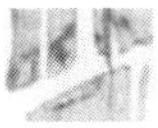 甲四四貳	乙二六〇		 地圖三A	 乙三六四A+三五八B	 乙三五六
 甲五三貳	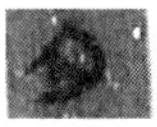 甲四九貳	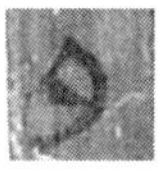 甲四五貳			 地圖三A	 乙三六五+二九二	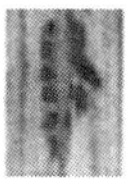 乙三五六
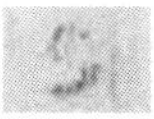 甲五四貳	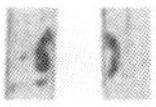 甲五〇貳	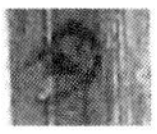 甲四六貳			地圖四A	 乙三七六	 乙三五七

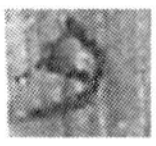 甲五五貳	甲六〇貳	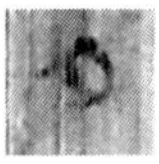 甲六四貳	 乙二九貳	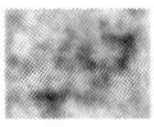 乙三三貳	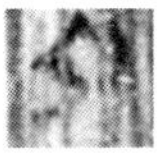 乙三七貳	 乙四二A+三九貳	乙四五貳
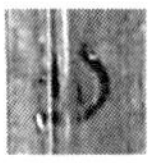 甲五七貳	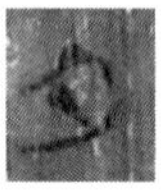 甲六一貳	甲六五貳	 乙三〇貳	乙三四貳	 乙三八貳	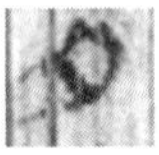 乙四二B貳	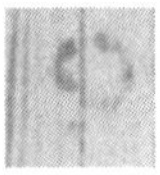 乙四六貳
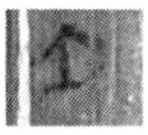 甲五八貳	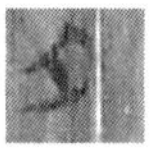 甲六二貳	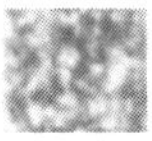 乙二七貳	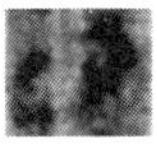 乙三一貳	乙三五貳	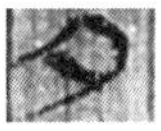 乙四〇B貳	 乙四三貳	乙五四+二五貳
甲五九貳	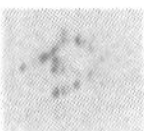 甲六三貳	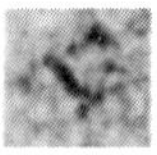 乙二八貳	乙三二貳	乙三六貳	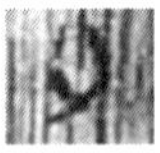 乙四一貳	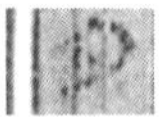 乙四四貳	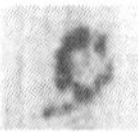 乙七八壹

夜

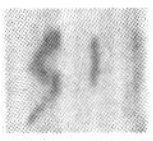 乙一八五伍	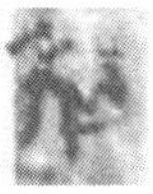 甲一七貳	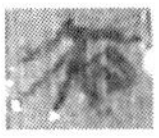 甲四四壹	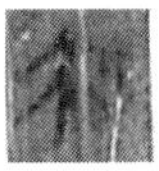 甲四八壹	 甲五三壹	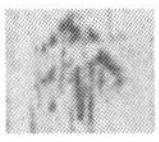 甲五七壹	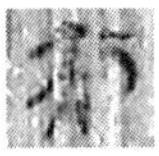 甲六一壹	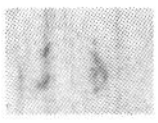 甲六五壹
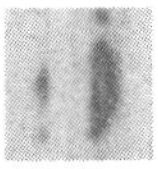 乙一八八肆	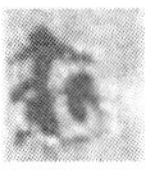 甲一七貳	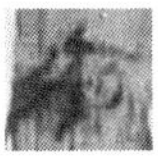 甲四五壹	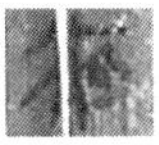 甲四九壹	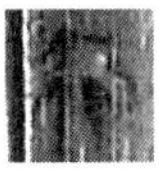 甲五四壹	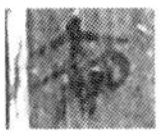 甲五八壹	 甲六二壹	 甲六六壹
乙二八三	 甲一九貳	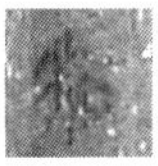 甲四六壹	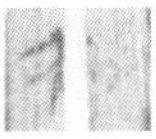 甲五〇壹	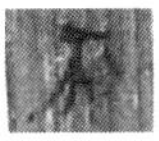 甲五五壹	 甲五九壹	 甲六三壹	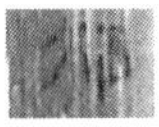 甲六七壹
 乙三五一	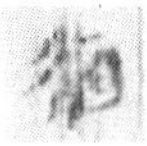 甲一九貳	 甲四七壹	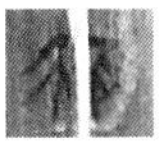 甲五一壹	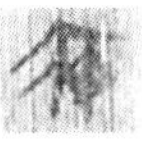 甲五六壹	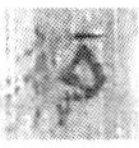 甲六〇壹	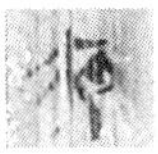 甲六四壹	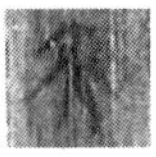 甲六八壹

甲六九壹	乙二六壹	乙三〇壹	乙三四壹	乙三八壹	乙四二A+三九壹	乙四五壹	乙四九壹
甲七〇壹	乙二七壹	乙三一壹	乙三五壹	乙四〇A壹	乙四二B壹	乙四六壹	乙五〇壹
甲七一壹	乙二八壹	乙三二壹	乙三六壹	乙四〇B貳	乙四三壹	乙四七壹	乙五一壹
甲七二壹	乙二九壹	乙三三壹	乙三七壹	乙四一壹	乙四四壹	乙四八壹	甲五二壹

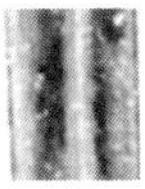	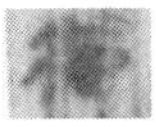		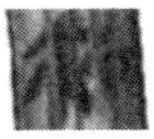		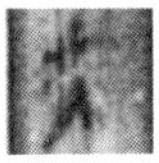		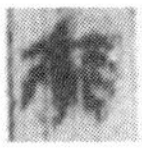
乙一八二伍	乙一四二	乙八四貳	乙七九貳	乙六三貳	乙五九貳	乙五七貳	乙五二壹
	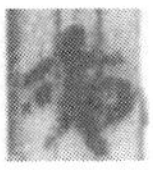	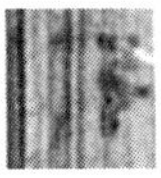		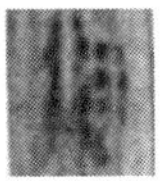			
乙一八九伍	乙一四三	乙八五貳	乙八〇貳	乙六四貳	乙六〇貳	乙五七叁	乙五三壹
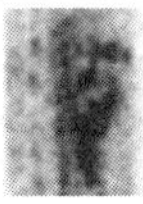			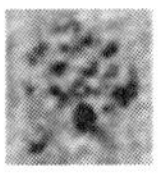	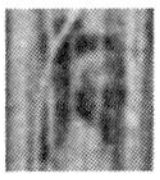	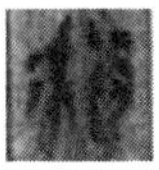	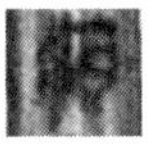	
乙二〇〇壹	乙一四三	乙八六貳	乙八二貳	乙六五壹	乙六一貳	乙五八貳	乙五六貳
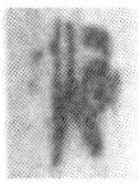			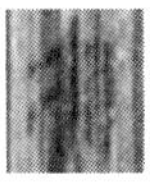	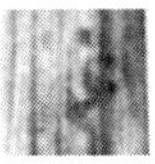			
乙二七七	乙一四三	乙一三六 通腋字	乙八三貳	乙七八貳	乙六二貳	乙五八叁	乙五六叁

多	夃					外	
 乙一五四	 甲四〇	 甲一六貳	 乙三五〇	乙一二六貳	 乙六二壹	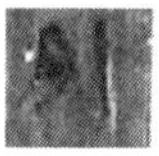 甲二〇壹	 乙三〇〇
 乙一五八	 乙一二貳	 乙一四二	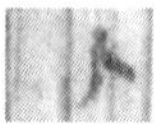 乙三六五+二九二	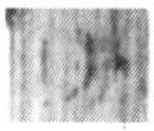 乙二六九	 乙七〇	 甲二九壹	 乙三六二貳
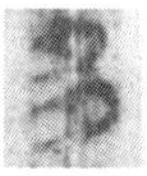 乙二〇七	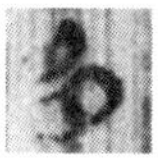 乙一五貳	 乙一八六肆	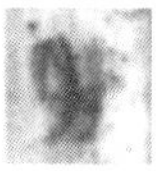 志二	 乙二七二	 乙七二	 甲三四	
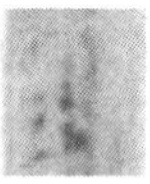 乙二二七	 乙七六壹			乙三一九	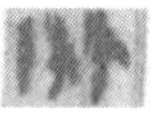 乙一〇一壹	 乙二〇壹	

束　粟

 乙八貳	 甲二一貳	 乙三五九	 乙三四五	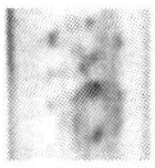 乙三四〇	乙二八八	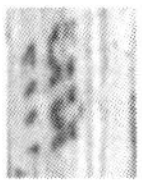 乙二八二	 乙二三一
 地圖四B	 乙二二壹	 志四	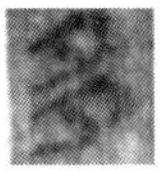 乙三四八	 乙三四五	 乙三二九	 乙二八六	 乙二三六壹
 地圖四B			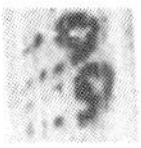 乙三四八	 乙三四五	 乙三二九	 乙二八六	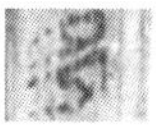 乙二四二
			 乙三四八	乙三四五	 乙三三五	 乙二八八	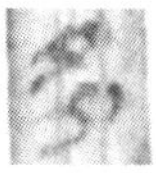 乙二四三

穜	秀			禾	克	版	棘
 乙一六一	 乙一五五	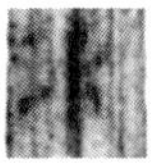 乙三五四	 乙一五五	 甲二一貳	 乙三〇〇	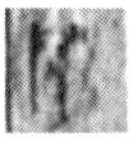 乙一三三壹	乙一三〇貳
 乙一六四	 乙一五五		 乙一五八	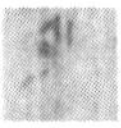 乙二二壹	 乙三二八	 乙一三三壹	 乙二四六
 乙一六四			 乙一六二A+九三A	 乙一五四			
 乙二八九A			 乙二九五	 乙一五五			

稻	秫	稷	穆	稺	稙		
						以上後七例通種字	
乙一六四	乙一六四	乙一六四	乙二六八	乙一六一	乙一六一		乙三〇三B+二八九B
					乙一六一		乙三五二
							乙三五三
							乙三五四

秋		税	租	穀	稾	穫	穤
乙一三一壹	乙九七壹	 乙三八一	乙二九六	 乙三八一	乙七二	 乙一六四	 乙二八九A
乙三〇二	乙一二五貳						
乙三〇三A+三〇四	乙一二九壹						
乙三二九	乙一三〇壹						

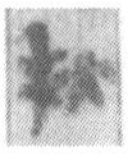

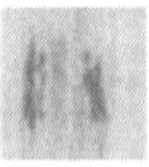

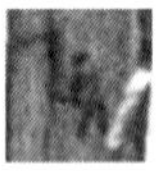

臽	氣			季	黍	秭	
乙六五貳	甲二四貳	志二	乙三一〇	乙一五四	乙一六一	乙二九五 通薺字	乙三六三
乙七八貳	乙九三C	志四	乙三四七貳	乙一五四	乙一六二A+九三A		
乙七九貳	乙二六二		志一	乙一五五	乙一六四		
乙八〇貳	乙三〇八壹		志一	乙一五六	乙三五四		

凶

 甲五〇貳	 甲四八貳	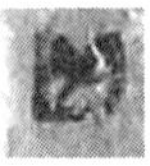 甲四七貳	 甲四五貳	 甲四四貳	 甲四三貳	 乙八六貳	 乙八二貳
 甲五〇貳	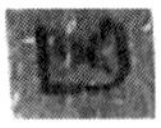 甲四九貳	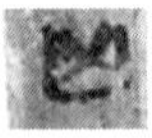 甲四七貳	 甲四六貳	 甲四五貳	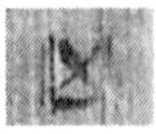 甲四三貳	 乙三五八A	 乙八三貳
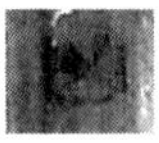 甲五一貳	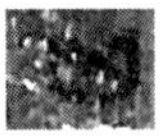 甲四九貳	 甲四八貳	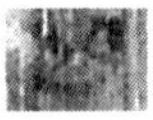 甲四六貳	 甲四五貳	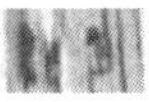 甲四四貳	 乙三六二貳	 乙八四貳
 甲五一貳	 甲四九貳	 甲四八貳	 甲四六貳	 甲四五貳	 甲四四貳		 乙八五貳

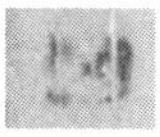 甲五二壹	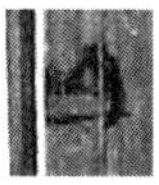 甲五三貳	乙二七貳	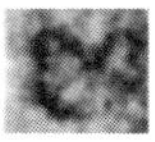 乙二八貳	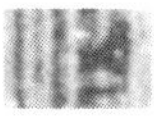 乙三〇貳	乙三一貳	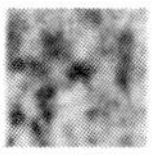 乙三三貳	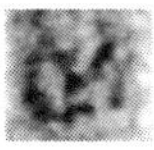 乙五四+二五貳
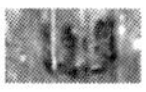 甲五二貳	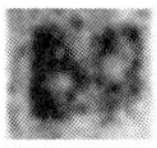 乙二一貳	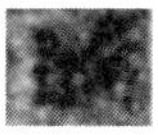 乙二七貳	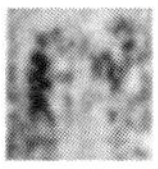 乙二八貳	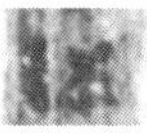 乙三〇貳	乙三二貳	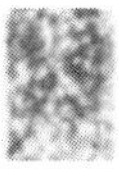 乙三四貳	乙五四+二五貳
 甲五三貳	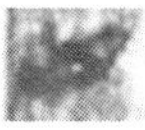 乙二六貳	 乙二七貳	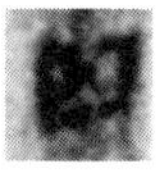 乙二九貳	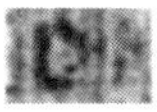 乙三〇貳	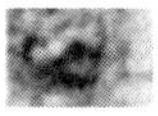 乙三二貳	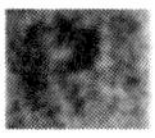 乙三四貳	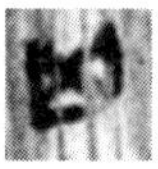 乙一三四貳
 甲五三貳	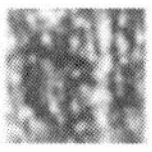 乙二七貳	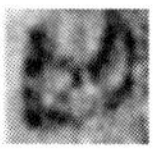 乙二八貳	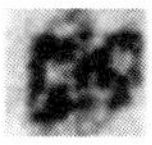 乙二九貳	 乙三一貳	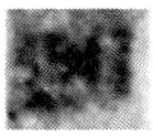 乙三三貳	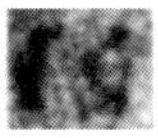 乙三四貳	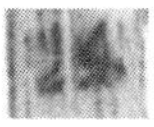 乙一三八

兇

				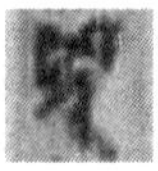			
乙一二〇貳	乙一一七貳	乙一〇二叁	乙一〇一貳	乙九七叁	乙九四壹	乙二八八B	乙二四七
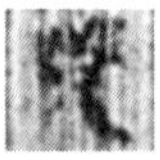					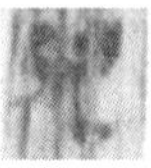		
乙一二六貳	乙一一八貳	乙一〇三貳	乙一〇一貳	乙九八叁	乙九四貳	乙二八八	乙二六四
	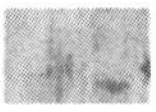			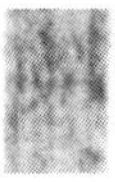			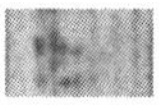
乙一二九壹	乙一一九貳	乙一〇九貳	乙一〇一叁	乙九九叁	乙九五叁	乙三〇一	乙二六六
			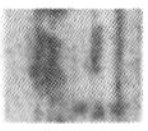				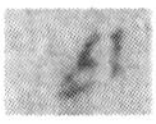
乙一三二壹	乙一二〇壹	乙一一六貳	乙一〇二貳	乙一〇〇叁	乙九六叁	乙三七六	乙二六九

家　韭　麻　枲

						以上各例均通凶字	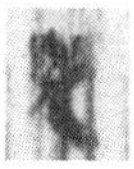
乙二九八	乙二四二	乙一八叁下	地圖四A	麻 乙一六四	乙一六二A+九三A		乙一三七
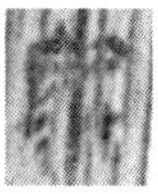		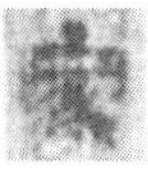					
乙二九八	乙二五〇	乙二四貳					乙二一四B
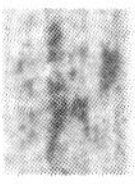	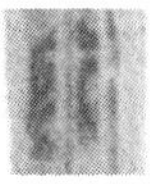	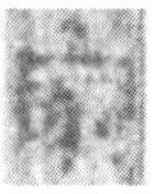					
乙三一〇	乙二七五 通稼字	乙一一二壹					乙二九〇
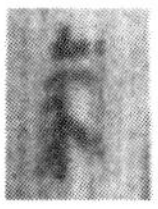	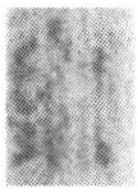	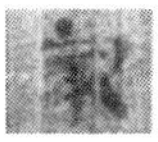					
乙三三六	乙二九一	乙二四二					乙二九一

宅	宅	室	室	室	室	室	室
		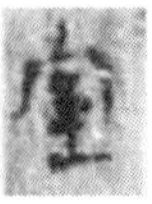			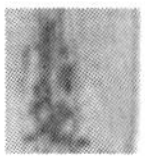		
乙三七七	 乙二七〇	甲一五	甲二八	乙六一壹	乙九八壹	乙一一八壹	乙一二二貳

		甲二三	乙五六壹	乙九五壹	乙九九壹	乙一一九壹	乙一二二壹
							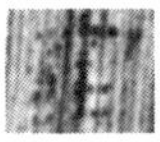
		甲二七	乙六〇壹	乙九六壹	乙九九壹	乙一二〇壹	乙一二五壹
		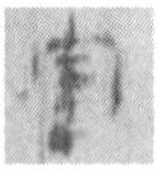				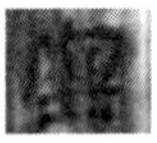	
		甲二八	乙六一壹	乙九七壹	乙一〇三壹	乙一二一壹	乙一二九壹

定　　宇

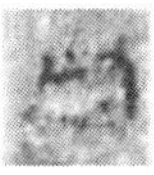

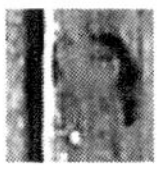

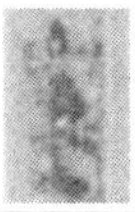

甲一七壹	甲九	甲五	甲一壹	乙二六八	乙二九〇	乙二五九+二四五	乙二四四
乙一壹	 甲一〇	 甲六	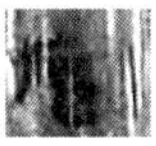 甲二壹		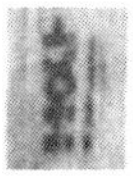 乙三三六	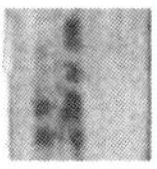 乙二六六	乙二五二
 乙一貳	 甲一一	 甲七	 甲三壹		 乙三四一	 乙二八一	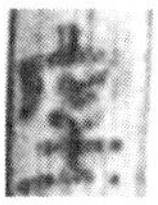 乙二五五
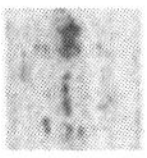 乙二壹	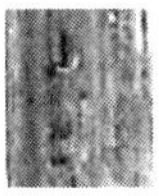 甲一二	 甲八	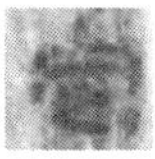 甲四壹		 乙三八一	 乙二八一	 乙二五九+二四五

安

乙三壹	乙七壹	乙一一壹	乙一〇五壹	甲四三貳 通晏字	甲四七貳 通晏字	甲五一貳 通晏字	甲五五貳 通晏字
乙四壹	乙八壹	乙一二壹	乙三一〇	甲四四貳 通晏字	甲四八貳 通晏字	甲五二貳 通晏字	甲五七貳 通晏字
乙五壹	乙九+一三壹	乙一七壹		甲四五貳 通晏字	甲四九貳 通晏字	甲五三貳 通晏字	甲五八貳 通晏字
乙六壹	乙一〇壹	乙九三C		甲四六貳 通晏字	甲五〇貳 通晏字	甲五四貳 通晏字	甲五九貳 通晏字

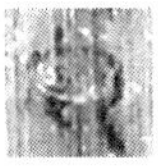 甲六〇貳 通晏字	 甲六四貳 通晏字	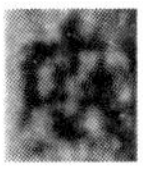 乙二八貳 通晏字	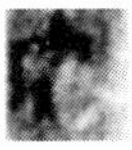 乙三二貳 通晏字	乙三六貳 通晏字	乙四一貳 通晏字	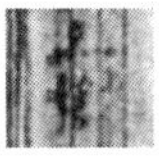 乙四四貳 通晏字	 乙二四四
 甲六一貳 通晏字	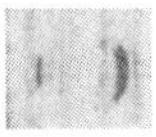 甲六五貳 通晏字	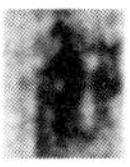 乙二九貳 通晏字	 乙三三貳 通晏字	 乙三七貳 通晏字	 乙四二A+三九貳 通晏字	乙四五貳 通晏字	 乙二七八
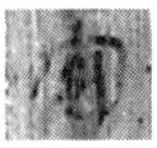 甲六二貳 通晏字	 乙二六貳 通晏字	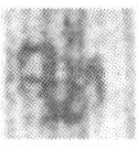 乙三〇貳 通晏字	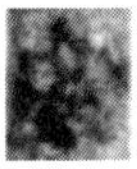 乙三四貳 通晏字	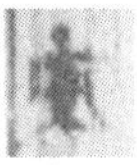 乙三八貳 通晏字	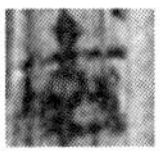 乙四二B貳 通晏字	 乙四六壹 通晏字	 乙三五三
甲六三貳 通晏字	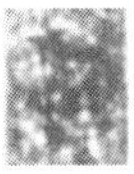 乙二七壹 通晏字	 乙三一貳 通晏字	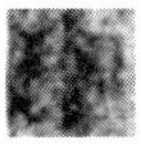 乙三五貳 通晏字	 乙四〇B貳 通晏字	 乙四三貳 通晏字	 乙五四+二五貳 通晏字	

富			實	容	宦	宜	
 乙二貳	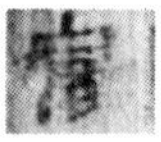 乙一六貳	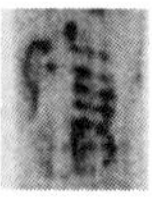 志五	 乙一八叁下	 乙二八〇	  乙一二五壹	 乙五貳	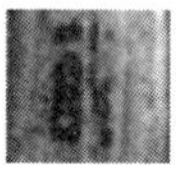 乙九一B叁
 乙五貳	 乙一七叁下	 志六	 乙三三七		 乙三二〇	 乙八貳	 乙九一B叁
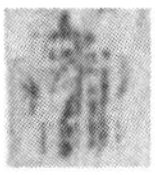 乙八貳	 乙二一叁下		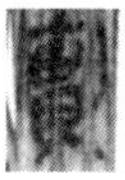 乙三七五			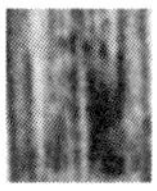 乙九+一三貳	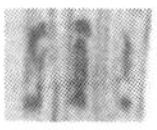 乙三二九
 乙一四貳	 志五					 乙一四貳	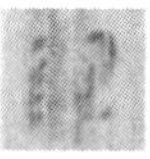 乙三二九

宗	宄	害		客	寡	宿	宵
乙五貳	地圖二	乙一〇九壹	乙二〇〇壹	甲一六壹	 乙一貳	乙五三貳	乙二五九+二四五
	地圖三A		乙二八二	乙四貳	乙一貳		
			乙二八二	乙一六壹	乙一貳		
			乙三四〇	乙一九八壹			

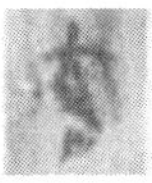

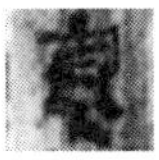

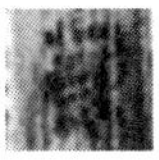

寘	宮				營	呂	
 乙二四四	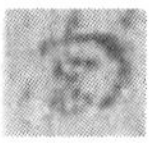 甲一五	 乙一七六叁	 乙二三四貳	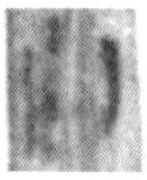 乙三五三	 乙一七二壹	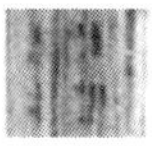 乙一八〇柒	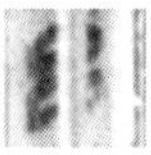 乙一八五陸
	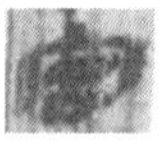 乙一〇一壹	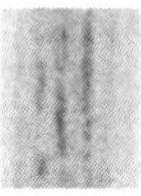 乙一八〇肆	 乙二六〇	 乙三五三		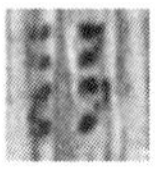 乙一八一陸	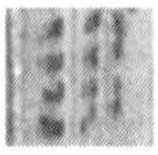 乙一八六陸
	 乙一〇八A+一〇七壹	 乙一八四肆	 乙三二三			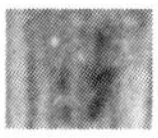 乙一八二陸	 乙一八八柒
	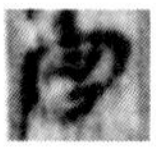 乙一一七壹	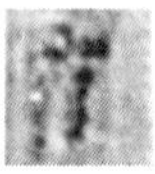 乙一九五壹	 乙三五三			 乙一八四柒	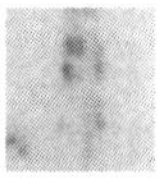 乙一八九陸

乙一九三	乙二〇三贰	乙二一一	乙二三四壹	乙二四七A	乙二五七	乙二六二	乙二七七
乙一九五贰	乙二〇四贰	乙二二一	乙二三五壹	乙二四九	乙二五七	乙二七〇	乙二八四
乙一九九贰	乙二〇九	乙二二二	乙二四七A	乙二四九	乙二五八A+三七一	乙二七〇	乙二八五
乙二〇〇贰	乙二一〇	乙二三三壹	乙二四七A	乙二四九	乙二六二	乙二七七	乙二八六

穴		穿	竇	空		窌	窴
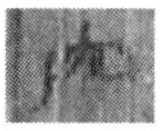 甲三〇A+三二B	 乙六六	 乙一三六	 乙五三貳	 乙一二二貳	 乙三二三	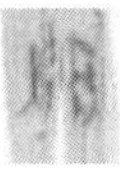 甲三四	 甲七一貳 通填字
 甲七一貳	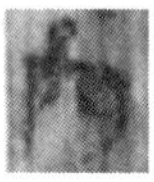 志三			 乙一三四壹		 乙七〇	乙二七五
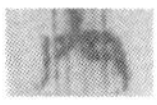 甲七三貳				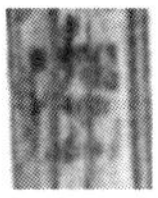 乙三〇五		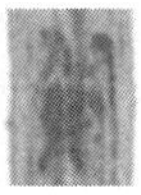 乙二五三 通窖字	
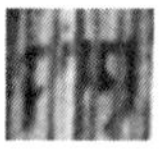 乙六五壹				乙三二三			

窨※	疾					病	
乙三五三 窨字誤字	甲一四	乙七二	乙一一三貳	乙二五八A+三七一	乙二八五	甲二貳	乙二〇九
	甲一五	乙九六叁	乙一五四	乙二六一	乙二九一	乙九一A+九三B+九二	乙二一〇
	乙八貳	一〇七貳	乙一五八	乙二六六	乙二九四	乙二〇六	乙二一一
	乙一五壹	乙一一〇貳	乙二五六	乙二六七	乙三三八	乙二〇八	乙二一二

 乙二五七	 乙二三九	 乙二三五壹	 乙二三一	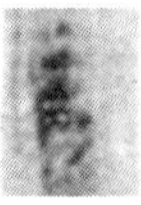 乙二二六	 乙二二一	 乙二一七	 乙二一三
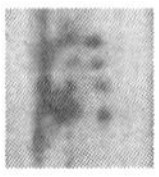 乙二六六	 乙二四〇	 乙二三六壹	 乙二三二	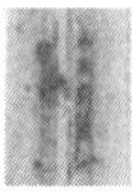 乙二二七	 乙二二二	 乙二一八	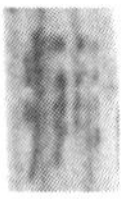 乙二一四A+二二三
 乙二八五	 乙二四二	 乙二三七壹	 乙二三三壹	 乙二二八	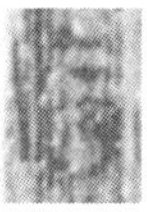 乙二二四	 乙二一九	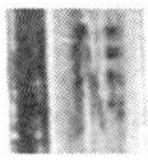 乙二一五
 乙二九〇	 乙二四二	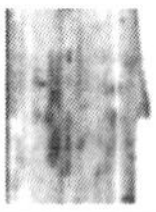 乙二三八	 乙二三四壹	 乙二三〇	 乙二二五	 乙二二〇	 乙二一六

癰　疵

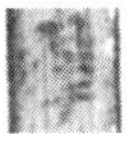 癰 乙二八五	 乙二七九	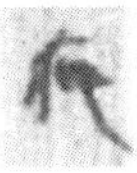 甲二二	 乙三六四B	 乙三五八A	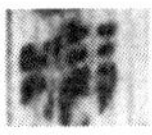 乙三五〇	 乙三三八	 乙二九七
	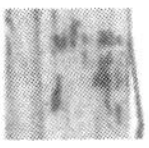 乙三四三	 甲二五壹	 乙三七〇	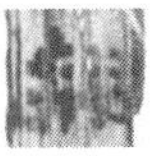 乙三六〇A+一六二B	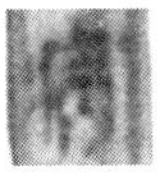 乙三五二	 乙三四三	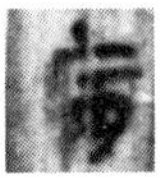 乙三三五
		 乙五五壹	 乙三七五	 乙三六〇B	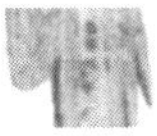 乙三五四	 乙三四五	 乙三三五
		 乙五八壹		 乙三六〇A+一六二B	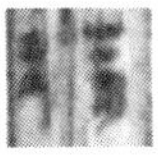 乙三五五	 乙三四五	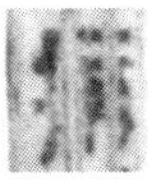 乙三三五

痺

- 乙二〇九
- 乙二三九

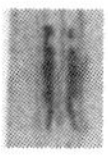

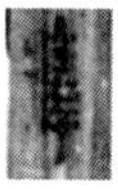

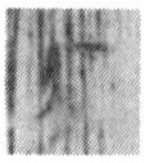

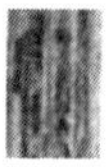

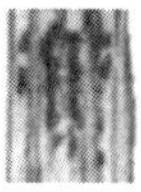

癉

- 甲一四
- 乙一五壹

癃

- 乙二二貳
- 乙三三五
- 乙三四八

以上諸形為癃字籀文

瘳

- 甲二貳
- 甲一五
- 乙九一A+九三B+九二
- 乙二四二

[疒應]※

- 乙一八三陸 應字異體
- 乙一八四陸 應字異體
- 乙一九〇壹 應字異體
- 乙一九三 應字異體
- 乙二九七
- 乙一九八貳 應字異體
- 乙二〇五貳 應字異體
- 乙二二一 應字異體
- 乙二三八 應字異體
- 乙二三九 應字異體
- 乙二四〇 應字異體
- 乙二五三 應字異體
- 乙二五四 應字異體

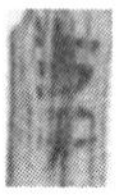

罪	兩	罙※	同	冠	瘇※		
甲一四	乙二九五	乙二五三 通深字	乙三六五+二九二	乙一二八	乙二四〇 通腫字	乙三三二 應字異體	乙二五五 應字異體
				乙三六二壹			乙二五六 應字異體
							乙二八一 應字異體
							乙二八一 應字異體

白			布	常	帶	罨※	置
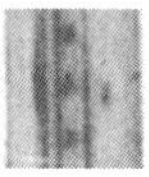	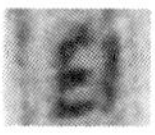			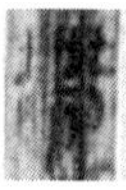			
乙二二五	乙一九九壹	乙二八一	乙一六叁	乙七貳 通裳字	 乙一二八	乙二五二 通遷字	甲七三貳
	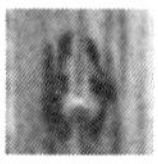						
乙二三四壹	乙二〇九		乙二三七貳		乙三六二壹		乙六五壹
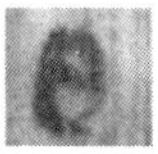	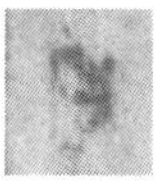						
志三	乙二一〇		乙二六五				乙三三三
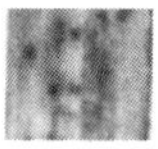			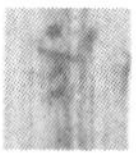				
志五	乙二一九		乙二八〇				

晳

					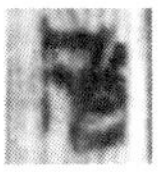	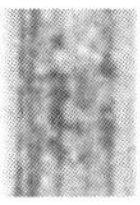	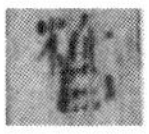
					乙二三二	乙二二四	甲二七

					乙二三六壹	乙二二五	乙六〇壹
							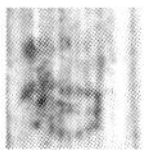
						乙二三〇	乙二一一

						乙二三一	乙二二一

人

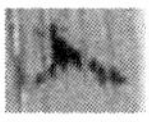	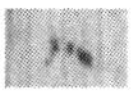		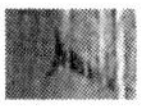	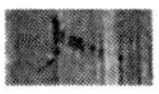	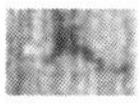	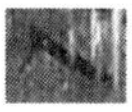	卷八
甲四一	甲三五	甲三四	甲三〇A+三二B	甲二七	甲二三	甲二〇壹	
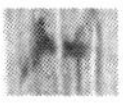	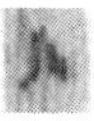		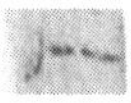	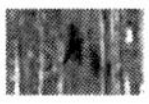	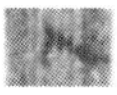		
甲四二貳	甲三七	甲三四	甲三〇A+三二B	甲二七	甲二三	甲二〇壹	
		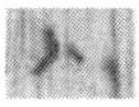	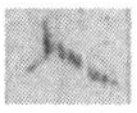	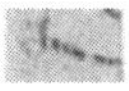	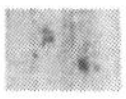	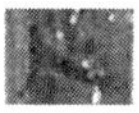	
乙八貳	甲三八	甲三五	甲三〇A+三二B	甲三〇A+三二B	甲二五貳	甲二〇壹	
		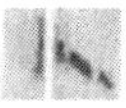		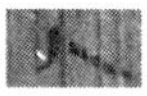	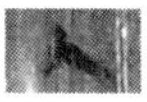		
乙一八貳	甲四一	甲三五	甲三三	甲三〇A+三二B	甲二七	甲二〇貳	

乙一九貳　乙二四壹　乙五六壹　乙六四壹　乙六八　乙七〇　乙七二　乙七七壹

乙二〇壹　乙二四貳　乙六〇壹　乙六六　乙六八　乙七一　乙七二　乙七七壹

乙二〇壹　乙四七貳　乙六〇壹　乙六六　乙六九　乙七一　乙七三壹　乙九六叁

乙二〇壹　乙五六壹　乙六〇壹　乙六六　乙七〇　乙七一　乙七四壹　乙九九壹

乙一二二壹	乙一五三壹	乙一九六壹	乙二三八	乙二五八B	乙二六八	乙二七四	乙二七九
乙一二八	乙一六六	乙一九七壹	乙二四一	乙二六一	乙二六九	乙二七五	乙二八一
乙一二九壹	乙一八一伍	乙一九九壹	乙二五六	乙二六四	乙二六九	乙二七六	乙二八七
乙一三七	乙一八九叁	乙二〇七	乙二五八A+三七一	乙二六七	乙二七一	乙二七七	乙二八七

偕　　備　　倨

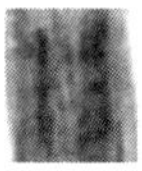 偕 乙二七五	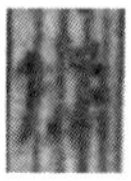 備 乙二五五	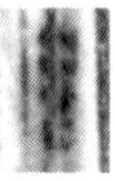 倨 乙二二四	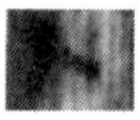 志五	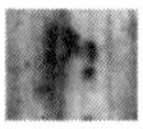 志一	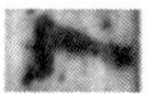 乙三五〇	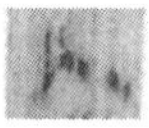 乙三一一	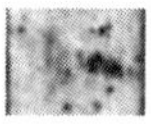 乙二八七
	 乙三六八			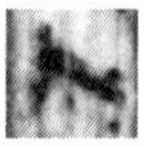 志二	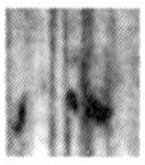 乙三五七	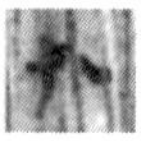 乙三二九	 乙三〇〇
				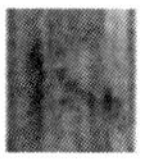 志二	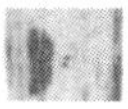 乙三七三貳	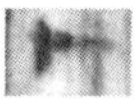 乙三四〇	 乙三〇九
				 志四	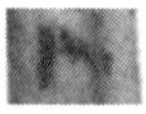 志一	乙三四五	 乙三〇九

俗	任				作		伍
乙一八四柒	乙二三九	乙二七八	乙二五四	乙九三C	甲一六	乙三二二 通五字	乙五贰
乙一八六柒		乙二九六	乙二五四	乙九七贰	甲二一壹		乙二八七
乙一八八柒		乙三五一	乙二六六	乙一五四	乙一六壹		乙二八七
			乙二六八	乙二五一	乙二一壹		乙三二二 通五字

使	傳	倍		傷	促	伐	
 乙四貳	 乙三五六	 乙一七〇+三二五叁	 乙一七五叁	  志一	 乙二六四	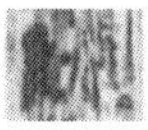 乙一〇〇貳	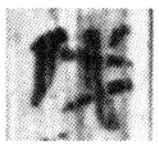 乙二七二
 乙五貳		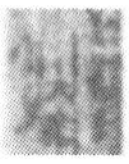 乙一七五叁	 乙二三四壹			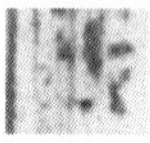 乙一二九貳	 乙三〇五
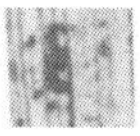 乙三一九		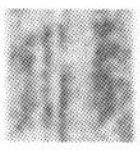 乙一七五叁	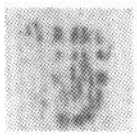 乙三六一叁			 乙一三〇貳	
		 乙一七五叁				 乙一三一貳	

艮	卓	咎	候	俔※			僂
乙二〇七	乙二三三貳	甲六七貳	乙二九六	乙二三七壹	乙二三八	乙二二八	乙二〇六
乙二三六壹		乙一六五			乙二三九	乙二二九	乙二〇九
以上兩例通眼字							
						乙二三〇	乙二一〇
						乙二三一	乙二二〇

從

乙七四壹	乙七二	乙六八	乙五六壹	甲三七	甲三四	甲三二A+三〇B	甲二三
乙七五壹	乙七二	乙六九	乙五七壹	甲三八	甲三六	甲三三	甲二四壹
乙七五壹	乙七三壹	乙六九	乙六七	甲三九	甲三六	甲三三	甲三一
乙一〇六壹	乙七三壹	乙七〇	乙六八	甲三九	甲三七	甲三四	甲三二A+三〇B

比　　　并

乙二六〇	 乙三四七貳	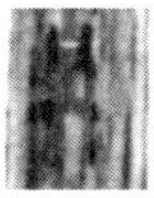 乙一九〇柒	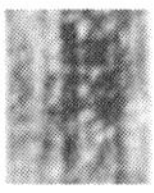 乙一八叁下	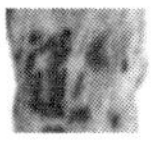 乙三五九	乙二八四	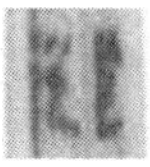 乙一九三	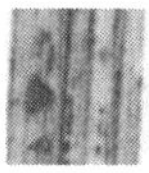 乙一一一壹
乙二六八	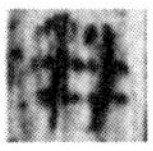 乙三四七貳	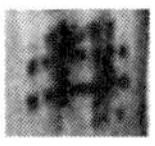 乙二四一	 乙九〇		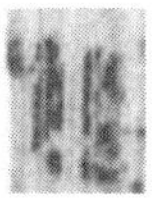 乙三一三	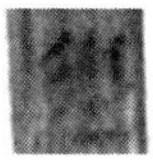 乙二八〇	 乙一六二A+九三A
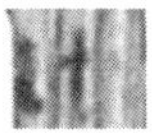 乙二九七		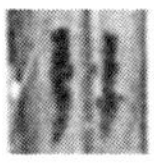 乙三三一	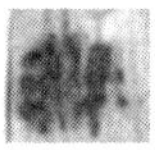 乙一七二叁		 乙三二一	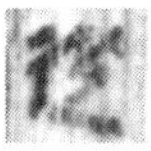 乙二八三	 乙一六二A+九三A
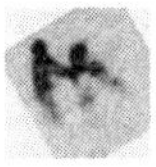 地圖四B		 乙三四五	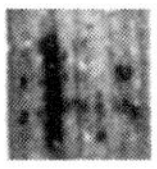 乙一七三叁		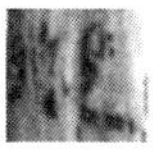 乙三五九	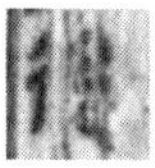 乙二八三	 乙一六二A+九三A

北

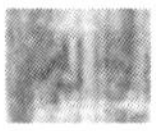

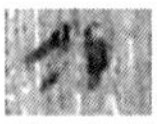

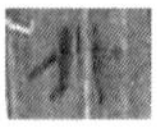

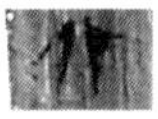

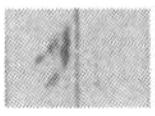

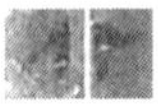

甲六三壹	甲五九壹	甲五五壹	甲五二壹	甲四八壹	甲四四壹	甲二四壹	地圖四B
甲六四壹	甲六〇壹	甲五六壹	甲五三壹	甲四九壹	甲四五壹	甲二八	
甲六五壹	甲六一壹	甲五七壹	甲五三壹	甲五〇壹	甲四六壹	甲三一	
甲六六壹	甲六二壹	甲五八壹	甲五四壹	甲五一壹	甲四七壹	甲四三壹	

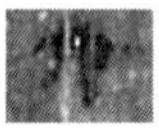

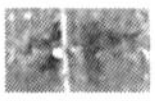

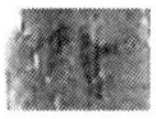

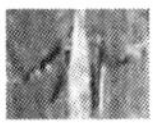

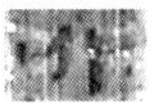

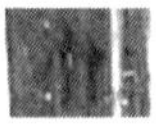

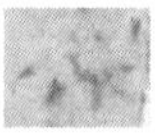

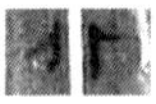

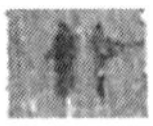

甲六六貳	甲七〇壹	乙二一叄上	乙二八壹	乙三二壹	乙三五壹	乙四〇A壹	乙四三壹
甲六七壹	甲七一壹	乙二三貳上	乙二九壹	乙三三壹	乙三六壹	乙四〇B貳	乙四四壹
甲六八壹	甲七二壹	乙二六壹	乙三〇壹	乙三四壹	乙三七壹	乙四一壹	乙四五壹
甲六九壹	乙二貳	乙二七壹	乙三一壹	乙三四壹	乙三八壹	乙四二A+三九壹	乙四六壹

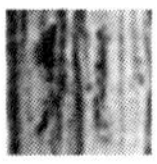 乙四七壹	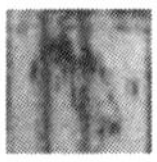 乙五〇貳	 乙五七壹	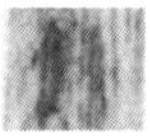 乙九四貳	 乙九八叁	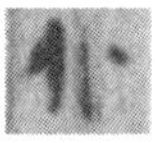 乙一〇一貳	 乙一〇三貳	 乙一二六貳
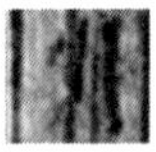 乙四八壹	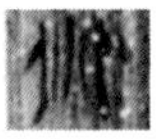 乙五一壹	乙六一壹	 乙九五叁	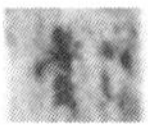 乙九九貳	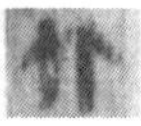 乙一〇一叁	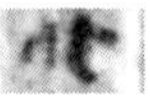 乙一一五貳	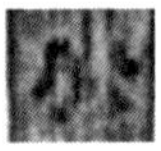 乙一五四
 乙四九壹	 乙五二壹	乙六七	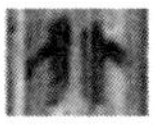 乙九六叁	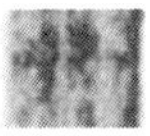 乙九九叁	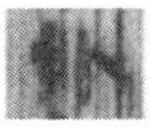 乙一〇二貳	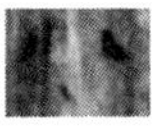 乙一一七貳	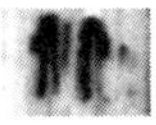 乙一六二A+九三A
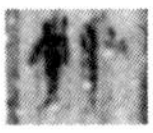 乙五〇壹	 乙五三壹	 乙八一壹	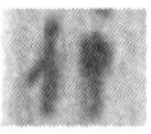 乙九七叁	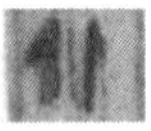 乙一〇〇叁	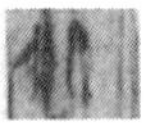 乙一〇二叁	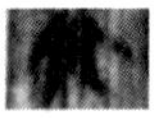 乙一一八貳	 乙一六五

虛 丘

 乙一一六貳	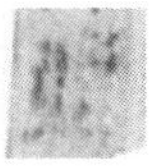 乙一〇貳	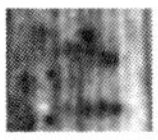 乙二一一	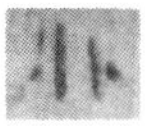 地圖一B	乙三四二	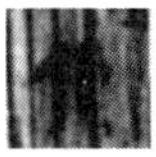 乙三一五	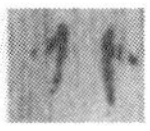 乙二六五	乙二〇〇壹
乙一一七貳	 乙一一五貳	 地圖一A	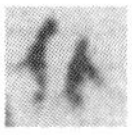 地圖三A	乙三五〇	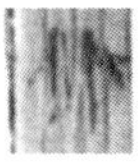 乙三二六	 乙二六六	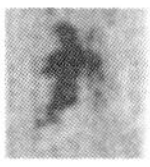 乙二二七 通背字
 乙一一七貳	 乙一一五貳	 志四	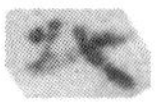 地圖三A	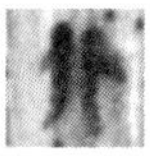 志三	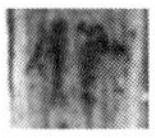 乙三二六	 乙三〇三A+三〇四	 乙二四〇 通背字
乙一一八貳	 乙一一六貳			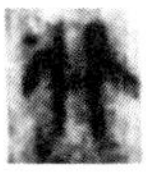 志三	 乙三三六	 乙三一三	 乙二六四

望			徵	聚			
乙二五四	乙三三四	乙一九五壹	乙一七六叁	乙四貳	乙二一四B	乙一二〇貳	乙一一八貳
乙二七七	乙三五二	乙一九七壹	乙一七九肆	乙三〇〇	乙二五〇	乙一二二貳	乙一一九貳
乙二九〇	乙三五二	乙二〇二壹	乙一八五肆			乙一七一壹	乙一一九貳
		乙二三五貳	乙一九一肆			乙二一二	乙一二〇貳

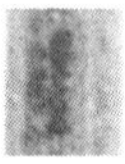

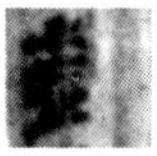

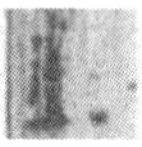

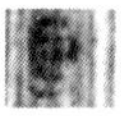

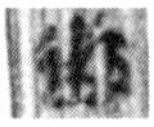

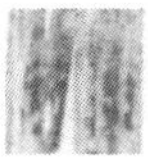

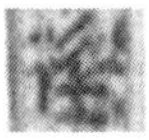

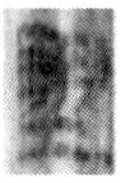

裏			衣	身		臨	重
 乙二一〇	 志四	乙一四五壹	 甲六九貳	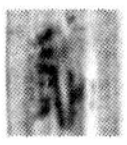 乙二七九	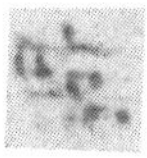 地圖三A	 乙一六貳	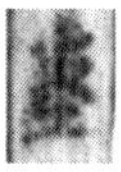 乙二一〇
 乙二二四		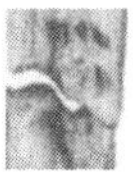 乙一六二A+九三A	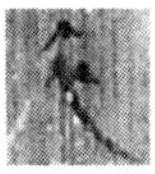 甲六九貳	 志五	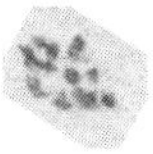 地圖四A	 乙二四叁下	 乙三五三 通穜字
		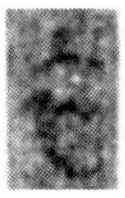 乙二二二	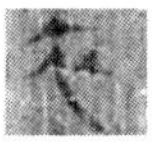 甲七〇貳		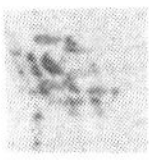 地圖四A	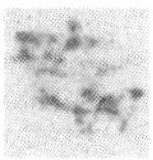 地圖二	
		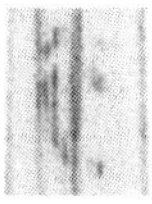 乙三六二壹	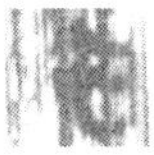 乙八三壹			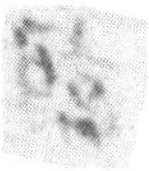 地圖三A	

老			求	卒	褻	衺	袵
乙七三貳	乙三二一	乙二四六	甲六五貳	乙七貳	乙三六二壹 通製字	乙二一七	乙一二一貳
乙七四貳		乙二六二	甲六五貳	乙一六二A+九三A			
乙七五貳		乙二七七	乙四六貳				
乙七六貳		乙二八四	乙四六貳				

居	居	居	居	居	居	居	壽
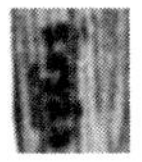 乙三三〇	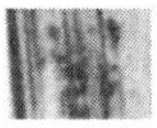 乙三一九	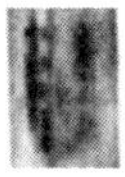 乙二五四	 乙二四二	 乙二四叁下	 乙一五貳	 甲二一貳	 乙二五九+二四五
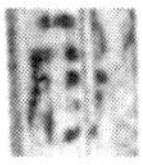 乙三三〇	 乙三二三	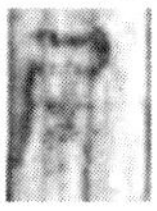 乙二五五	 乙二五〇	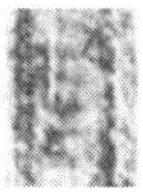 乙二四叁下	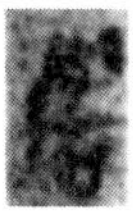 乙二一貳	 甲七一貳	
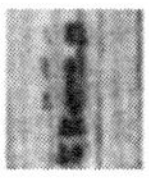 乙三三〇	 乙三二三	 乙二六二	 乙二五〇	 乙一一二壹	 乙二二壹	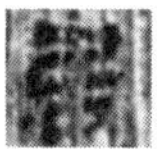 乙二貳	
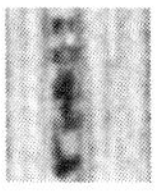 乙三三〇	 乙三二三	 乙二九八	 乙二五〇	 乙一二二壹	 乙二四貳	 乙二貳	

尾	屏		屋	屒	尼		
乙一〇五壹	甲四一	乙九四壹	甲三五	甲三五	甲七二貳 通昵字	乙三四六	乙三三〇
乙一七六壹	乙七七壹		甲三九	甲三九	乙三〇七 通昵字	乙三八一	乙三三九
			乙七一	乙七一			乙三四一
			乙七五壹	乙七五壹			乙三四一

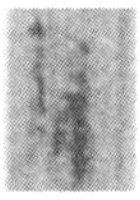

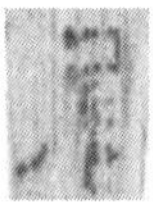

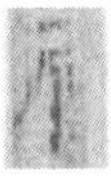

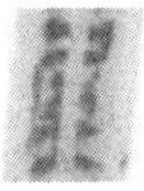

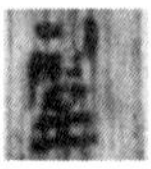

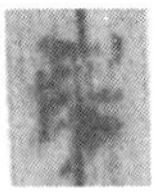

方　屈

乙六七	乙五七壹	甲四一	甲三七	甲三二A+三〇B	甲二六	甲二二	乙八貳
乙六八	乙五八壹	甲七三貳	甲三八	甲三三	甲二八	甲二三	志三 通掘字
乙六八	乙五九壹	乙五五壹	甲三九	甲三四	甲三一	甲二四壹	
乙六九	乙六一壹	乙五六壹	甲三九	甲三六	甲三二A+三〇B	甲二五壹	

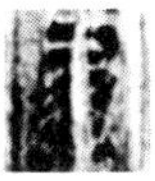

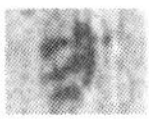

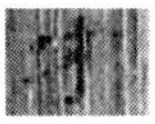

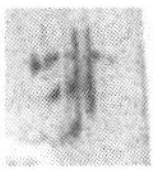

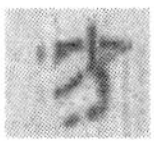

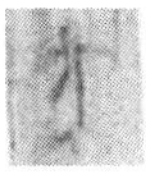

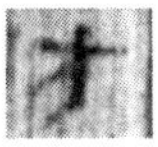

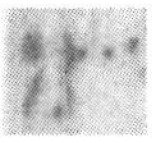

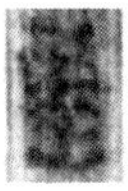

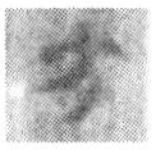

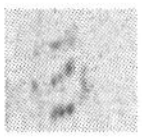

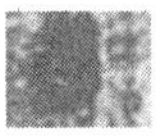

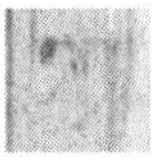

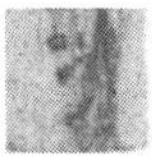

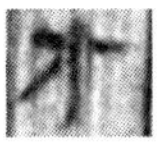

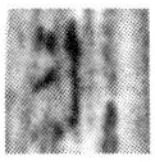

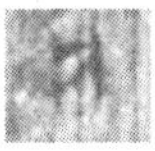

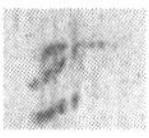

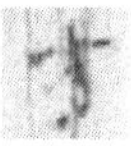

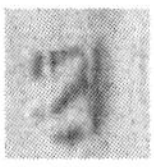

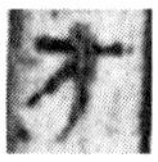

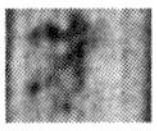

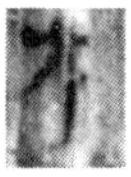

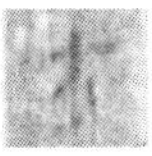

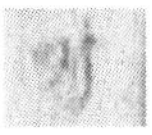

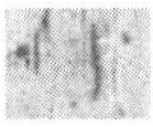

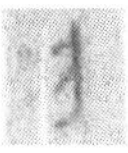

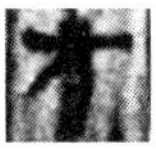

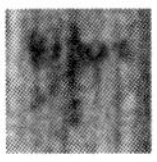

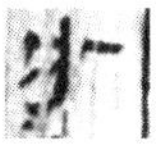

兑

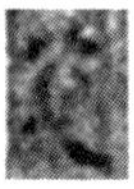 乙二二一	 乙二〇六	 乙三三九	 乙二六四	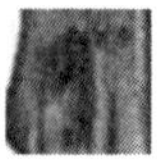 乙一九八壹	乙一三九	 乙七四壹	 乙七〇
 乙二二二	 乙二〇六	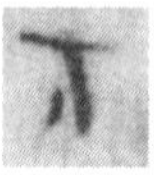 地圖一B	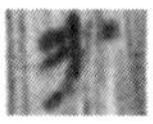 乙三三〇	乙一九九壹	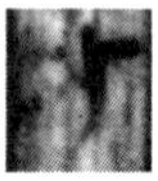 乙一三九	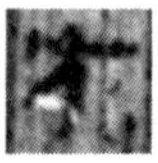 乙七五壹	 乙七二
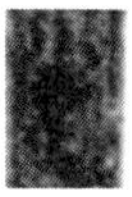 乙二二六	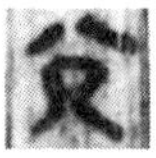 乙二〇八		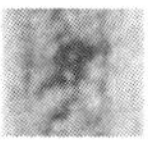 乙三三九	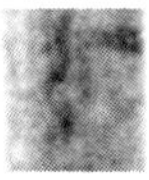 乙二〇〇壹	 乙一四四壹	 乙七七壹	 乙七三壹
 乙二二六	 乙二一九		 乙三三九	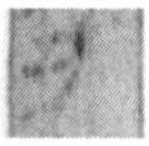 乙二五五	 乙一九七壹	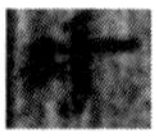 乙一二九貳	 乙七四壹

見				先	兄	兢	
		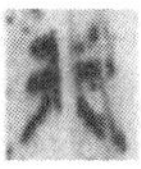				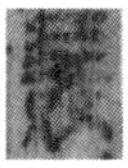	
甲四二貳	乙三四〇	乙二五七 通洗字	乙二四三	乙一二一壹	乙六貳	乙二八一	乙二二九
		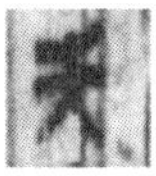		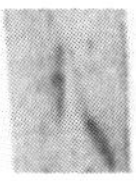			
甲六一壹		乙二五九+二四五 通洗字	乙二四四 通洗字	乙一九三 通洗字	乙一〇八A+一〇七壹		乙二三五壹
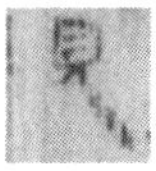		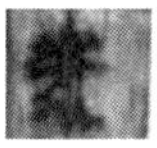	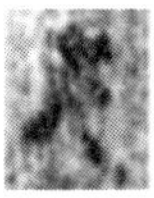	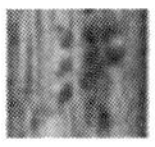			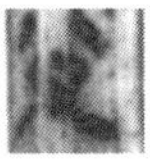
甲六五貳		乙二六一	乙二四六 通洗字	乙一九八貳 通洗字	乙二五四		乙二三五壹
		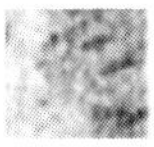		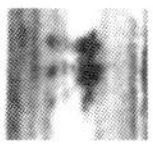			以上各例均通鋭字
乙四二B貳		乙二六八 通洗字	乙二五五	乙二一九	乙二九一		

欲　親　視

乙二九〇	 乙二五四	 乙一六五	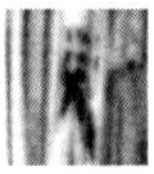 乙三四一	 乙二七六	 乙一四四壹	 乙一〇一叁	乙四六貳
 乙二九三	 乙二八〇	乙二〇七	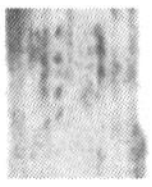 乙三七三貳	 乙二七六	 乙二四一	 乙一〇二叁	 乙四七貳
 乙三四一		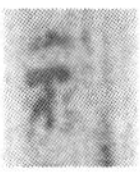 乙二二七		 乙二七八	 乙二六九	 乙一〇五壹 通現字	 乙九六叁
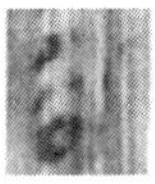 乙三四四		 乙二六〇		 乙三〇九	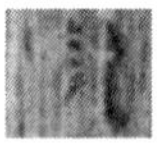 乙二六九	 乙一二八	 乙九七叁

盗				㱃	歐	歌	
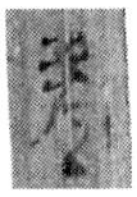 甲三〇A+三二B	 甲二八	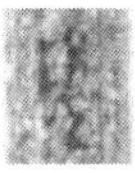 甲二五壹	甲一八貳	 乙一四四壹 通飲字	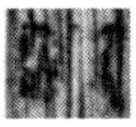 乙三〇九 通毆字	  乙七貳	 志四
 甲三一	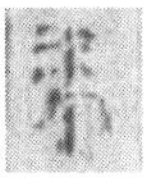 甲二九壹	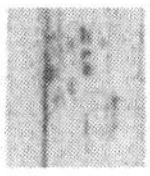 甲二五貳	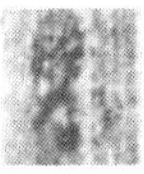 甲二二	 乙一四四壹 通飲字		 乙二四四	
 甲三一	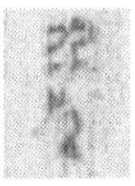 甲二九壹	 甲二六	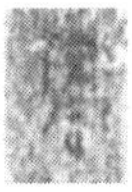 甲二三	 乙二七四 通飲字		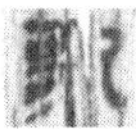 乙三〇九	
 甲三二A+三〇B	 甲二九貳	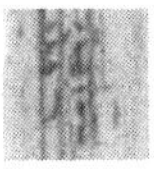 甲二七	 甲二四壹				

甲三二A+三〇B	甲三六	乙五五壹	乙五九壹	乙六二壹	乙六七	乙六九	乙七四壹

甲三三	甲三七	乙五六壹	乙六〇壹	乙六三壹	乙六七	乙七一	乙七五壹
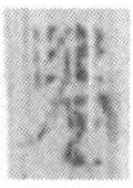	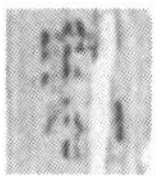	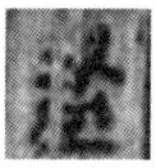			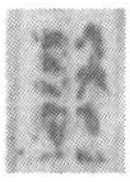	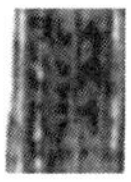	
甲三四	甲三八	乙五七壹	乙六一壹	乙六四壹	乙六八	乙七二	乙七七壹
							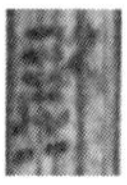
甲三五	甲三九	乙五八壹	乙六二壹	乙六六	乙六八	乙七三壹	乙二五五

⿰冎旡

							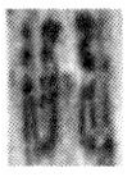
						乙二〇貳 通禍字	乙二七五
						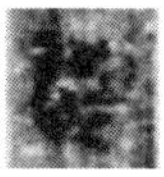	
						乙二〇貳 通禍字	乙三二二
							乙三四二
							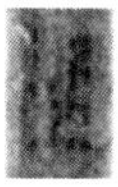
							乙三四二

卷九

頭	顔				頰	頸
 乙二三三壹	 乙二〇六	 乙二一一	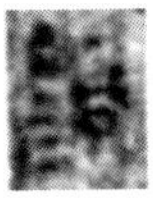 乙二二一	 乙二二九	 甲三二A+三〇B	 甲三四
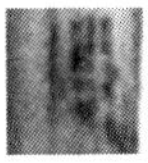 乙三〇三B+二八九B	 乙二〇八	 乙二一六	 乙二二三	乙二三二	 乙六八	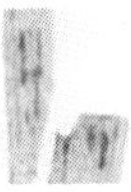 甲三七
 乙三七五	 乙二〇九	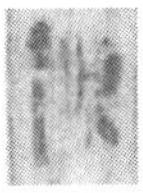 乙二二〇	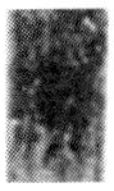 乙二二六	 乙二三五壹		  乙七〇
	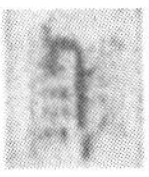 乙二一〇	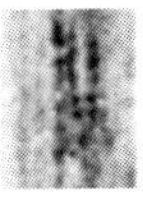 乙二二〇	 乙二二七	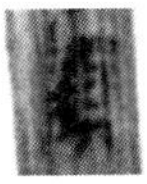 乙二四〇		 乙七三壹

頤 順 顧 項 領

乙二二五	乙二〇六	乙二八七	乙一五貳	乙二一一	乙一二一貳	乙二五八B	乙二一一
乙二二九	乙二一三		乙二一六	乙二二五		乙二六九	乙二一一
乙二三五壹	乙二一九		乙三一九	乙二六九			乙二一八
乙二三八	乙二二一			乙三〇三B+二八九B			乙二四〇

首	面						顗
甲一三	乙二三八	乙二二八	乙二一一	乙七一	甲四一	甲三〇A+三二B	乙二三一
 甲一六壹	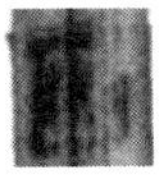 乙三五四	 乙二三〇	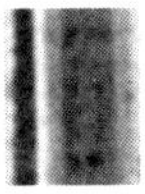 乙二一五	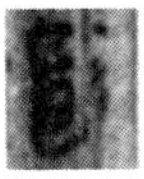 乙七二	 乙六六	 甲三二A+三〇B	
 甲三四		 乙二三四壹	 乙二二四	 乙七七壹	 乙六八	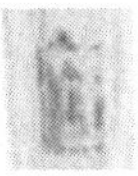 甲三三	
 乙一四壹		 乙二三七壹	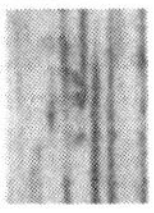 乙二二五	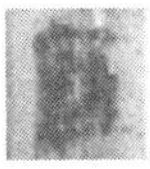 乙二〇七	 乙六九	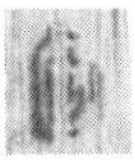 甲三五	

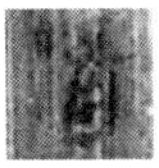

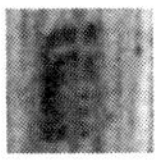

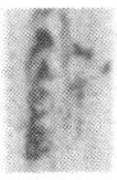

髮		須	縣				
 乙七七壹	 乙三七三貳	 甲四二壹	  乙三貳	 乙三〇三A+三〇四	 乙二七二	 乙二四一	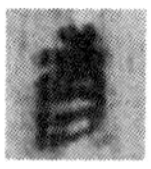 乙一六壹
		 甲四二貳		 乙三〇三A+三〇四	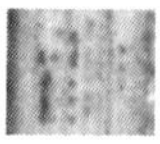 乙二八五	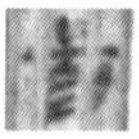 乙二四三	 乙一八叁下
		 甲六六貳		 乙三四三	 乙三〇三A+三〇四	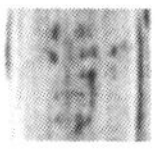 乙二五八B	 乙七〇
		 乙一六五			 乙三〇三A+三〇四	乙二六二	 乙一二四壹

令	司						
 乙一〇六壹	 乙三五〇	乙三三九	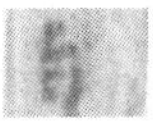 乙三三九	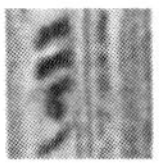 乙三三〇	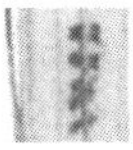 乙三二三	 乙二〇〇壹	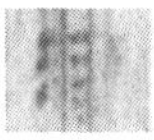 乙一三四壹
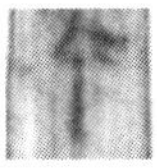 乙二六六	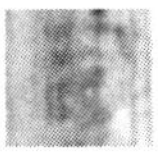 志三	乙三三九	 乙三三九	 乙三三〇	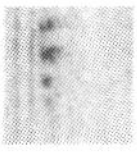 乙三二三	 乙二五九+二四五	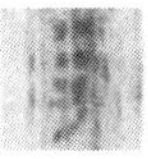 乙一九七壹
 乙二八四	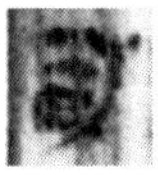 志三	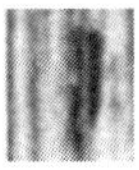 乙三三九	 乙三三九	 乙三三〇	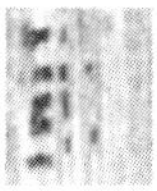 乙三二三	 乙三二三	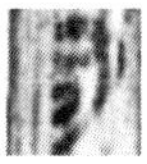 乙一九八壹
 乙二八五		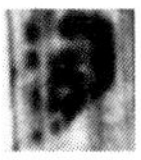 乙三三九	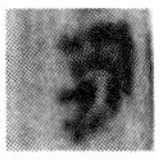 乙三三九	 乙三三九	 乙三三〇	 乙三二三	乙一九九壹

厀

色

色						厀	
 乙二一八	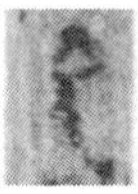 乙二一三	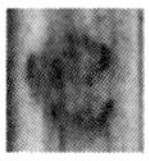 乙二一〇	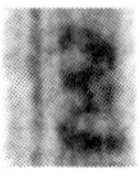 乙二〇〇壹	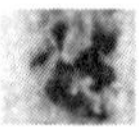 乙一九六壹	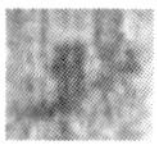 甲二三	 乙一三六 通膝字	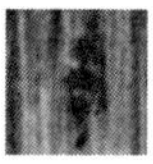 乙三二三
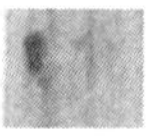 乙二一九	 乙二一四A+二一三	 乙二一一	 乙二〇七	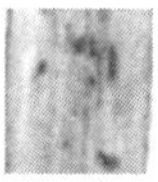 乙一九七壹	 甲二九貳	 乙三四三 通膝字	 乙三二七B
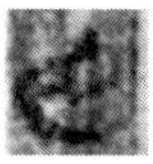 乙二二〇	 乙二一六	 乙二一二	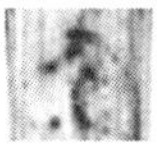 乙二〇八	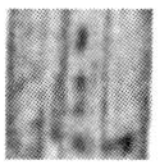 乙一九八壹	 乙五六壹		 乙三五五
 乙二二一	 乙二一七	 乙二一二	 乙二〇九	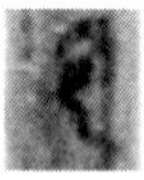 乙一九九壹	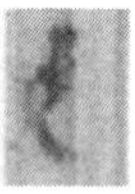 乙六三壹		 志三

旬　　辟

 乙一一七貳	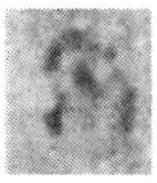 甲四〇	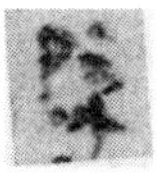 地圖四A	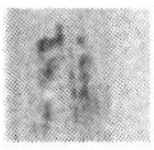 乙四貳	 乙二三九	 乙二三五壹	 乙二三一	 乙二二三
 乙一一八貳	 乙七六壹		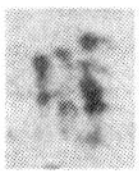 地圖三A	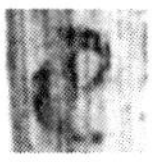 乙二四〇	 乙二三六壹	 乙二三一	 乙二二四
 乙一一八貳	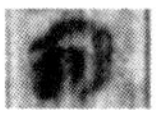 乙一一五貳		 地圖三A		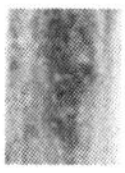 乙二三七壹	 乙二三三壹	 乙二二八
乙一一九貳	 乙一一六貳		 地圖四A		 乙二三八	 乙二三四壹	 乙二二九

山	禺	畏		鬼	敬	匈	
	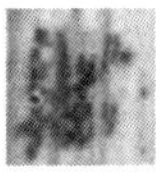						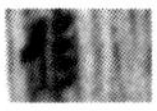
甲三二A+三〇B	乙二六一	乙二五九+二四五	志五	乙八貳	乙二四四	 乙二三三壹	乙一二〇貳
						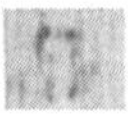	
甲三八	乙二九三		志五	乙一五四	乙三四六 通警字	乙三四三	乙一二五壹
	以上兩例通偶字					以上兩例通胸字	
乙六八			志五	乙三五〇	乙二五九+二四五		乙二〇七
					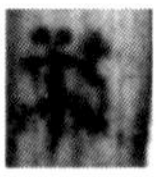		
乙七四壹			志七	乙三六一貳	志五 通警字		

廣　序　廡　府　岡

甲三二A+三〇B	甲二八	廡 甲三六	甲一七壹	甲四貳	地圖一B	乙一八八柒	乙一七九柒
乙六八	乙六一壹	乙七二	乙一七壹	乙九一A+九三B+九二		乙二四八	乙一八〇柒
乙二〇九	乙一〇〇壹	乙一一九壹		乙一一三壹		乙二五九+二四五	乙一八四柒
乙二一〇				以上三例通剛字		乙三〇五	乙一八六柒

康※	磨※	庛	廖	庳	廥		
 乙二五九+二四五	 地圖四A	 甲三六	 乙二八九A 通穆字	 乙一三九	 乙二貳	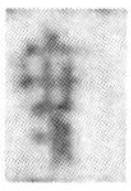 地圖一A	 乙二一六
	 地圖三A	 乙七二				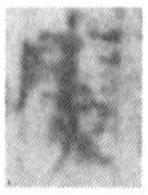 地圖一A	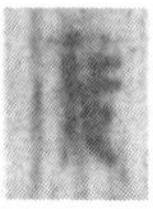 乙二一九
	 地圖三A					 地圖四B	 乙二二六
	 地圖四A						乙二二九

危　原※

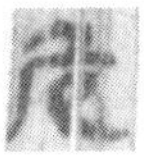 乙一七七壹	 乙一〇壹	 乙六壹	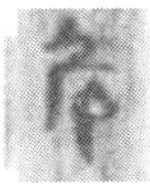 乙一壹	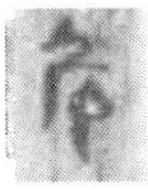 甲一〇	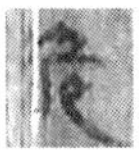 甲六	 甲一壹	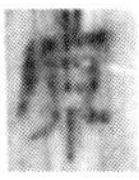 乙二六七
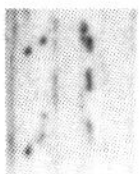 乙二五六	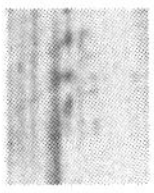 乙一一	 乙七壹	 乙二壹	 甲一一	 甲七	 甲三壹	 乙二七六
 乙二八九A	 乙一二壹	 乙八壹	 乙三壹	 甲一二	 甲八	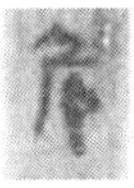 甲四壹	
 乙三六五＋二九二	 乙二〇壹	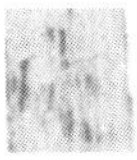 乙九＋一三壹	 乙四壹	 甲二〇	 甲九	 甲五	

長

 乙二二五	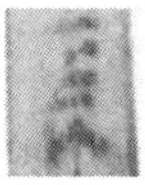 乙二一三	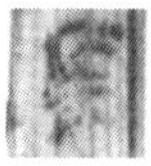 乙二〇八	 乙一三〇貳	 乙一〇九壹	 乙七七壹	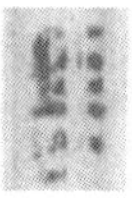 乙七〇	 甲三四
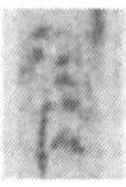 乙二二七	 乙二一七	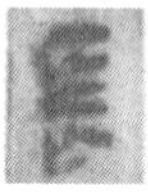 乙二一一	 乙一三一貳	 乙一〇九壹	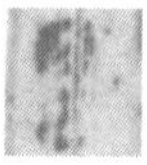 乙一〇〇壹	乙七一	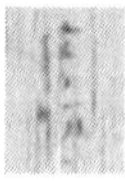 甲三五
 乙二二八	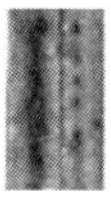 乙二一八	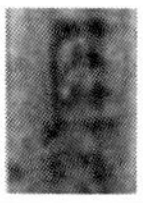 乙二一二	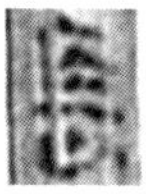 乙一三六	 乙一一〇壹	 乙一〇八B壹	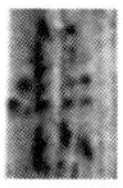 乙七二	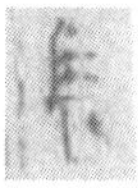 甲四一
 乙二三二	 乙二二五	 乙二一三	 乙一四〇	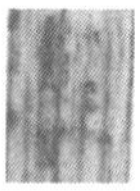 乙一一一壹	 乙一〇九壹	 乙七七壹	 甲四一

而　勿

 乙一六六	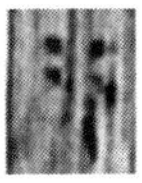 乙一〇五壹	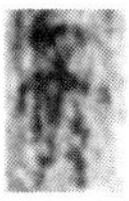 乙二四叁下	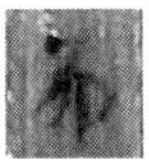 甲一八壹	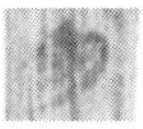 乙一〇二壹	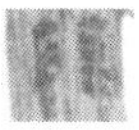 乙三五四	 乙二三九	 乙二三四壹
 乙一六九叁	 乙一一七壹	 乙五九壹	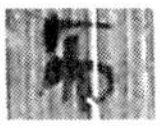 甲二六	 乙一四四壹		 乙二六〇	 乙二三六壹
 乙一六九叁	 乙一一八壹	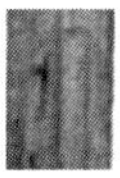 乙九〇	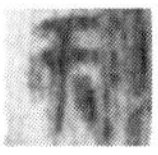 乙一五貳	 乙三二七B 通物字		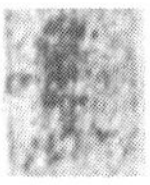 乙三一〇	 乙二三八
 乙一六九叁	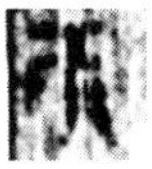 乙一五八	 乙九〇	 乙一八壹			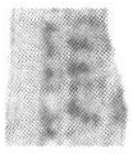 乙三三九	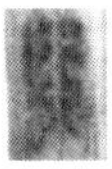 乙二三九

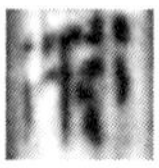

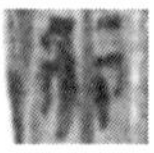

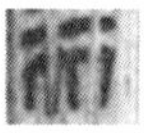

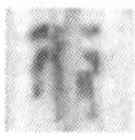

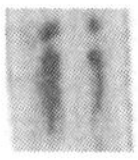

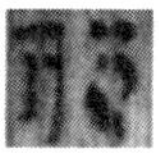

乙一六九叁	乙一七二叁	乙一九三	乙二四一	乙二九三	乙三二一	乙三三一	乙三四五
乙一七〇+三二五叁	乙一七三叁	乙二一七	乙二四一	乙二九三	乙三二六	乙三三三	乙三四七貳
乙一七〇+三二五叁	乙一七五叁	乙二三三壹	乙二七七	乙二九三	乙三二七B	乙三四一	乙三五一
乙一七二叁	乙一九三	乙二三四壹	乙二八四	乙三〇三C	乙三二七B	乙三四四	乙三五二

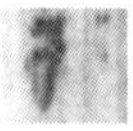

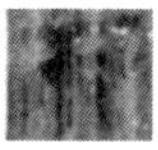

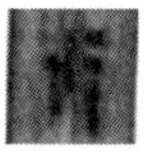

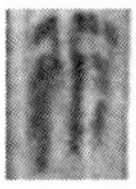

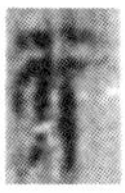

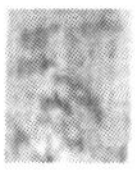

豹	⿱山豕※	彘		豕			
乙二一三	乙二一〇 兕字異體	乙一四九壹	乙三二七A	甲四一	志四	乙三六五+二九二	乙三五五
				乙七七壹	志五	乙三七八	乙三五五
				乙九一B叁	志五	乙三七八	乙三五六
				乙一六六		志二	乙三六一叁

豺

乙二一四A+二二三

易

乙二九七

乙三五五

貇※

乙二三八 疑通廥字

卷十

馬				駕	篤	騷
甲二一貳	乙二二壹	乙一〇六壹	乙三五四	乙三三五 通加字	乙二四二	乙二九五
甲三六	乙七二	乙一六六	乙三六二壹			志七 通掃字
乙五貳	乙一〇一壹	乙二二四				
乙九十三貳	乙一〇四壹	乙三五四				

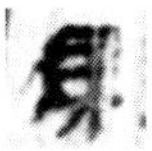

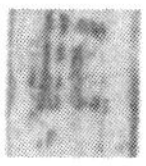

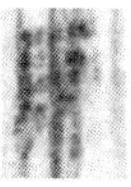

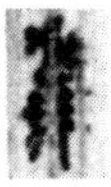

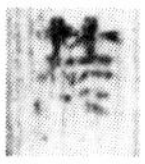

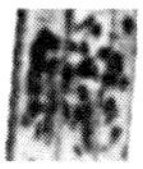

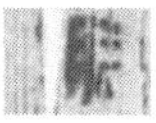

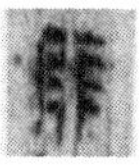

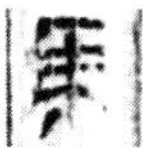

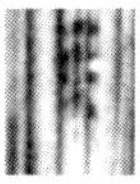

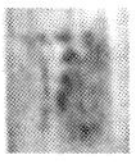

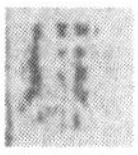

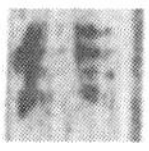

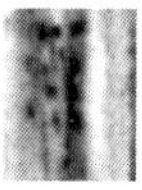

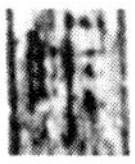

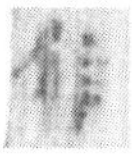

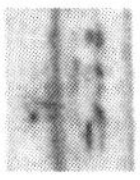

犬	兔	毚	麗	麇	麋	灋	
甲四〇	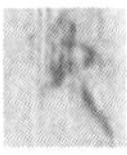 甲二三	  乙一八五柒	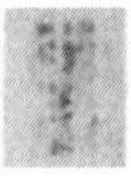  乙二四一	 乙三三四	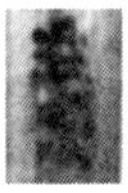  志四 通眉字	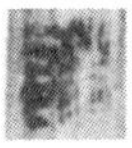 乙一〇三壹	  乙九五壹
甲七二貳	乙六九 字形譌爲兔		乙三八一			以上諸例通廢字	乙九六壹
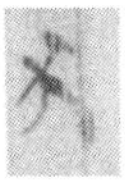 甲七二貳	  乙二一五					 乙二八一 灋字異體，通廢字	 乙九七壹
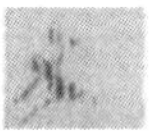 甲七二貳							 乙九八壹

類	獲	犮		犯	狀		
 乙二五〇	 乙二〇叁下	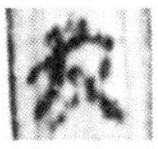 乙二八一	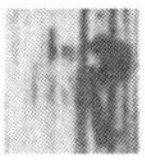 乙三一五	乙三一五	 志四	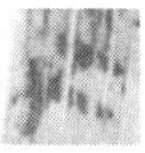 乙三〇七	 乙一六六
 乙二九六		乙三二八		 乙三一五		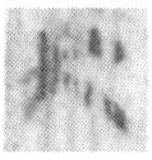 乙三一一	 乙二三六壹
 志四				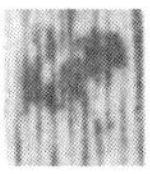 乙三一五		乙三二七A	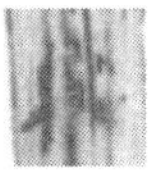 乙三〇七
				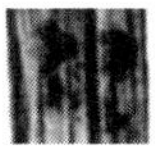 乙三一五		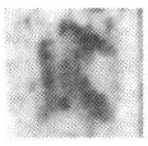 志四	 乙三〇七

	鼠	猾※		獄		狐	狼
 乙六五壹	 甲三〇A+三二B	 乙二六四	 乙三六〇A+一六二B	  乙二六三	 志四	乙二〇八	乙二三七壹
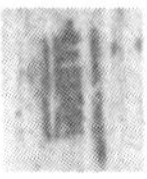 乙六六	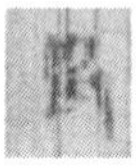 甲七一貳			 乙二八二		 乙二四〇	
 乙一〇五壹	 甲七三貳			 乙二九七		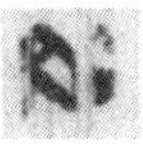 乙三三四	
 乙一二一貳	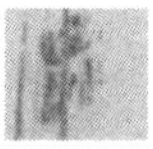 甲七三貳			 乙三〇〇		 志三	

	然				火	能	
乙八九	甲三〇A＋三二B	乙二五二	乙一八六貳	乙一八二壹	乙七三貳	乙二七五	乙一二二貳
乙一四〇	甲三〇A＋三二B	乙三三〇	乙一九〇貳	乙一八二貳	乙七七貳	乙二八一	乙二〇六
乙二三〇	乙六六	乙三三九	乙一九八壹	乙一八二肆	乙七七貳		
乙二四三	乙六六		乙二四四	乙一八三壹	乙一八一肆		

			黑	光	炊		燔
乙二三〇	乙二〇七	乙七五壹	甲二八	乙六貳	乙二七一	地圖二	甲七二貳
乙二三三	乙二〇九	乙二〇〇壹	甲三九	地圖一B	乙二九五	地圖二	乙一〇八A+一〇七壹 通蕃字
乙二三八	乙二一二	乙二〇六	甲四〇				乙一〇八B壹 通蕃字
乙二三九	乙二一七	乙二〇七	乙六一壹				乙三〇七

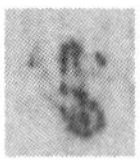

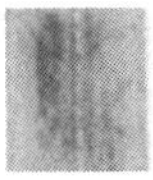

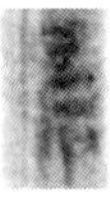

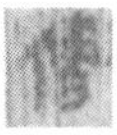

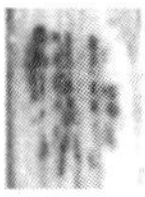

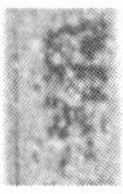

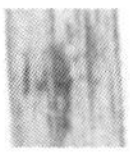

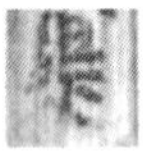

	赤	熒	黨		黔		
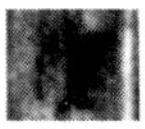 乙一二二貳	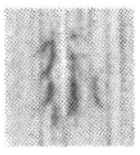 甲三五	 乙三五一	 乙二八五 通儻字	 乙一八叁下	 甲一三	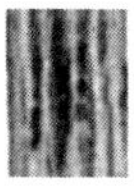 乙二九六	 乙二三七壹
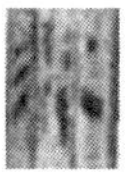 乙一九八壹	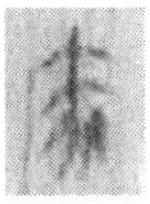 甲四一	 乙三五一		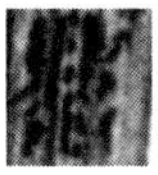 乙一二四壹	 甲一六壹		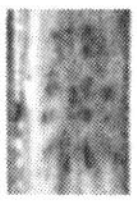 乙二三八
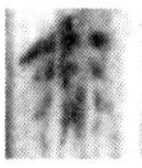 乙二〇六	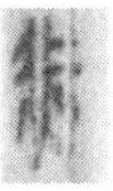 乙七一			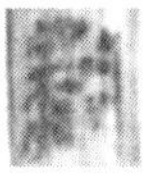 乙二六二	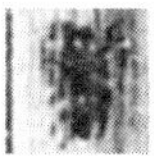 乙一四壹		 乙二三九
 乙二一二	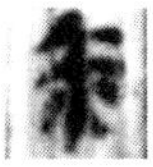 乙七七壹			 乙二七二	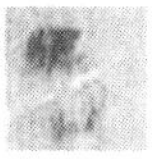 乙一六壹		 乙二四〇

大

乙二一三	乙二三五壹	甲三一	乙一四壹	乙七二	乙九九壹	乙一三〇貳	乙一五四
乙二二九	志一	甲三七	乙一七貳	乙七三壹	乙一二二貳	乙一三一貳	乙一五四
乙二三三壹		乙五貳	乙二二叁	乙九四壹	乙一二六貳	乙一三二壹	乙一五四
乙二三五壹		乙九+一三貳	乙六七	乙九九壹	乙一二九貳	乙一三七	乙一五七

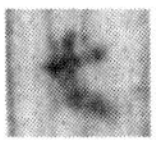	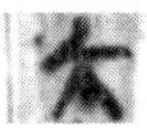	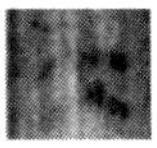	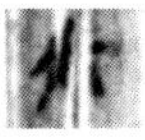	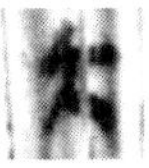	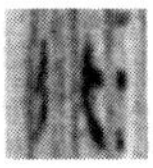		
乙二一六	乙二一二 通太字	乙二一〇	乙二〇九	乙一九二	乙一八一柒 通太字	乙一七九伍	乙一五七
		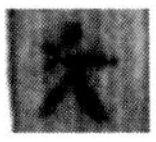		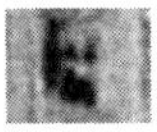	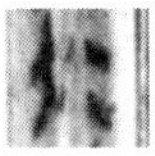	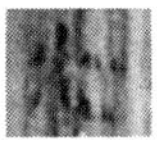	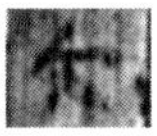
乙二一六	乙二一三 通太字	乙二一一	乙二〇九	乙一九五貳	乙一八五陸	乙一八〇陸 通太字	乙一五八
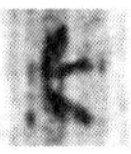				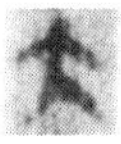	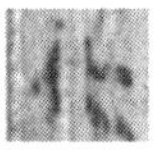	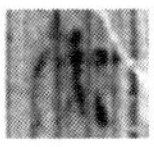	
乙二二〇	乙二一四A+二二三 通太字	乙二一一	乙二一〇	乙二〇〇貳	乙一八六陸	乙一八〇柒	乙一六一
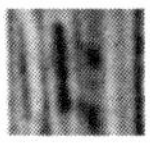	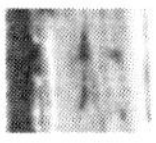		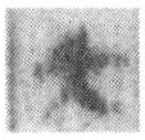	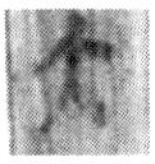		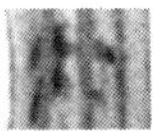	
乙二二四	乙二一五	乙二一二	乙二一〇	乙二〇一貳 通太字	乙一八八伍	乙一八一陸 通太字	乙一六一

乙二二八	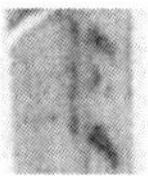 乙二三九	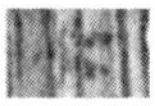 乙二四九	 乙二五二 通太字	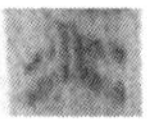 乙二五七	 乙二六二	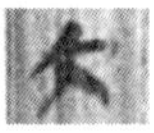 乙二六四 通太字	 乙二七七 通太字
 乙二三六壹	 乙二四四	乙二五〇	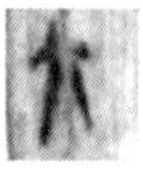 乙二五三	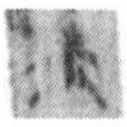 乙二五八A+三七一 通太字	 乙二六二	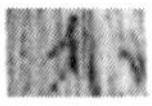 乙二六五	 乙二七八
乙二三七壹	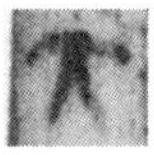 乙二四四	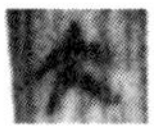 乙二五〇 通太字	 乙二五五	 乙二五九+二四五	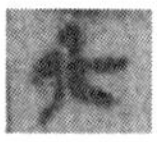 乙二六四 通太字	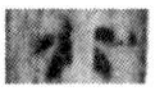 乙二六五	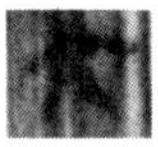 乙二八〇
乙二三七壹	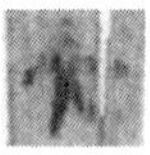 乙二四七A	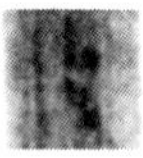 乙二五一 通太字	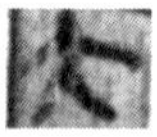 乙二五五	乙二六二	 乙二六四 通太字	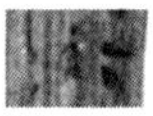 乙二六九	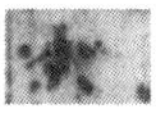 乙二八六

夾　奎

	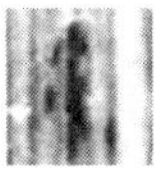					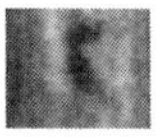	
乙二一五	乙一八二柒	乙二五二	乙一三三貳	地圖二	乙三五九	乙三三九	乙二八八
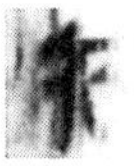 乙二一六	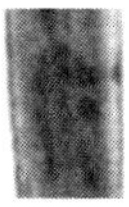 乙一八八陸		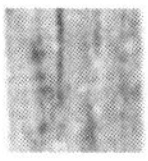 乙一六七貳	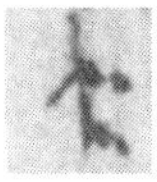 地圖二	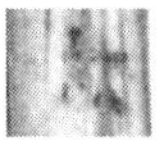 乙三六五+二九二	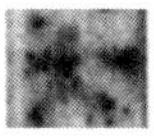 乙三五〇	 乙二九〇
 乙二四〇	 乙一九七貳		 乙一六八+三七四叁	 地圖三A	 乙三八一	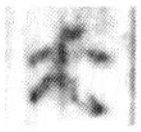 乙三五〇	 乙三一六
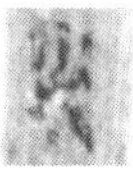 乙二五三	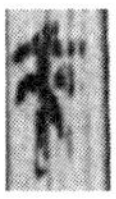 乙二〇二貳		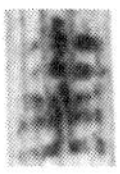 乙一七七叁	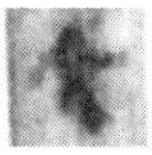 志一	地圖二	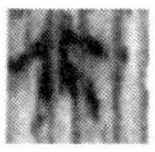 乙三五七	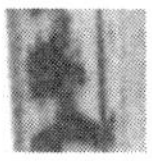 乙三三〇

交	亦			夷	夸		
 乙二六七	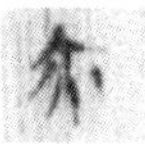 甲三貳	 乙二五八A+三七一	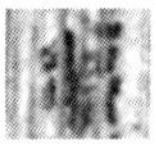 乙二三一	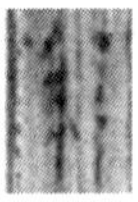 乙一八六陸	 乙二三〇	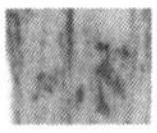 乙二六六	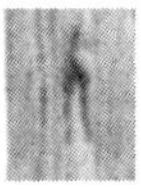 乙二五四
	 乙九一A+九三B+九二	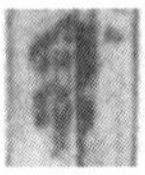 乙二五九+二四五	 乙二三三	 乙一八七陸	下有重文符號	 乙二八六	 乙二五五
		 乙二七五	 乙二四四	 乙二〇二貳			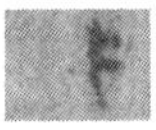 乙二五六
		 乙二七五	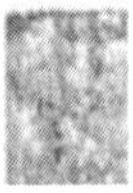 乙二四六	 乙二三〇			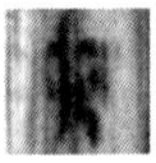 乙二六六

壹	幸	執	亢	皋	夫		
乙一七五叁 通一字	乙三七八	甲一八壹	乙一三三貳	乙二六六	甲一三	乙九+一三貳	乙六一壹
乙三三三		乙一九六壹	乙一七四壹	乙二八四	甲一四	乙一一貳	乙一二九壹
乙三三三		乙一九七壹		乙二八五	甲一五	乙一四壹	乙一六二A+九三A
		乙一九八壹			甲二八	乙一五壹	乙二一八

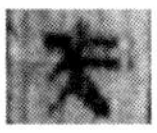

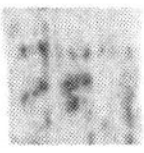

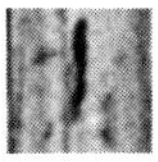

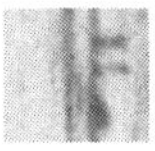

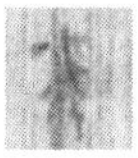

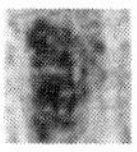

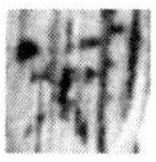

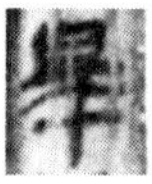

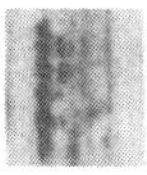

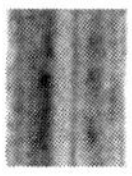

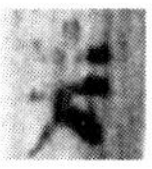

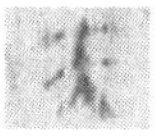

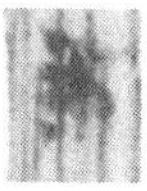

			規	立			端
乙二一九 通蚹字	乙三四四	乙三五二	規 乙一九七壹	乙一九七壹 通位字	乙二八八 通位字	志三	地圖四B
乙二五〇	乙三四四			乙一九八壹 通位字	乙二八八 通位字		地圖四B
乙二九四	乙三四四			乙一九九壹 通位字	乙二九六		
乙三一〇	乙三四四			乙二〇〇壹 通位字	乙三五〇 通位字		

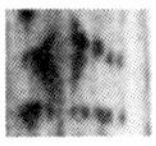

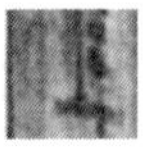

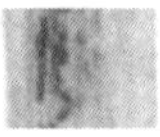

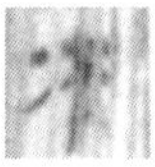

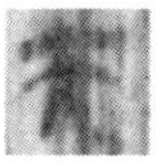

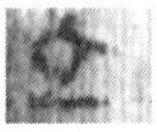

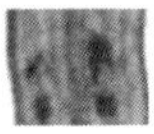

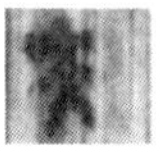

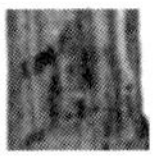

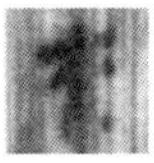

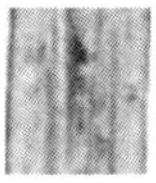

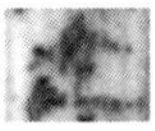

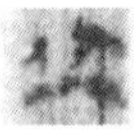

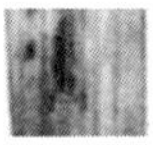

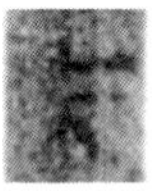

忌	息				心	慮	靖
甲七二貳	甲三一	乙二九一	乙二七九	乙二三〇	乙五五貳	乙二九六	甲二五貳
甲七三貳	乙六七	乙三五七	乙二七九	乙二三五壹	乙一六九壹		乙六四壹
乙五三貳	乙三五七	乙三六〇B	乙二八〇	乙二六二	乙二〇六		乙二三二
乙一二三貳			乙二九〇	乙二六二	乙二一六		

惡　怒

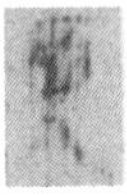 甲六三貳	 甲五五貳	 甲五五貳	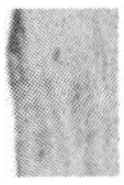 乙三四〇	 乙一六四	 乙一四九壹	 乙一四五壹	乙一二五壹
 甲六四貳	 甲五五貳	 乙三六貳	 乙三六六	 乙二五九+二四五	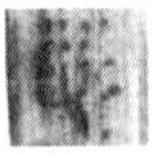 乙一五〇壹	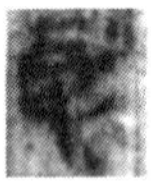 乙一四六壹	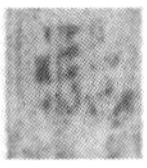 乙一三三貳
 甲六四貳	 甲六一貳	 乙三七貳		 乙三〇七	乙一五一壹	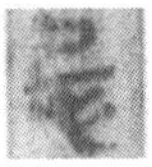 乙一四七壹	 乙一三四貳
乙三六貳	 甲六二貳			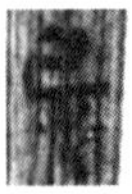 乙三一五	 乙一五三壹	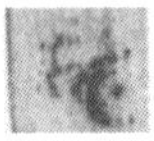 乙一四八壹	 乙一四一

	慁※	恐	患				
	 乙二四四	 乙二八一	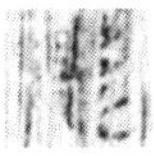  乙二六九	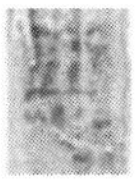 乙二六九	 乙二一〇	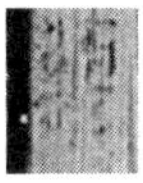 乙四五貳	乙三六貳
		 乙三三五		 乙二七〇	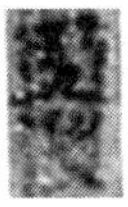 乙二三〇	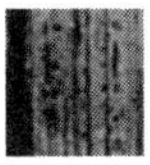 乙四五貳	 乙四二下貳
		 乙三三八		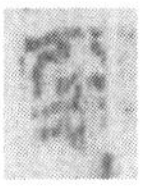 乙二八一	 乙二三八	 乙一四四壹	 乙四三貳
		 乙三六五+二九二		 乙二八八	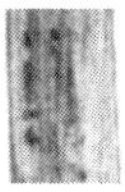 乙二四〇	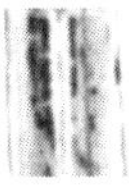 乙二〇九	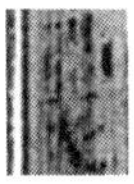 乙四四貳

水

卷十一

						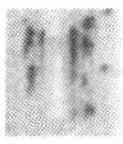
甲一九壹	乙七五壹	乙一八〇肆	乙一八八貳	乙二〇〇壹	乙二五九+二四五	乙三一三
	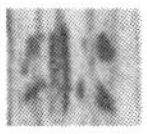	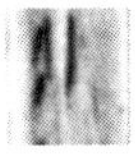	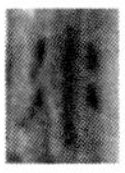	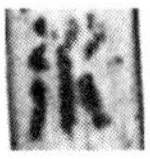		
甲三九	乙一四〇	乙一八四貳	乙一八九壹	乙二四四	乙二六五	
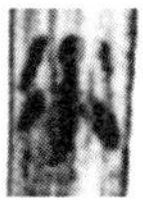	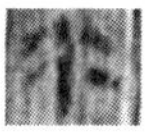	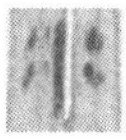	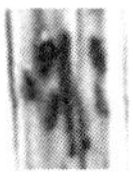	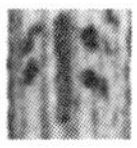	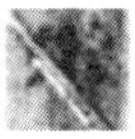	
乙一九壹	乙一五八	乙一八八壹	乙一九二	乙二五二	乙二六八	
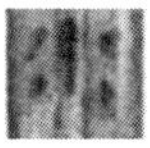	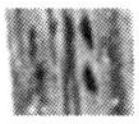	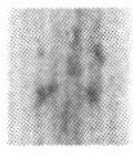			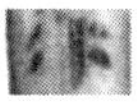	
乙七五貳	乙一八〇貳	乙一八八肆	乙一九二	乙二五五	乙二七〇	

河	灌	溉	治	濡	泥	溥	滔
乙二六八	甲三九	乙二七九 通既字	甲一四	乙一貳	 乙一貳	乙二六二 通薄字	 乙二六八
	乙七五壹	乙二七九 通既字	乙一五壹	乙二〇七 疑通鴿字		乙二九五	
	地圖三A		乙二六三				
			乙三〇九 通笞字				

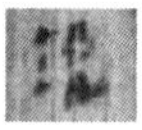

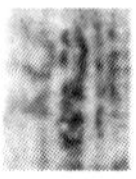

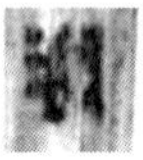

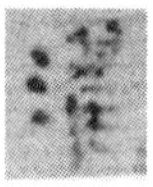

波	清	澤	潰	没	潦	渴	湯
	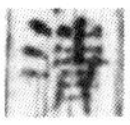		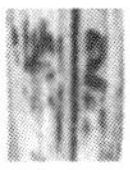			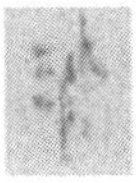	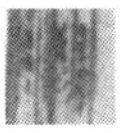
 甲二〇貳	乙二六〇	乙二六八	 乙二九一	乙一三七	 乙三一三	 甲二〇貳	乙一八三柒
		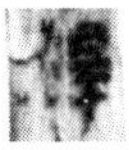				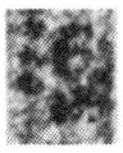	
乙二四壹		乙二七〇		乙三二〇		乙二四壹	
以上兩例通陂字						以上兩例通堨字	

洗		泰	沱	淘※	沃※	湆※	
乙一八二陸	乙二二〇	地圖四B	乙一三〇壹	志七	志七	乙一六〇	乙一六〇
乙一八三陸	乙二八六	地圖四B	乙一三九			乙一六〇	乙一六〇
乙一八三柒	乙二八六		乙二六八			乙一六〇	乙一六〇
乙二一八						乙一六〇	以上諸字通湆字

谷		泉	州	巠	洒※	漕※	涊※
甲三二A+三〇B	乙一六一	乙一六〇	乙一六三	乙一三七 通頸字	 志七 通洒字	地圖一A 漕字異體	乙二六八 疑通伆字
甲三四	乙一六一	乙一六一	乙二七二				
甲三八	乙一六一	乙一六一					
乙六八	乙一六一	乙一六一					

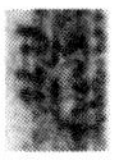

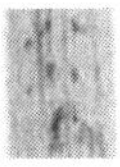

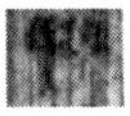

谿

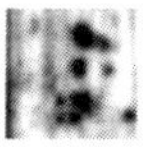

地圖四A	地圖三A	甲三四	地圖三A	地圖三A	地圖二	乙一三九 通　字	乙七〇
地圖四A	地圖四A	乙七〇	地圖四A	地圖三A	地圖二	乙一八三柒	乙七四壹
地圖四B	地圖四A	乙二一七 通豀字		地圖三A	地圖二	乙三〇五	乙一一五壹
地圖四B	地圖四A	地圖一B		地圖三A	地圖三A	地圖一B	通欲字

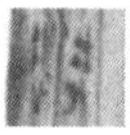

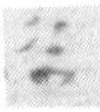

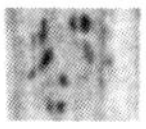

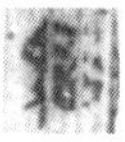

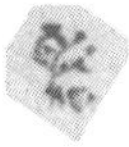

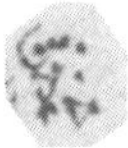

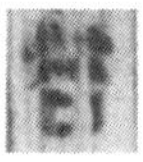

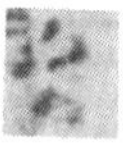

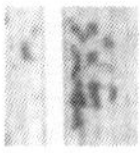

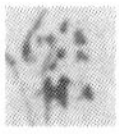

雨				冬			
 乙一五六	 乙一五五	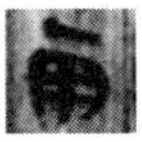 乙一五五	 乙一五四	 乙三二九	 乙一三一壹	 乙九八壹	 地圖四B
 乙一五六	 乙一五五	 乙一五五	 乙一五四	 乙三六三	 乙三〇二	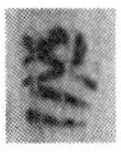 乙一二六貳	
 乙一五六	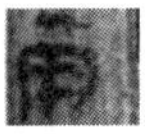 乙一五五	 乙一五五	 乙一五四		 乙三〇三A+三〇四	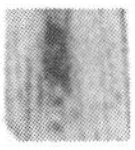 乙一二九壹	
 乙一五六	乙一五五	 乙一五五	 乙一五四		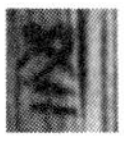 乙三〇三C	 乙一三〇壹	

雲　霜

雲	霜						
乙一四貳	乙二九四	乙一六一	乙一六一	乙一六〇	乙一五九	乙一五八	乙一五七
		乙三四六	乙一六一	乙一六〇	乙一五九	乙一五八	乙一五七
		乙三五〇	乙一六一	乙一六〇	乙一六〇	乙一五八	乙一五八
			乙一六一	乙一六〇	乙一六〇	乙一五九	乙一五八

云	雯※	龍			非		
乙二五二 雲字古文形	乙二九四	甲七三	乙二四七A	乙三三〇	乙一五貳		
		乙九三C	乙二四八		乙二一四B		
		乙一二五壹	乙三〇〇		乙二四八 通飛字		
		乙二一八	乙三一六		乙二九六 通飛字		

卷十二

乳	不					
乙二二八	甲一三	甲二三	甲二五貳	甲三一	甲三八	甲五八貳
	甲一四	甲二四貳	甲二六	甲三二A+三〇B	甲五四貳	甲五九壹
	甲一八壹	甲二四貳	甲二八	甲三三	甲五七貳	甲五九貳
	甲一八壹	甲二五壹	甲二九壹	甲三八	甲五八貳	甲六〇壹

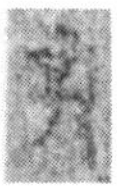

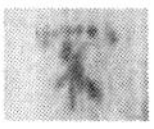

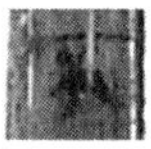

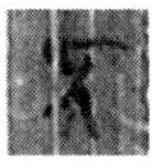

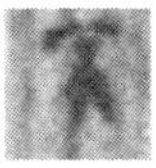

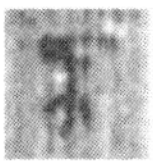

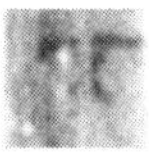

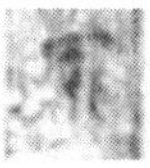

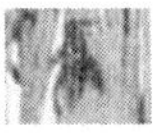

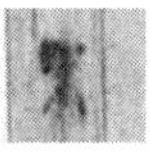

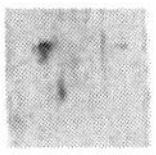

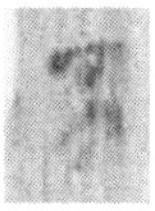

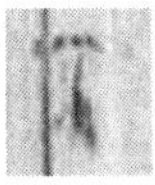

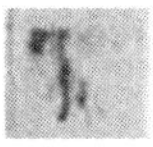

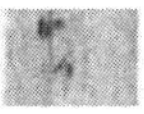

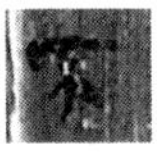

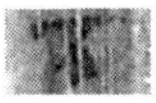

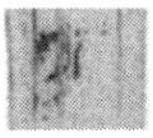

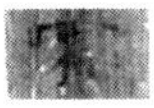

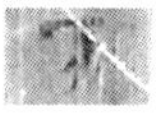	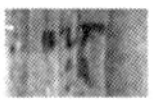			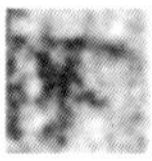	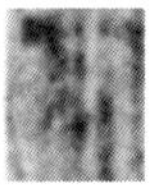		
甲六〇貳	甲六四貳	乙一貳	乙一五壹	乙一八叁上	乙二一叁上	乙三八貳	乙四一貳
			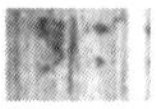				
甲六一貳	甲六五貳	乙一貳	乙一六貳	乙二〇叁上	乙二一叁下	乙四〇B貳	乙四二A+三九貳
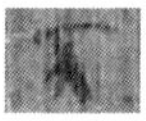	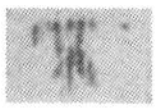				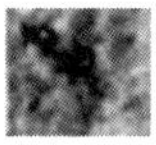		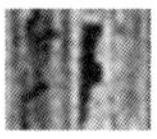
甲六二貳	甲六六貳	乙七貳	乙一七叁上	乙二〇叁上	乙三五貳	乙四〇B貳	乙四二A+三九貳
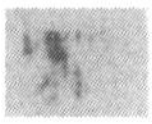	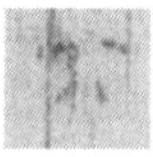		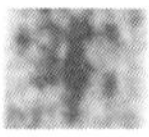	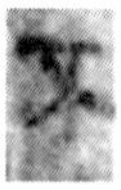			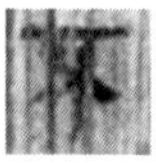
甲六三貳	甲七三壹	乙一四壹	乙一八壹	乙二一貳	乙三七貳	乙四一貳	乙四二B貳

乙四三貳	乙五三貳	乙六一壹	乙六八	乙七四壹	乙一〇〇貳	乙一〇六壹	乙一一二壹
乙四四貳	乙五六壹	乙六二壹	乙六九	乙八九	乙一〇二壹	乙一一二壹	乙一一五壹
乙四五貳	乙五八壹	乙六四壹	乙七二	乙九四壹	乙一〇三壹	乙一一二壹	乙一一五貳
乙四六貳	乙五九壹	乙六七	乙七四壹	乙九九壹	乙一〇四壹	乙一一二壹	乙一一六壹

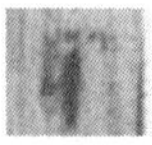 乙一三一壹	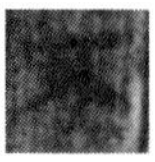 乙一二九壹	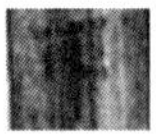 乙一二五貳	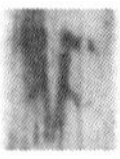 乙一二三貳	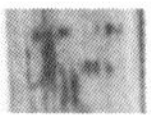 乙一二二壹	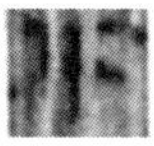 乙一二〇壹	 乙一一八壹	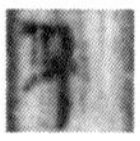 乙一一六壹
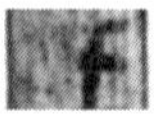 乙一三一貳	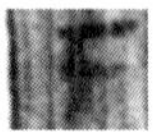 乙一二九貳	 乙一二六貳	 乙一二四壹	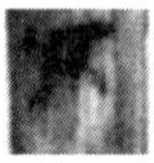 乙一二二壹	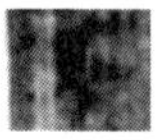 乙一二〇壹	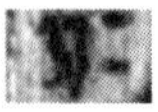 乙一一八貳	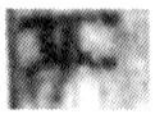 乙一一六貳
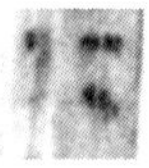 乙一三二壹	 乙一三〇壹	 乙一二八	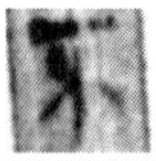 乙一二四貳	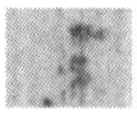 乙一二二貳	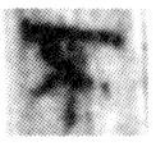 乙一二〇貳	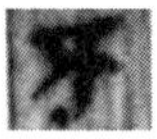 乙一一九壹	 乙一一七壹
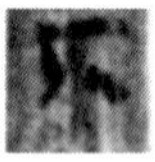 乙一三三壹	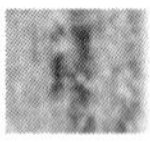 乙一三〇貳	 乙一二八	 乙一二五壹	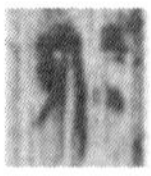 乙一二三壹	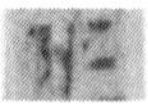 乙一二一壹	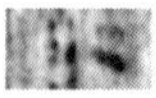 乙一一九貳	 乙一一七貳

	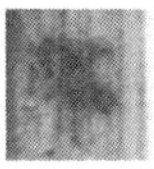	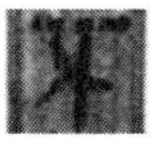		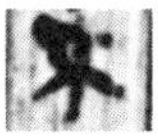	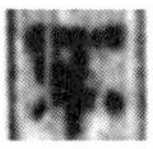	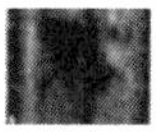	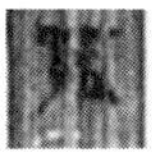
乙二四二	乙二〇七	乙一六六	乙一六五	乙一五四	乙一三九	乙一三七	乙一三四壹
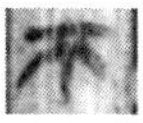	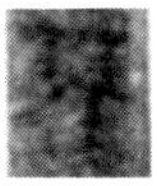				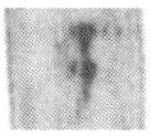	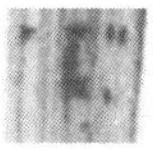	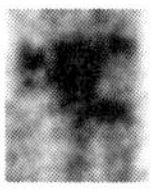
乙二四四	乙二二二	乙一六六	乙一六六	乙一五八	乙一四〇	乙一三八	乙一三五壹
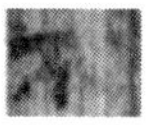		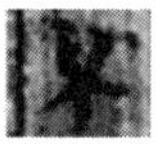		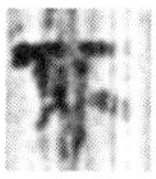	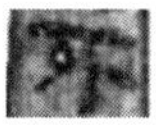		
乙二四四	乙二二八	乙一六六	乙一六六	乙一六一	乙一四一	乙一三八	乙一三五壹
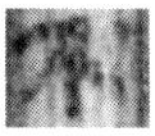	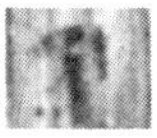			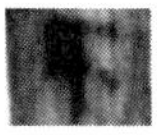	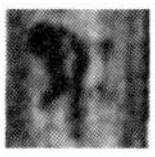	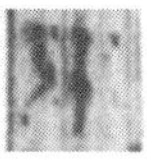	
乙二四四	乙二三四壹	乙一六六	乙一六六	乙一六四	乙一四四壹	乙一三八	乙一三六

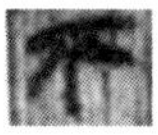

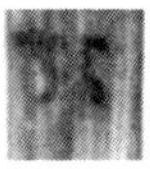

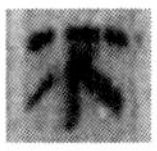

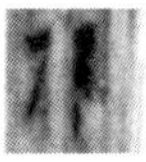

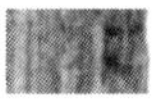

乙二四六	乙二五七	乙二五八A+三七一	乙二六九	乙二七五	乙二七六	乙二八〇	乙二八一
乙二四六	乙二五八A+三七一	乙二六三	乙二七〇	乙二七五	乙二七八	乙二八〇	乙二八三
乙二四八	乙二五八A+三七一	乙二六三	乙二七〇	乙二七五	乙二七八	乙二八一	乙二八七
乙二五〇	乙二五八A+三七一	乙二六七	乙二七五	乙二七五	乙二七九	乙二八一	乙二九四

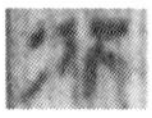

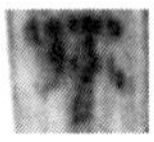

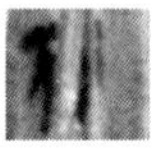

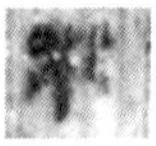

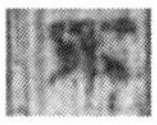

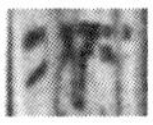

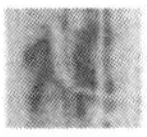

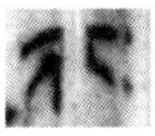

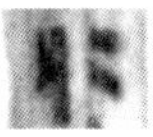

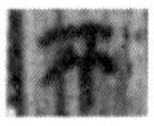

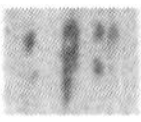

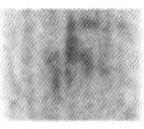

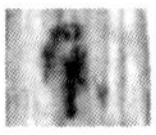

乙三六二壹	乙三五五	乙三四六	乙三二四	乙三一八	乙三一一	乙三〇八壹	乙二九六
乙三六三	乙三五六	乙三四七貳	乙三二四	乙三一九	乙三一四	乙三〇八壹	乙二九八
乙三六四A+三五八B	乙三五七	乙三四八	乙三二八	乙三二三	乙三一六	乙三〇九	乙三〇一
乙三六四A+三五八B	乙三五八A	乙三五一	乙三二八	乙三二四	乙三一七貳	乙三一〇	乙三〇五

至

乙二一七	乙二一三	乙二〇九	乙一九三	乙一七〇+三二五叁	志五	乙三七八	乙三六五+二九二
乙二一八	乙二一四A+二二三	乙二一〇	乙二〇六	乙一七〇+三二五叁		乙三八一	乙三六五+二九二
乙二一九	乙二一五	乙二一一	乙二〇七	乙一七五叁		志四	乙三六五+二九二
乙二二〇	乙二一六	乙二一二	乙二〇八	乙一九三		志四	乙三六五+二九二

到

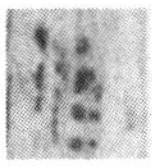 乙一〇四壹	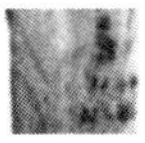 乙三五九	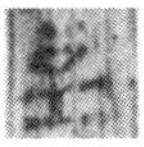 乙二八六	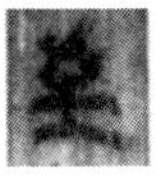 乙二三八壹	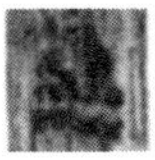 乙二三四壹	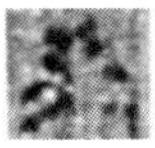 乙二三〇	 乙二二六	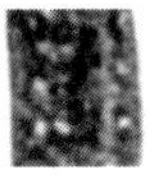 乙二二一
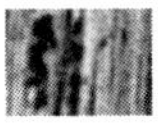 乙一二五壹	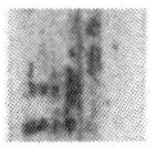 乙三六一叁	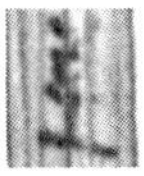 乙二九七	 乙二三九	 乙二三五壹	乙二三一	 乙二二七	 乙二二二
 乙一三六		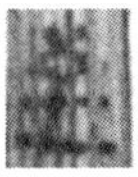 乙二九七	 乙二四〇	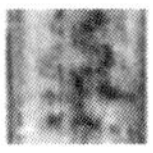 乙二三六壹	乙二三二	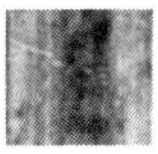 乙二二八	 乙二二四
 乙一三六		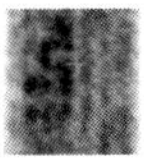 乙三四二	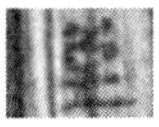 乙二七四	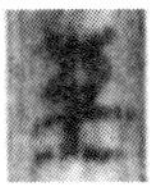 乙二三七壹	乙二三三壹	 乙二二九	 乙二二五

西

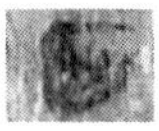 甲四四壹	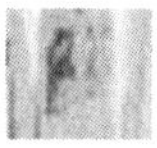 甲三八	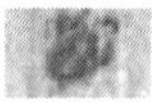 甲二二	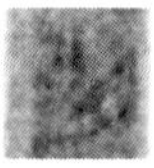 乙三四二	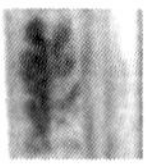 乙一七七叁	 乙一七四叁	 乙一六七叁	 乙一三六
甲四五壹	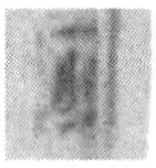 甲三九	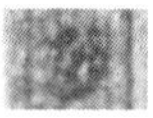 甲二四壹	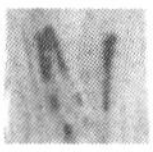 乙三五九	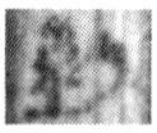 乙二八五	 乙一七四叁	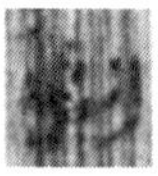 乙一六七叁	 乙一三七
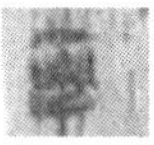 甲四六壹	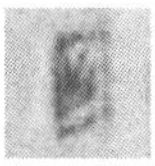 甲三九	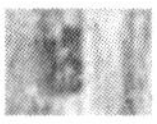 甲二四壹	 地圖二	 乙三一九	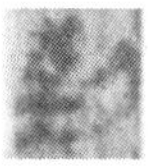 乙一七五叁	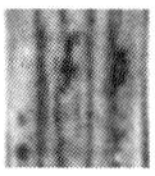 乙一六八+三七四叁	 乙一六七叁
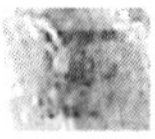 甲四七壹	 甲四三壹	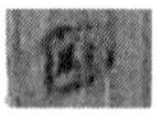 甲二七	 地圖二	 乙三三六	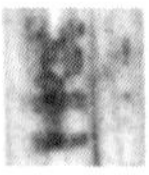 乙一七七叁	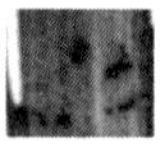 乙一六八+三七四叁	 乙一六七叁

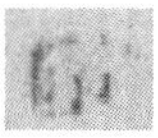	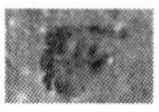		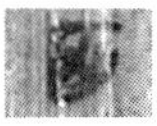				
甲四八壹	甲五二壹	甲五七壹	甲六一壹	甲六五壹	甲六九壹	乙二貳	乙二七壹
	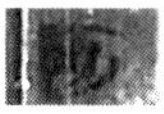		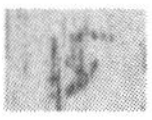	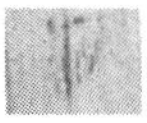	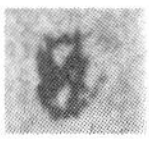		
甲四九壹	甲五四壹	甲五八壹	甲六二壹	甲六六壹	甲七〇壹	乙二貳	乙二八壹
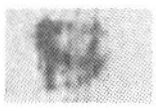		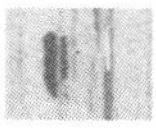	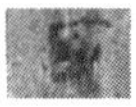	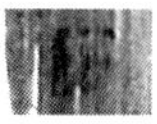		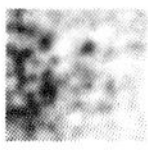	
甲五〇壹	甲五五壹	甲五九壹	甲六三壹	甲六七壹	甲七一壹	乙一八叁上	乙二九壹
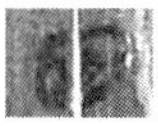		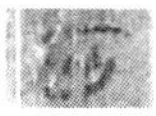		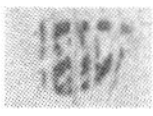	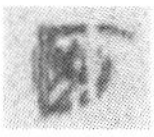		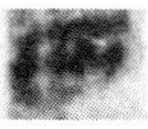
甲五一壹	甲五六壹	甲六〇壹	甲六四壹	甲六八壹	甲七二壹	乙二六壹	乙三〇壹

乙三一壹	 乙三七壹	 乙四二A+三九壹	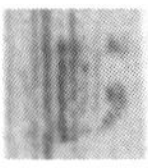 乙四五壹	 乙四九壹	乙五二壹	 乙五七壹	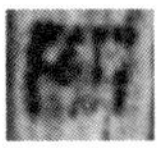 乙七五壹
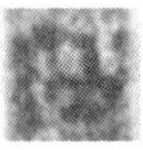 乙三二壹	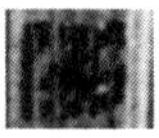 乙三八壹	 乙四二B壹	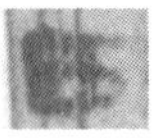 乙四六壹	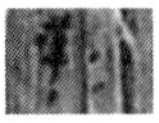 乙四九貳	 乙五三壹	 乙六〇壹	乙九三C
乙三三壹	乙四〇A壹	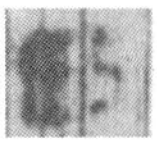 乙四三壹	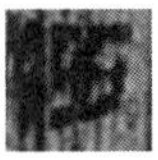 乙四七壹	 乙五〇壹	 乙五五壹	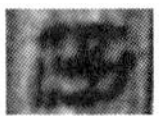 乙七四壹	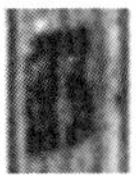 乙九三C
 乙三六壹	 乙四一壹	乙四四壹	乙四八壹	 乙五一壹	 乙五七壹	 乙七五壹	乙九四貳

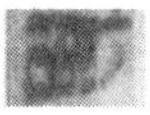

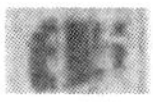

乙九五叁	乙九八叁	乙一〇一叁	乙一一五貳	乙一二五貳	乙一九九壹	乙三一七貳	乙三四二
乙九六叁	乙九九叁	乙一〇二貳	乙一一六貳	乙一三九	乙二五八B	乙三二六	地圖一A
乙九七叁	乙一〇〇叁	乙一〇二叁	乙一一八貳	乙一七四叁	乙三〇三A+三〇四	乙三三〇	地圖四A
乙九八貳	乙一〇一貳	乙一〇三貳	乙一一九貳	乙一八五肆	乙三一五	乙三四二	

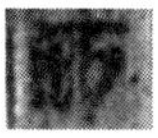

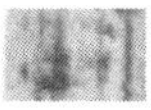

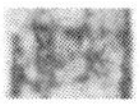

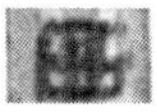

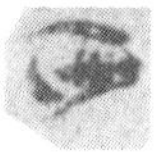

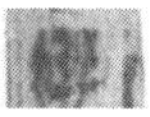

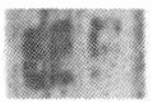

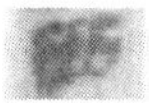

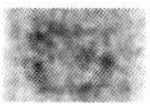

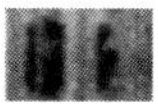

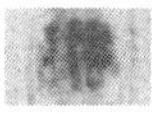

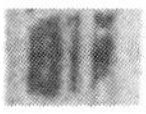

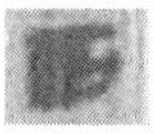

户	房	門					
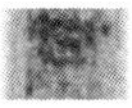		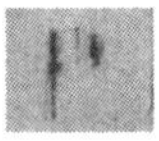		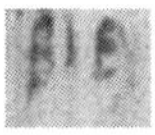			
乙一二二貳	 乙一七三壹	甲六六貳	乙四貳	乙八貳	乙一四貳	乙一七叁下	乙一八叁下
			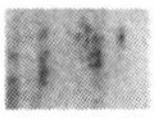		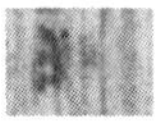		
乙一三四貳		乙一貳	乙四貳	乙九+一三貳	乙一五貳	乙一八貳	乙二〇貳
			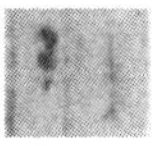	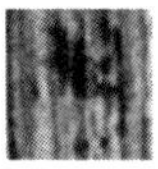	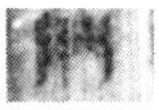	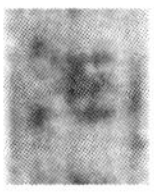	
乙二五二		乙二貳	乙五貳	乙九+一三貳	乙一六貳	乙一八貳	乙二〇叁下
					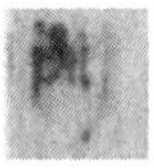	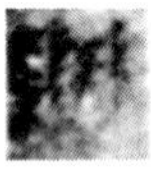	
乙二七四		乙四貳	乙六貳	乙一一貳	乙一七叁上	乙一八叁上	乙二一叁上

闉　閭

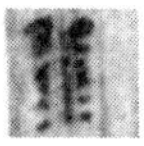	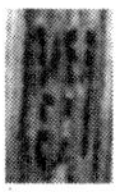	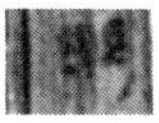		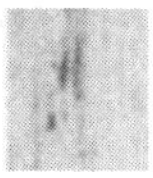	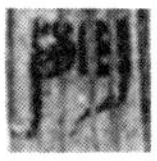		
 闉 乙一一五壹 通堙字	乙一九〇柒	乙二七四	乙一三三貳	乙九一B叁	乙五一貳	乙二四貳	乙二一叁下
	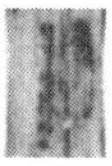	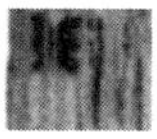		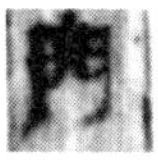		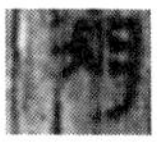	
	乙二二五 通驢字	乙三〇三B+二八九B	乙一三五貳	乙一一九壹	乙五二貳	乙四八貳	乙二二叁
					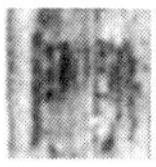	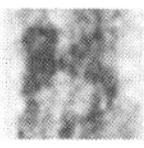	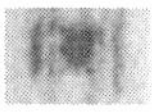
		志二	乙一六五	乙一二一壹	乙五三貳	乙四九貳	乙二三貳上
				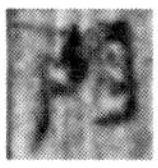	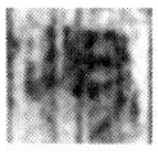	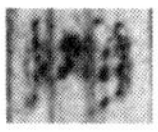	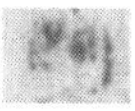
			乙二五二	乙一三三貳	乙五三貳	乙五〇貳	乙二三貳上

開

- 甲一壹
- 甲二壹 
- 甲三壹 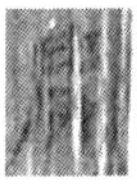
- 甲四壹 
- 甲五 
- 甲六 
- 甲七 
- 甲八 
- 甲九 
- 甲一〇 
- 甲一一 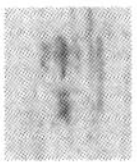
- 甲一二 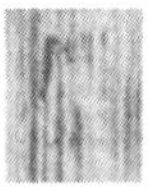
- 甲一八貳 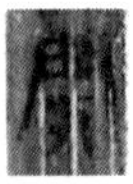
- 乙一壹 
- 乙二壹 
- 乙三壹 
- 乙四壹 
- 乙五壹
- 乙六壹
- 乙七壹 
- 乙八壹 
- 乙九+一三壹 
- 乙一〇壹 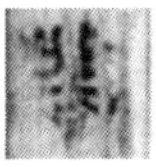
- 乙一一壹
- 乙一二壹 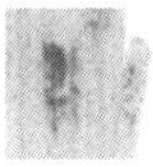
- 乙五三貳 
- 乙一一二壹 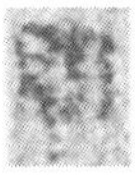

閉

- 甲一壹
- 甲二壹 
- 甲三壹 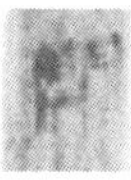
- 甲四壹

關

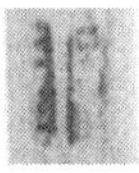 乙一二一壹	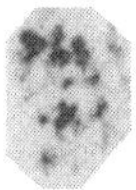 地圖二	 乙一二壹	 乙八壹	 乙四壹	 甲二〇貳	 甲九	 甲五
	 地圖二	 乙二四壹	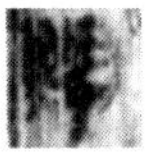 乙九+一三壹	乙五壹	 乙一壹	 甲一〇	 甲六
		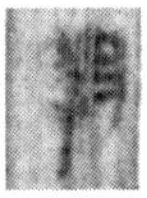 乙三三五	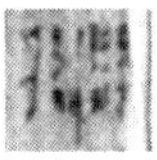 乙一〇壹	 乙六壹	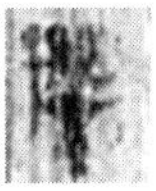 乙二壹	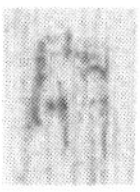 甲一一	 甲七
		 地圖一B	乙一一壹	 乙七壹	 乙三壹	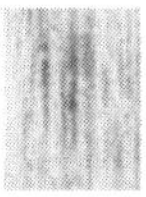 甲一二	 甲八

耳

甲三〇A+三二B

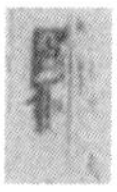

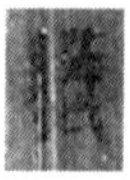

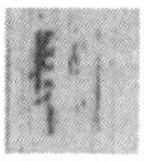

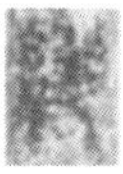

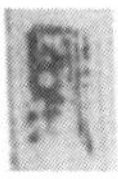

乙六六

乙二一四A+二二三

乙二二〇

乙二二五

乙三二八

聽

甲五四貳

甲五四貳

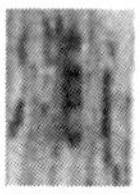

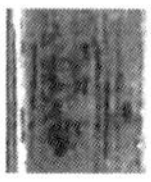

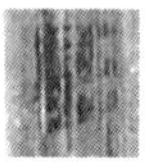

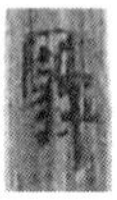

甲五七貳

甲五七貳

甲五七貳

甲五八貳

甲五八貳

甲五八貳

甲五九貳

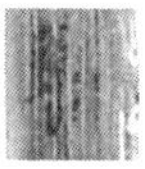

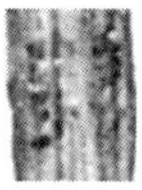

甲五九貳

甲五九貳

甲六〇貳

甲六〇貳

甲六一貳

甲六四貳

甲六五貳

乙三五貳

乙三五貳

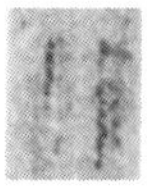

乙三七貳

乙三八貳

乙三八貳

乙三八貳

乙四〇B貳

乙四〇B貳

攘	手	聞		聲			
乙一二二貳	乙一六二A+九三A	乙二四六	乙二七七	甲三〇A+三二B	乙四六貳	乙四二A+三九貳	乙四〇B貳
	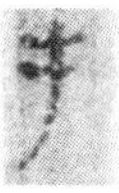 乙二一七	 乙三二二	 乙二八四	 乙六六		 乙四二A+三九貳	 乙四一貳
		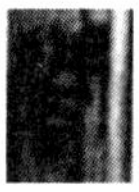 乙三三四	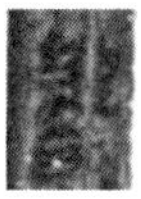 乙二八五	 乙二四四		 乙四二B貳	 乙四一貳
		 志四	 乙三三四	 乙二六〇		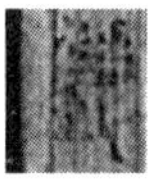 乙四五貳	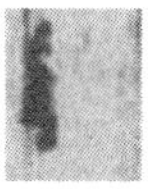 乙四二A+三九貳

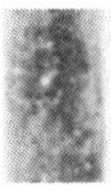

摯

甲一壹	甲五	甲九	甲一八壹	乙三壹	乙七壹	乙一一壹	乙二〇壹
甲二壹	甲六	甲一〇	甲二〇壹	乙四壹	乙八壹	乙一二壹	以上各例均通執字
甲三壹	甲七	甲一一	乙一壹	乙五壹	乙九+一三壹	乙一八壹	
甲四壹	甲八	甲一二	乙二壹	乙六壹	乙一〇壹	乙一八壹	

操		把	擇	投			
甲二五貳 通躁字	乙一三八	乙一四四壹	甲六六貳	乙一七三叁	乙二〇九	乙二一三	乙二一七
乙六四壹 通躁字	乙一四〇		乙一六五	乙二〇六	乙二一〇	乙二一四A+二二三	乙二一八
乙一三一壹				乙二〇七	乙二一一	乙二一五	乙二一九
乙一三四壹				乙二〇八	乙二一二	乙二一六	乙二二〇

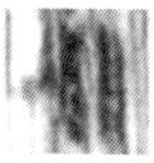

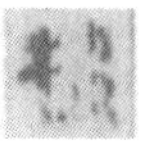

乙二四七B	乙二四三	乙二四一	乙二三八	乙二三四壹	乙二三〇	乙二二七	乙二二一
乙二五二	乙二四三	乙二四一	乙二三九	乙二三五壹	乙二三一	乙二二八	乙二二三
乙二八七	乙二四三	乙二四一	乙二四〇	乙二三六壹	乙二三二	乙二二九	乙二二四
乙二九三	乙二四三	乙二四二	乙二四一	乙二三七壹	乙二三三壹	乙二二九	乙二二五

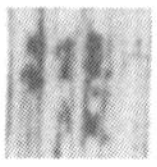

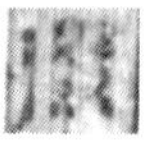

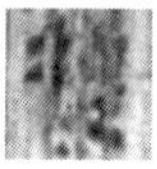

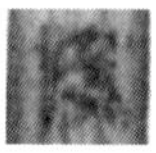

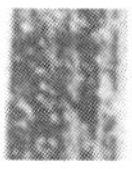

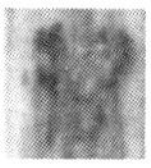

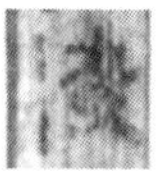

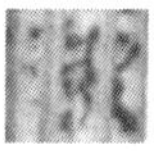

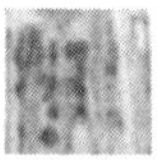

失			㨼※	損	擅		
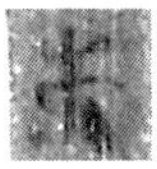 甲五二貳 通昳字	 甲四七貳 通昳字	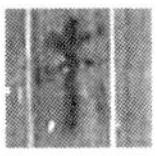 甲四三貳 通昳字	 乙三三四 通篌字	 乙三三九	 乙二七一	 乙三四五	乙二九五
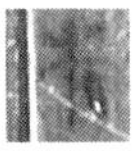 甲五三貳 通昳字	 甲四八貳 通昳字	甲四四貳 通昳字					 乙三二二
 乙一一貳	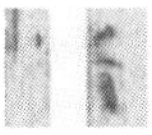 甲五〇貳 通昳字	 甲四五貳 通昳字					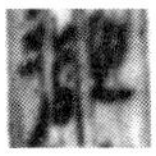 乙三三八
 乙二七貳 通昳字	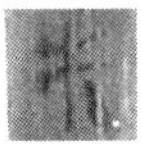 甲五一貳 通昳字	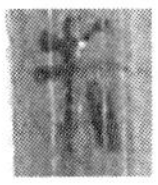 甲四六貳 通昳字					乙三四二

女

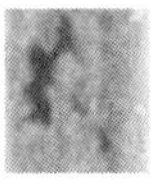

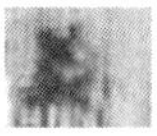

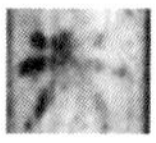

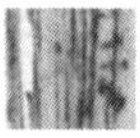

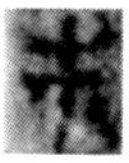

乙二八貳 通昳字	乙三二貳 通昳字	乙七九壹 通昳字	乙一一八貳	乙二四四	甲一貳	甲二貳	甲一六貳
乙二九貳 通昳字	乙三三貳 通昳字	乙一一五貳	乙一一九貳	乙二六四	甲二貳	甲三貳	甲一七貳
乙三〇貳 通昳字	乙三四貳 通昳字	乙一一六貳	乙一二〇貳	乙三〇九	甲二貳	甲一六貳	甲一七貳
乙三一貳 通昳字	乙五四+二五貳 通昳字	乙一一七貳	乙一八三伍 通昳字	乙三二四	甲二貳	甲一六貳	甲一七貳

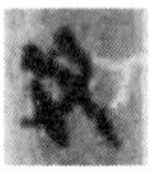

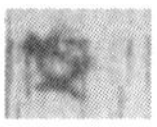

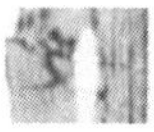

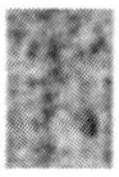

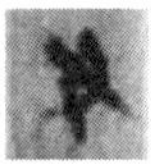

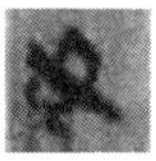

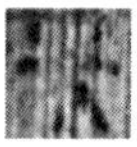

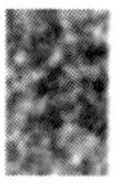

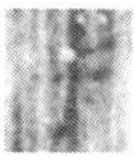

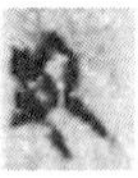

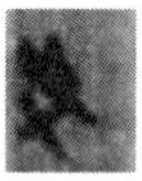

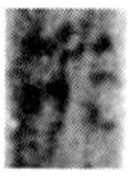

乙一三九	乙一一三壹	乙一〇二壹	乙九一A+九三B+九二	乙六二壹	乙六貳	甲二五貳	甲一九貳
乙一四二	乙一二八	乙一〇八B壹	乙九一A+九三B+九二	乙六四壹	乙五六壹	甲二七	甲一九貳
乙一四二	乙一二九壹	乙一〇九壹	乙九一A+九三B+九二	乙九一A+九三B+九二	乙五八壹	甲二九壹	甲二三
乙一四二	乙一三一貳	乙一一一壹	乙九一A+九三B+九二	乙九一A+九三B+九二	乙六〇壹	甲三四	甲二五壹

嫁　嫣

	嫁	嫣					
 乙二五八A+三七一	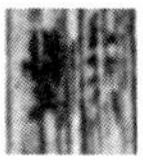 乙一二八	 乙二二〇	 乙三三四	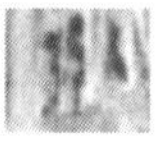 乙二九三	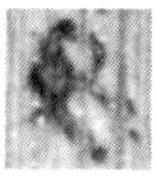 乙二五八A+三七一	 乙一四三	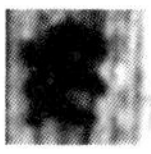 乙一四二
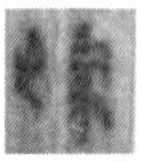 乙二六七	 乙一二九壹		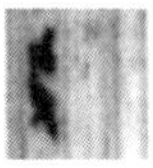 乙三三四	 乙二九三	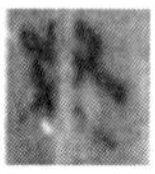 乙二六七	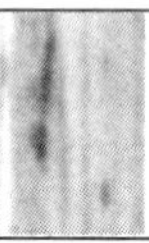 乙二一八	 乙一四二
	 乙二五六		 乙三四一	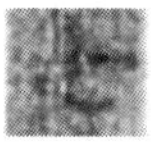 乙三一〇	乙二八七	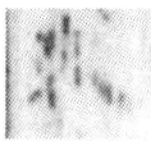 乙二五六	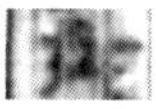 乙一四二
	 乙二五七		 乙三五七	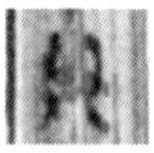 乙三二九	乙二九一	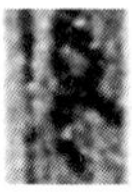 乙二五七	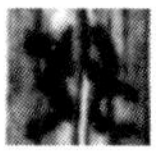 乙一四三

姑				母			婦
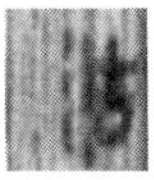 乙一九八貳	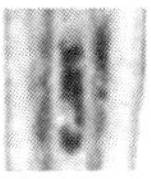 乙一八二陸	 乙一七三叁	 乙一二九貳	 乙一〇八A+一〇七壹	 乙二六七	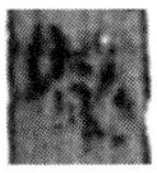 乙二五二	 乙六貳
 乙二〇三貳	 乙一八三陸	 乙二四三	 乙一三三壹	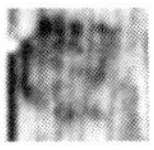 乙一〇九壹	 乙三五一	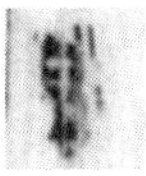 乙二五六	 乙八貳
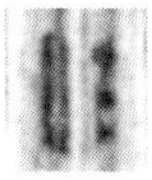 乙二一八	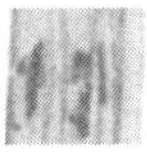 乙一八三柒	 乙三三六	 乙一三七	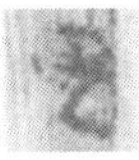 乙一一〇壹		 乙二五七	 乙一二八
乙二一九	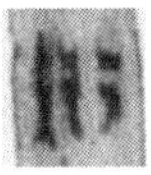 乙一九三	 乙三八一	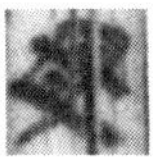 乙一七二叁	 乙一一二壹		 乙二五八A+三七一	 乙二五〇

如　好　始

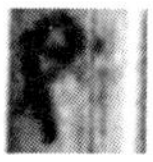 乙三三四	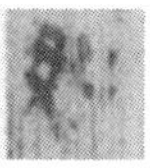 乙三三四	乙二九四	 甲三貳	 乙七貳	 乙一七叁下	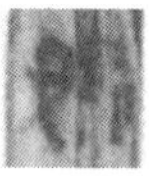 乙二五九+二四五	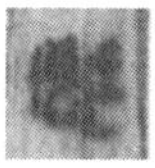 乙二二〇
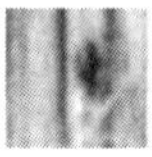 乙三五二	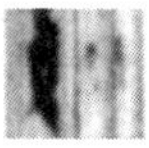 乙三三四	 乙二九六	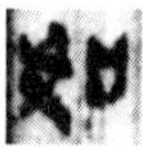 乙九一A+九三B+九二	 乙二一四A+二二三	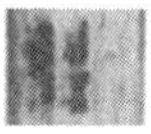 乙一六四	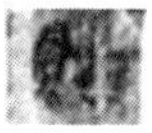 乙二六八	 乙二四六
乙三五三	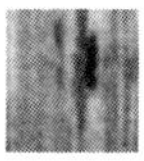 乙三三四	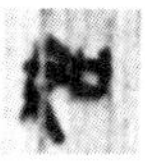 乙三二一	 乙二七七		 乙二七二	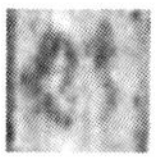 乙二八六	乙二五七
 乙三五四	 乙三三四	 乙三三四	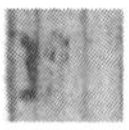 乙二九一		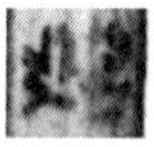 乙二九九	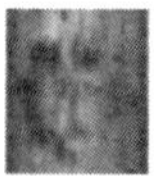 乙二八六	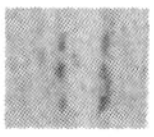 乙二五八A+三七一

婁				毋			
乙三五五	乙一八叁 通寠字	乙二八三 通數字	乙三五九 通數字	甲一九壹 通無字	乙一五貳 通無字	乙九六貳	乙九九貳
志五	乙一六〇	乙二八三 通數字	乙三五九 通數字	甲六七貳 通無字	乙一九壹 通無字	乙九七貳	乙一〇九壹 通無字
	乙一七四貳	乙二八三 通數字		乙一貳 通無字	乙九五貳	乙九七叁	乙一一一壹 通無字
	乙二八三 通數字	乙二八八 通數字		乙三貳	乙九五叁	乙九八貳	乙一二三壹

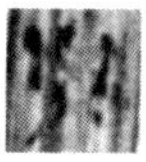 乙一二四壹	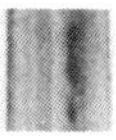 乙一八九陸 通無字	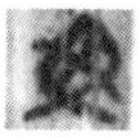 乙二〇八 通無字	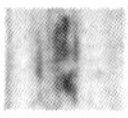 乙二四一 通無字	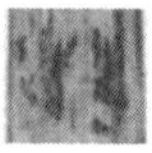 乙二五二 通無字	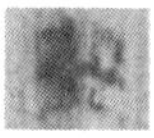 乙二八〇 通無字	乙三一五	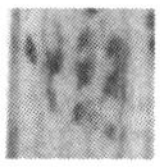 乙三二〇
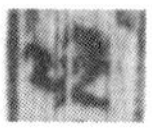 乙一四四壹 通無字	 乙一八九柒 通無字	乙二三六壹 通無字	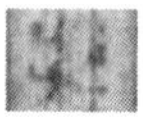 乙二四三 通無字	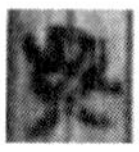 乙二五五 通無字	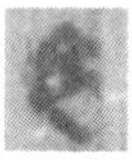 乙二九〇 通無字	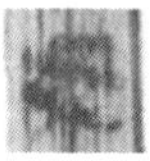 乙三一五	乙三四二
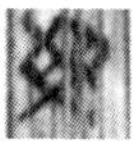 乙一六五 通無字	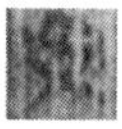 乙一九七貳 通無字	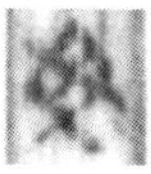 乙二三七壹 通無字	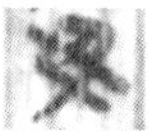 乙二五〇 通無字	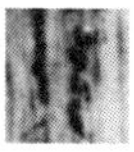 乙二五六 通無字	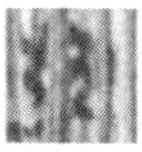 乙二九七 通無字	 乙三一五	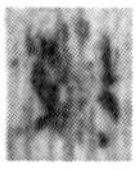 乙三五七 通無字
 乙一八八陸 通無字	 乙二〇四貳 通無字	 乙二四一 通無字	 乙二五一 通無字	 乙二七九 通無字	 乙三一五	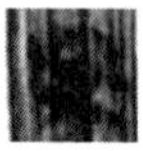 乙三一五	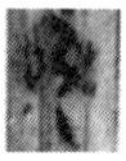 乙三五七 通無字

氐　氐　　　　弗　民

氐	氐				弗	民	
甲二一貳	志三	志七	乙二五九+二四五	乙二四貳	甲七一貳	乙一五八	乙三六五+二九二 通無字
乙二二壹			乙二八一	乙二四叁下	甲七二貳	乙二七九	志五
乙五三貳			乙三〇七	乙九一B叁	乙一六叁		志七
乙一六八+三七四壹			乙三四六	乙二四六	乙一七貳		志七

賊	戰	或		武	直		
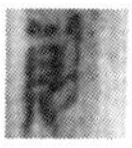  乙二七七	 乙三四六	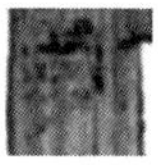 乙二五二	 乙二七五	 志二	 甲六七貳	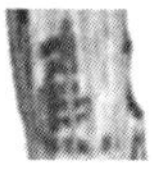 乙三〇〇 通值字	 乙三四七貳 通德字
		 乙二五四	 乙二九一	 志二	乙五三貳 通值字	乙三〇八貳 通值字	 乙三五五
		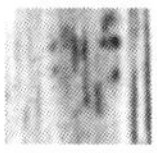 乙二五八B	 乙二九四		 乙一六五	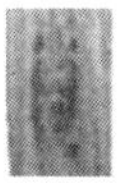 乙三二八 通值字	 乙三五五
		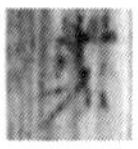 乙二五八B	 乙三一三		乙二六四 通值字	 乙三四七貳 通值字	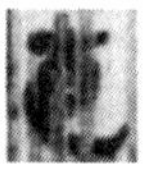 乙三五六 通值字

亡

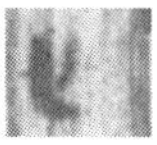

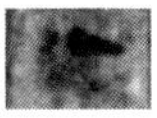

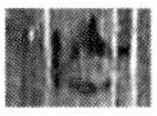

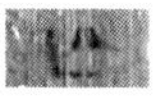

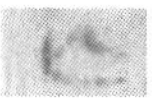

甲一四	甲二四壹	甲二六	甲二八	甲三一	甲三五	乙五七壹	乙五九壹
甲一八壹	甲二四貳	甲二六	甲二九壹	甲三二A+三〇B	乙一五壹	乙五八壹	乙六〇壹
甲二二	甲二五壹	甲二六	甲二九貳	甲三三	乙五五壹	乙五九壹	乙六一壹
甲二三	甲二五貳	甲二七	甲三〇A+三二B	甲三四	乙五六壹	乙五九壹	乙六二壹

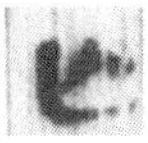

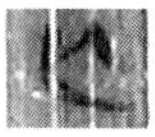

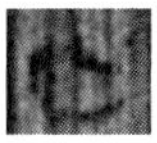

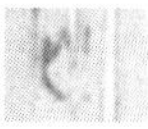

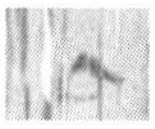

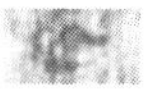

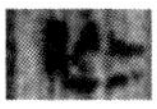

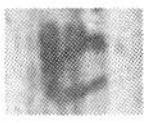

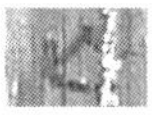

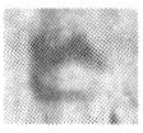

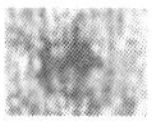

乙二六四	乙一三四壹	乙一二四壹	乙一一四貳	乙一〇八B叁	乙九〇	乙六八	乙六三壹
乙二七五	乙一三五壹	乙一二八	乙一二〇壹	乙一〇九叁	乙一〇三叁	乙六九	乙六四壹
乙二八一	乙一三七	乙一三〇壹	乙一二二壹	乙一一一貳	乙一〇五貳	乙七一	乙六六
乙二八七	乙二四六	乙一三一壹	乙一二三壹	乙一一一貳	乙一〇六貳	乙九〇	乙六七

引	張	匜	匿	無	乍		
乙一〇六壹	乙一三三貳	甲二八	乙三五六 通匽字	乙二七七	地圖一B	乙三一七壹	乙二八七
乙二六二	乙一七二貳	乙六一壹		乙三七六		乙三二二	乙二八七
		乙一一八壹		以上字形同無字奇文无形		乙三二二	乙二九四
							乙三〇八壹

發	孫
發 乙二五九+二四五	乙一〇一壹
	乙一〇八A+一〇七壹
	志三
	志三

卷十三

字頭	出處
經	乙三貳
紀	乙二八三
絶	甲二四貳
	乙三貳
	乙三貳
	乙二八三
	乙三〇八壹
細	乙二二一
結	乙三五五
終	志五

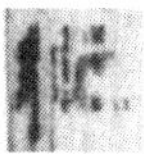

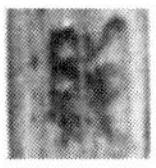

綠	緣	纍	虫	雖		强	蚤
乙二二八	乙二〇九	乙三四六 通雷字	甲三四	甲一九壹 通唯字	乙一九 通唯字	志三	甲二六 通早字
			乙一五七	甲七三貳 通唯字	乙六五壹 通唯字	志三	乙五九壹 通早字
			乙一五七	乙一一貳 通唯字	乙九四壹 通唯字		乙一八一肆 通早字
			以上三例通蟲字	乙一一貳	乙二五二		乙二八六 通早字

蛇		它			風	蠱	蚩
乙二一九	志五	甲三二A+三〇B	乙一六六	乙一六六	乙一六二A+九三A	乙二四三	乙二八五 疑通去字
		乙六八	乙一八二叁	乙一六六	乙一六三	乙二八五	
		乙一三七	乙一九二	乙一六六	乙一六六		
		乙一三七	乙二〇九	乙一六六	乙一六六		

龜

乙二三〇

乙二三一

乙二三二

黿

乙二三二

鼉

乙二三一

二

甲二壹

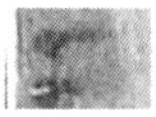

甲六四壹

乙一二壹

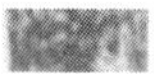

乙三五壹

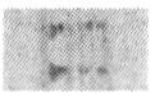

乙六五壹

甲一二

甲七三貳

乙二〇叁上

乙四五壹

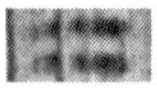

乙七九貳

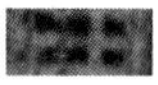

甲四四壹

乙二壹

乙二二叁

乙五七貳

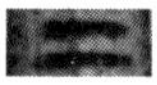

乙八二壹

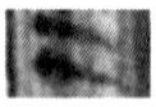

甲五四壹

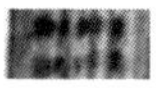

乙六貳

乙二六壹

乙五八叁

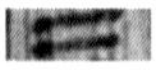

乙八四壹

乙二〇〇貳	乙一八三叄	乙一七〇+三二五壹	乙一六七壹	乙一五八	乙一四一	乙一〇六壹	乙八四壹
乙二〇二貳	乙一九〇柒	乙一七四壹	乙一六七貳	乙一六〇	乙一四一	乙一一四貳	乙八六貳
乙二〇五貳	乙一九三	乙一七五叄	乙一六九壹	乙一六〇	乙一五五	乙一二六貳	乙九四壹
乙二五八B	乙一九九貳	乙一八一柒	乙一六九叄	乙一六六	乙一五八	乙一四〇	乙一〇四貳

凡　恆　亟

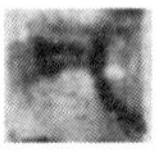 甲二四貳	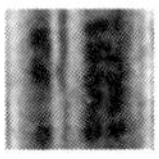  乙二〇九	  乙一二八	乙三五〇	乙三四五	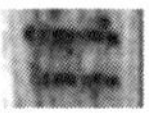 乙三二六	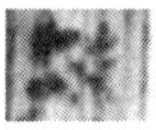 乙二八六	乙二八三
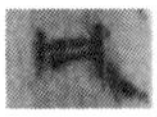 甲七三貳	 乙二二七 通亘字		乙三六一壹	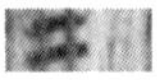 乙三四九	乙三二六	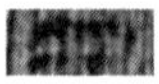 乙三〇一	乙二八四
 乙六五壹	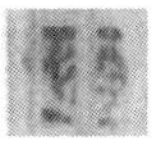 乙二七八			乙三四九	乙三三三	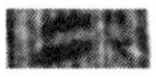 乙三〇一	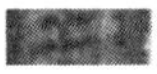 乙二八五
 乙九九壹				乙三四九	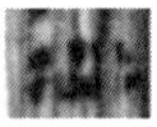 乙三四一	乙三〇二	乙二八六

土

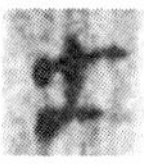 甲二四貳	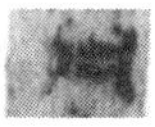 志六	 乙三三七	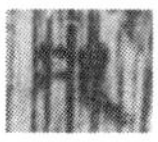 乙三一五	 乙一四一	 乙一三五壹	 乙一三二壹	乙一一二壹
甲三〇A+三二B		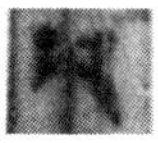 乙三四五	 乙三一六	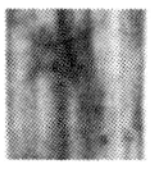 乙二六二	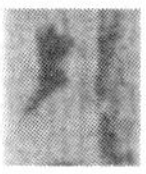 乙一三六	 乙一三三壹	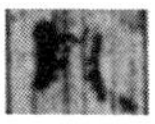 乙一一三壹
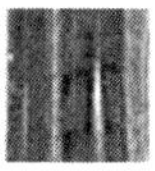 甲三五		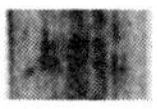 乙三五九	 乙三三三	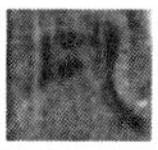 乙二八三	 乙一三九	 乙一三三貳	 乙一一四壹
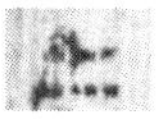 乙六六		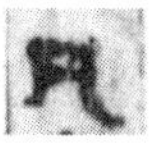 乙三六三	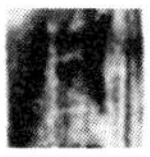 乙三三七	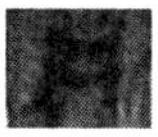 乙三〇八壹	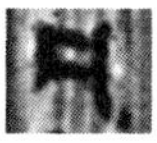 乙一四〇	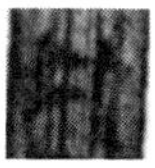 乙一三四壹	 乙一二四壹

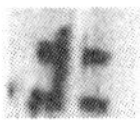	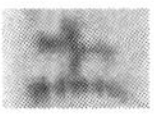	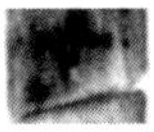	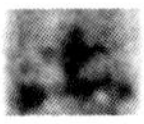			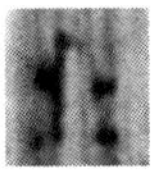	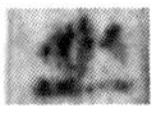
乙七一	乙九七貳	乙一三二壹	乙一三五壹	乙一五四	乙一八五壹	乙二一八	乙三四七貳
		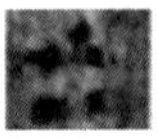	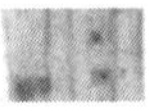	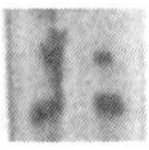	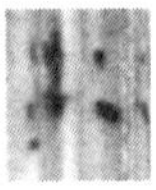	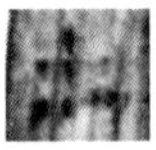	
乙七七貳	乙一二二貳	乙一三三壹	乙一三八	乙一八三肆	乙一八五肆	乙二九五	乙三四七貳
	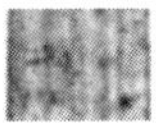			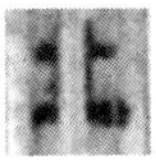	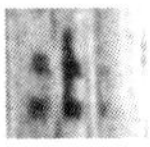	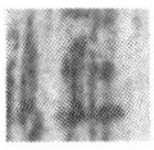	
乙七七貳	乙一三一壹	乙一三四壹	乙一四〇	乙一八四壹	乙二〇九	乙三〇六	
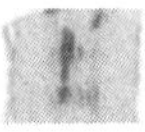	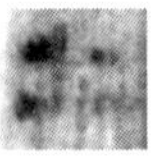			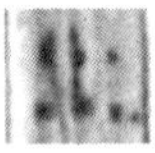	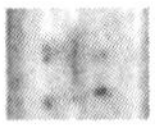	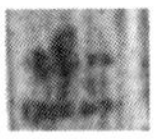	
乙九三C	乙一三二壹	乙一三五壹	乙一四〇	乙一八四肆	乙二一六	乙三〇八壹	

地

垣

			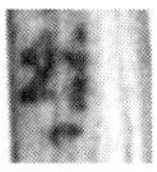		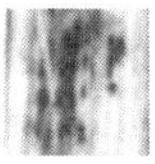		
乙一三九	乙一三六	乙一三三壹	乙一一六壹	乙九四壹	志六	乙一三六	甲六七貳
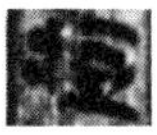	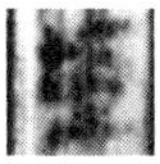	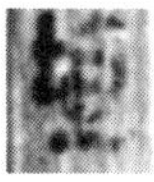			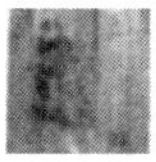		
乙一四一	乙一三七	乙一三三壹	乙一一九壹	乙一〇一壹	志六	乙一六五	乙一二二貳
			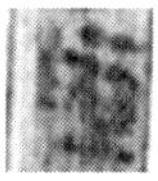				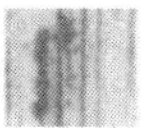
乙三六三	乙一三七	乙一三五壹	乙一三〇壹	乙一〇一壹		乙一八三叁	乙一三四壹
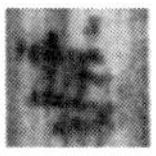	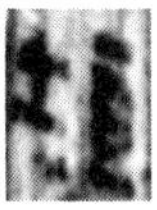	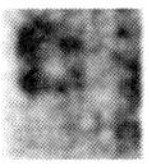	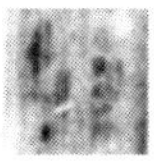				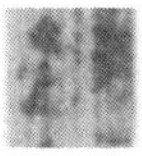
志一	乙一三九	乙一三五壹	乙一三二壹	乙一一五壹		志四	乙一三六

在					壁	堵	
乙五五壹	甲三九	甲二七	甲二五壹	甲二二	乙一六八+三七四叁	乙一三五壹	志二
乙五六壹	甲四〇	甲二八	甲二五壹	甲二二	辟 乙一七八壹	乙一四一	
乙五七壹	甲四一	甲三七	甲二六	甲二三			
乙五八壹	乙五五壹	甲三八	甲二七	甲二四壹			

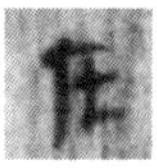

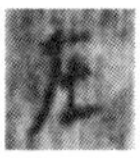

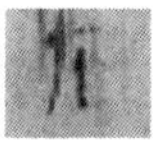

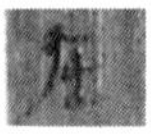

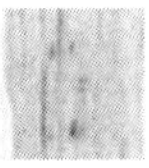

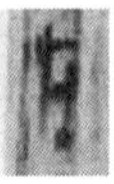

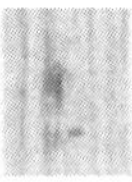

 乙二七五	 乙二六九	乙二六〇	 乙一一八貳	乙一一六貳	 乙七七壹	 乙六一壹	 乙五八壹
乙二七九	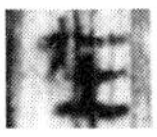 乙二七〇	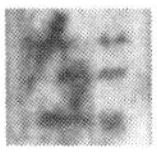 乙二六二	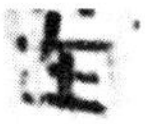 乙一一九貳	 乙一一七貳	乙一一五貳	 乙七三壹	 乙五九壹
 乙二七九	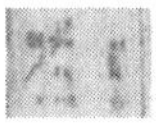 乙二七二	 乙二六四	乙一一九貳	 乙一一七貳	 乙一一五貳	 乙七四壹	 乙六〇壹
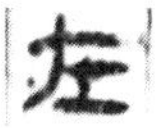 乙二八一	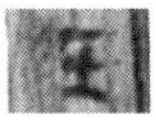 乙二七四	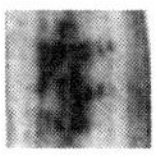 乙二六六	乙二五五	 乙一一八貳	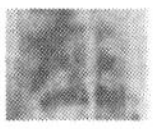 乙一一六貳	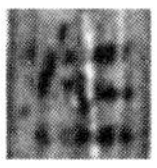 乙七五壹	 乙六〇壹

塞	增	城	墨	封	坐	堂	
甲七三貳	乙二八一 通憎字	乙三五一	志四	地圖一A	乙一六二A+九三A	地圖一A	乙三〇八貳
乙六五						地圖一A	乙三四二
						地圖四B	乙三四七貳

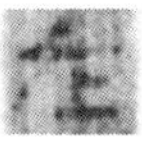

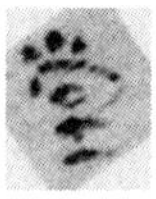

里	堯	⿱散土※	⿱漑土※	墓	壞	毀	
乙一二三壹	乙二七二	乙二八一	甲七三貳	志三	乙五二貳	乙一一〇壹	乙一〇八A+一〇七壹
乙一二六貳		此形一說釋為⿱散土；一說釋為睦，讀為膝	乙六五壹	志五	乙九四壹	乙一四〇	乙二四二
乙一二六貳					乙一一五壹	以上兩例爲毀字異體	
乙三一四							

田		野	釐				
 甲七三壹	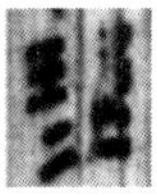 乙三三四	 甲三三	 志五	 地圖三A	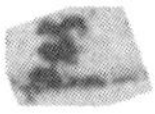 地圖二	 地圖一A	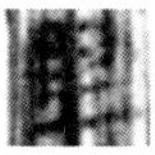 乙三一九
甲七三壹	 乙三三六	 乙六九		 地圖三A	 地圖二	 地圖一A	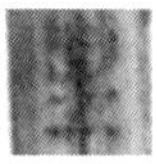 志一
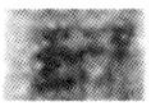 乙二六八	 乙三三六	乙二六五			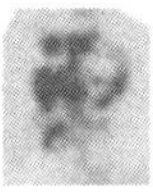 地圖二	 地圖二	 志一
 乙二七〇	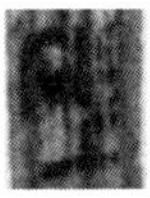 乙三五四	 乙二七二			 地圖二	 地圖二	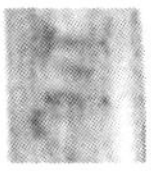 志一

畜 當 界 略

乙三〇三B+ 二八九B	乙二二壹	甲一三	甲四〇	乙二八七	乙二七九	地圖一A	乙二七一
乙三〇九	乙一〇二壹	甲二一貳	乙七六壹			地圖一B	乙三五七
乙三五二	乙二五〇	乙一四壹	乙三五七				地圖一A
乙三五三	乙二八九A	乙一四貳	志三				地圖一A

					黄	昄※	
乙二四六	乙二四一	乙二一八	乙二〇六	乙一九三	甲二七	 昄 地圖一B	乙三五四
 乙二四七B	 乙二四二	 乙二三二	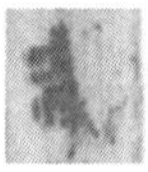 乙二〇六	 乙一九四貳	 乙六〇壹		
 乙二五七	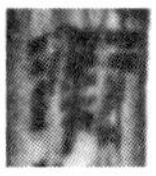 乙二四三	 乙二三六壹	 乙二〇七	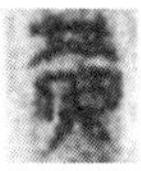 乙一九六壹	 乙一七九陸		
 乙二五九+二四五	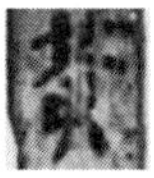 乙二四四	 乙二三七壹	 乙二〇八	乙一九九貳	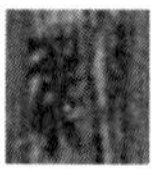 乙一七九柒		

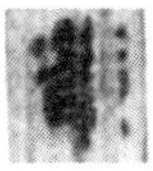

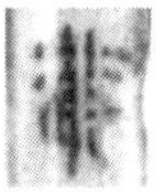

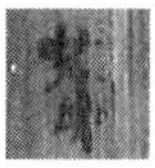

男

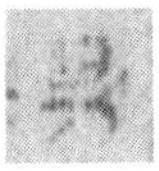 乙六一壹	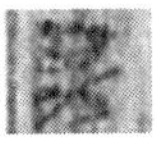 乙一七叁下	 甲二六	 甲一九貳	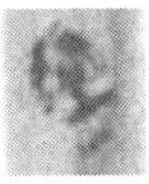 甲一六貳	 甲一貳	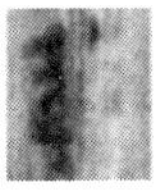 乙三三三	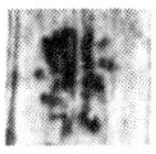 乙二六〇
 乙六三壹	 乙五五壹	 甲二八	 甲一九貳	 甲一七貳	 甲三貳	 乙三三三	 乙二六〇
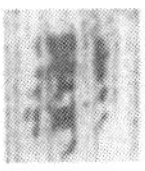 乙九一A+九三B+九二	 乙五七壹	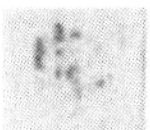 甲二九貳	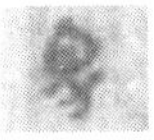 甲二二	 甲一七貳	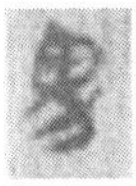 甲一六貳		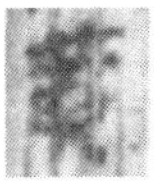 乙二六一
 乙九一A+九三B+九二	乙五九壹	甲三四	 甲二四壹	 甲一七貳	 甲一六貳		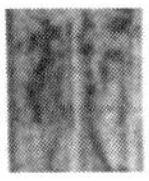 乙二八三

務　　畾

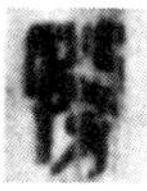 乙二七七	 乙三四六 通雷字	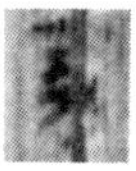 乙三三四	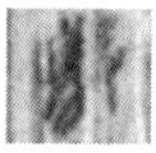 乙二九三	 乙一四三	 乙一四二	乙一三〇貳	 乙一〇九壹
	 乙三四六 通雷字	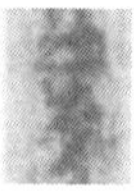 乙三三九	 乙二九三	 乙一四三	 乙一四二	 乙一三九	 乙一一〇壹
	 乙三四六 通雷字		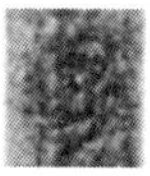 乙三一〇	 乙二一八	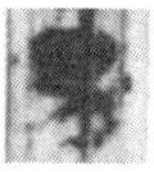 乙一四二	 乙一四二	 乙一一一壹
			 乙三三四	 乙二八七	 乙一四三	 乙一四二	 乙一一四壹

勶	勝	
乙一五壹 通徹字	乙二八一	乙三四七貳
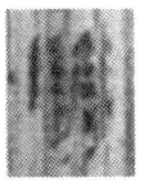	乙二八二	乙三四七貳
	乙三三七	乙三四九
	乙三四〇	

卷十四

金

鐘

 乙一八貳	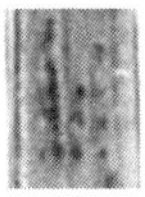 乙一八六肆	 乙一七九陸	 乙一八二柒	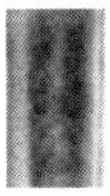 乙一八八陸	 乙二〇一貳	 乙二〇七
 乙七四貳	乙一八七肆	 乙一七九陸	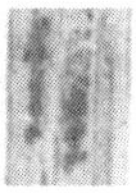 乙一八三陸	 乙一九〇柒	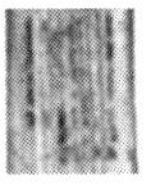 乙二〇五貳	 乙二一五
 乙一八五貳	 乙一八九貳	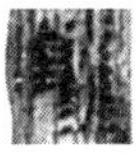 乙一七九柒	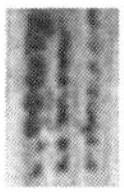 乙一八四陸	 乙一九三	 乙二〇六	 乙二一六
 乙一八六壹	 乙二七七	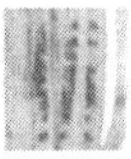 乙一八〇陸	 乙一八六柒	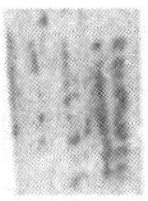 乙一九三	 乙二〇六	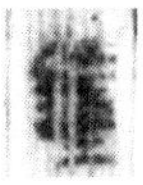 乙二一七

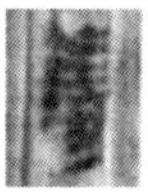

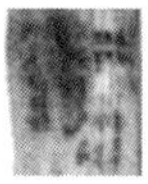

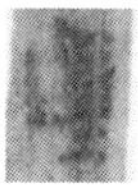

乙二六〇	乙二五七	乙二五五	乙二五四	乙二四七B	乙二四三	乙二三九	乙二二七
乙二六一	乙二五七	乙二五五	乙二五四	乙二五三	乙二四四	乙二四〇	乙二二八
乙二六六	乙二五九+二四五	乙二五六	乙二五四	乙二五三	乙二四六	乙二四一	乙二二九
乙二六六	乙二六〇	乙二五六	乙二五五	乙二五三	乙二四七B	乙二四二	乙二三八

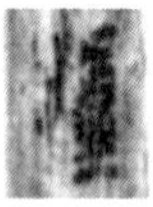

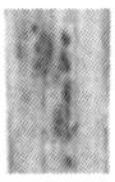

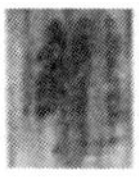

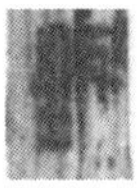

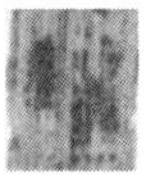

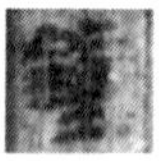

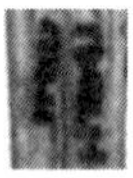

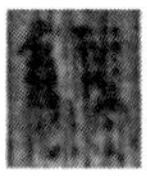

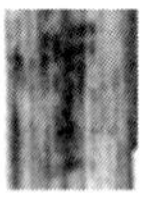

銘　銜　錢

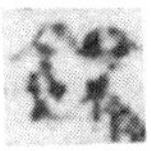 地圖三A	 乙一〇六壹	  乙二七四	 乙三六八	 乙三三三	 乙二八七	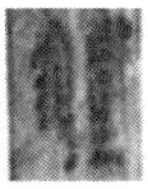 乙二八三	 乙二七四
		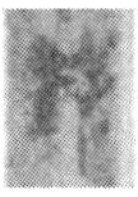 乙二九五		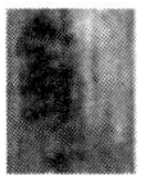 乙三三三	 乙二八七	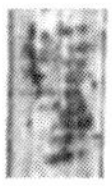 乙二八六	 乙二七四
				 乙三三七	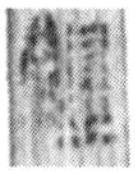 乙二九三	 乙二八六	 乙二八一
				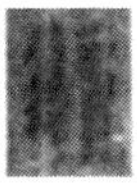 乙三五九	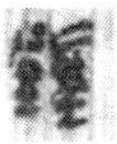 乙三二一	 乙二八七	 乙二八一

所		斲		且			處
甲三二A+三〇B	乙二九六 通鬬字	乙二五八B 通鬬字	乙三五六	乙二四八	乙三五三	乙二六八	甲二一貳
甲三八		乙二七七 通鬬字	乙三五七	乙二五五	乙三七五	乙三〇三B+二八九B	乙二二壹
甲四二壹		乙二七七 通鬬字		乙二九〇		乙三五二	乙二四八
乙一貳		乙二八二 通鬬字		乙二九〇		乙三五三	乙二六〇

 乙三四七貳	 乙三三八	 乙三一九	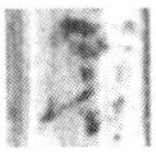 乙二八七	乙二六〇	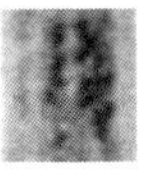 乙一九九壹	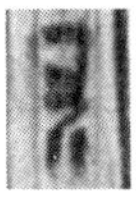 乙九三C	 乙二〇貳
	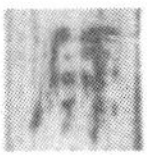	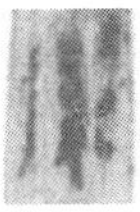				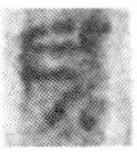	
乙三五五	乙三四三	乙三二八	乙二九三	乙二八〇	乙二〇〇壹	乙一九六壹	乙二二叁
	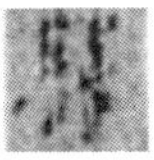	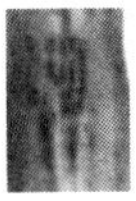	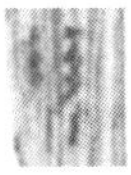	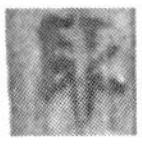	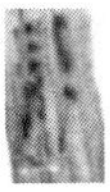	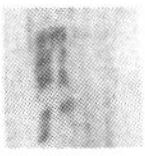	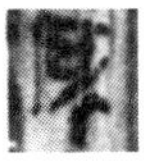
乙三五九	乙三四三	乙三三六	乙二九七	乙二八四	乙二四八	乙一九七壹	乙六八
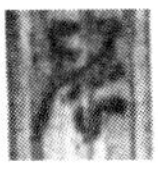			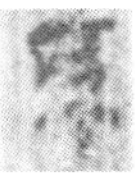	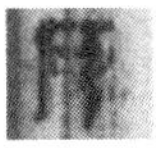	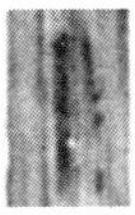		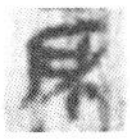
乙三六五+二九二	乙三四七貳	乙三三七	乙三〇八貳	乙二八五	乙二四八	乙一九八壹	乙七四壹

輒	輅	輿	輕	車	斗	新	
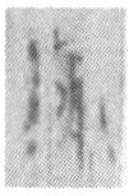		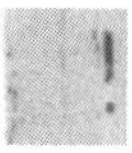	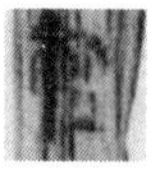	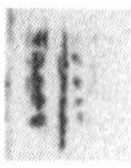	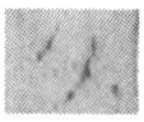	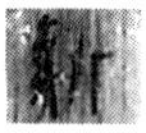	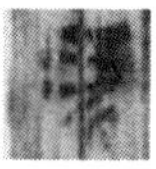
甲三〇A+三二B	乙二七八	乙三六一貳	 乙二九七	乙五貳	甲六六貳	甲六九貳	乙三七三貳
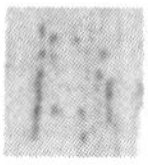							
乙一〇貳		地圖三A		乙九+一三貳	乙一六五	乙二七二	志二
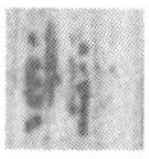					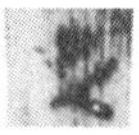		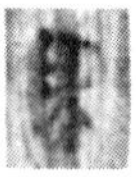
 乙六六		地圖四A		乙三六二壹	乙一七〇+三二五壹	乙三〇五	志七

				乙三七七			

陰	官	斬	轉		軍	轂	軫
乙一一四壹	乙一二八	乙二七二	乙二九四	乙三四六	乙四貳	 乙一〇四壹	乙一六八+三七四叁
乙二一五	乙三〇九				乙三四六		 乙一七八貳
乙二六二	乙三六六				乙三四六		
乙二八三					乙三四六		

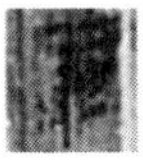

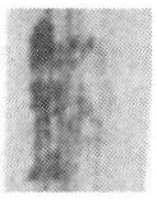

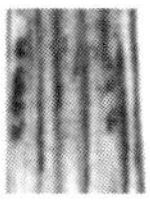

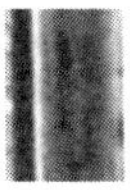

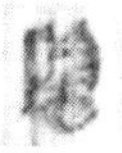

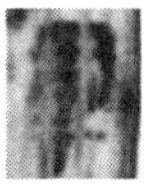

陳	隕	降	阿		陽		
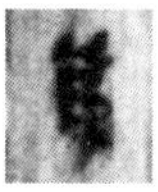  陳 志一	 乙二三二	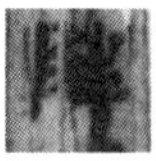  降 乙二八五	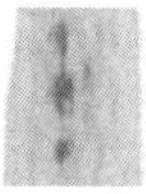 乙一八一柒	 地圖三A	 乙二六二	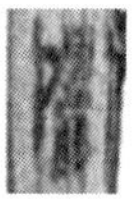 乙九三C	乙三三九
			  阿 乙一八二柒	地圖三A	 乙二八三	 乙一一三壹	 乙三五〇
					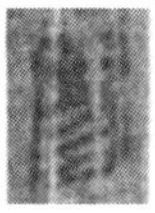 乙三五九	 乙一八九柒	 乙三五九
					 地圖三A	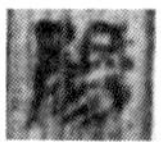 乙二六〇 通唐字	

陶　除

陶	除	除	除	除	除	除	除
乙二六壹	甲一壹	甲五	甲九	甲一四	乙二壹	乙六壹	乙一〇壹
乙二六六	甲二壹	甲六	甲一〇	甲一四	乙三壹	乙七壹	乙一一壹
乙二八四	甲三壹	甲七	甲一一	甲六七貳	乙四壹	乙八壹	乙一二壹
乙二八五	甲四壹	甲八	甲一二	乙一壹	乙五壹	乙九+一三壹	乙一五壹

四　陲

四	四	四	陲	陲	陲	陲	陲
乙五五貳	乙四壹	甲四壹	陲 乙三四五 通垂字	志七	乙三四二 通餘字	乙三三五	乙一五壹
乙五九貳	乙二八壹	甲四六壹			乙三五〇	乙三四二	乙一一二壹
乙八一貳	乙三七壹	甲五六壹			乙三五五	乙三四二	乙一六五
乙八五壹	乙四七壹	甲六六壹			乙三五五	乙三四二	乙一七二叁

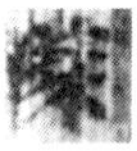

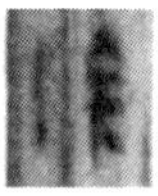

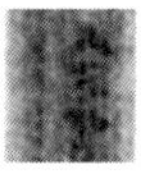

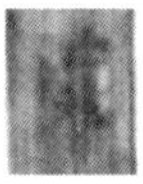

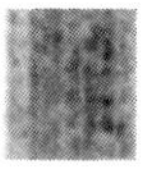

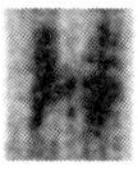

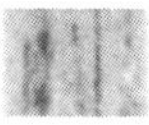

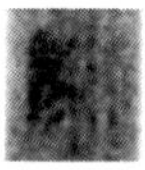

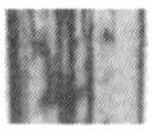

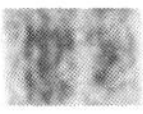

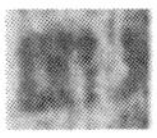

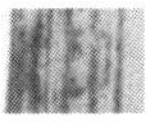

乙一九一貳	乙一八三柒	乙一七五叁	乙一六八+三七四貳	乙一五八	乙一一六貳	乙九九壹	乙九五壹
乙一九三	乙一八五貳	乙一七五叁	乙一六九貳	乙一六〇	乙一三九	乙一〇〇貳	乙九六壹
乙一九六貳	乙一八六柒	乙一七五叁	乙一六九叁	乙一六〇	乙一四一	乙一〇三壹	乙九七壹
乙一九六貳	乙一八六叁	乙一七五叁	乙一七一壹	乙一六六	乙一五八	乙一〇六貳	乙九八壹

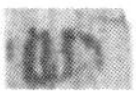

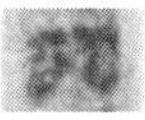

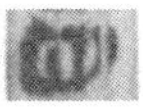

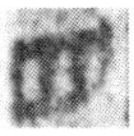

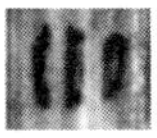

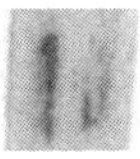

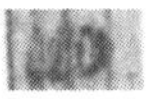

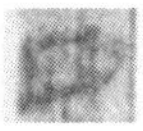

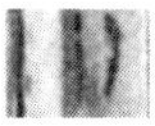

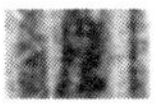

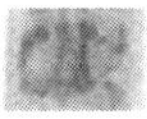

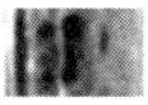

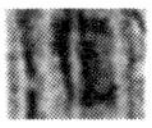

五

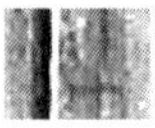 甲五	 志四	乙三四九	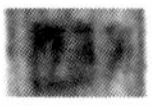 乙三四八	乙三四二	乙二八三	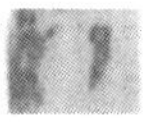 乙二〇三貳	乙一九七貳
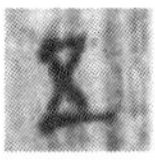 甲二二	 志四	 乙三五〇	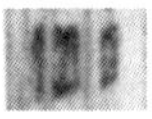 乙三四九	乙三四二	乙二八三	 乙二〇三貳	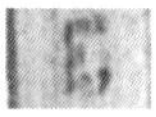 乙一九七壹
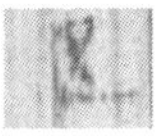 甲二六		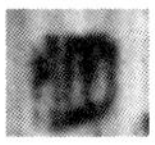 乙三五五	乙三四九	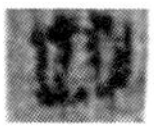 乙三四三	乙三〇一	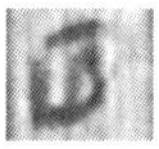 乙二〇四貳	 乙二〇〇貳
 甲四七壹		 乙三六二壹	乙三四九	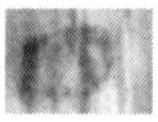 乙三四四	乙三〇二	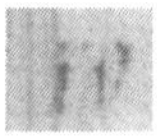 乙二一九	乙二〇〇貳

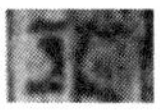 乙一五七	 乙一三四貳	 乙一〇七貳	 乙八五壹	 乙六〇貳	 乙五五壹	 乙五壹	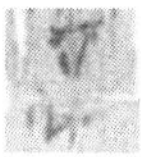 甲五七壹
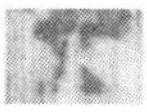 乙一五八	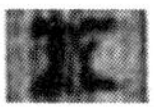 乙一四一	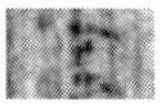 乙一一九貳	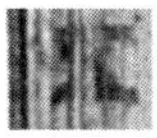 乙八五貳	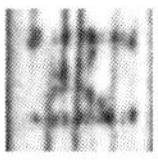 乙八〇壹	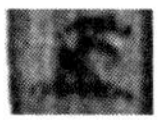 乙五七叁	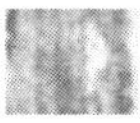 乙二九壹	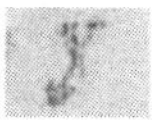 甲六七壹
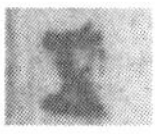 乙一五九	 乙一四五壹	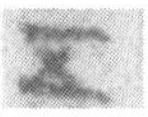 乙一二〇貳	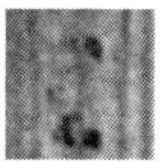 乙九一B叁	 乙八二貳	 乙五九壹	 乙三八壹	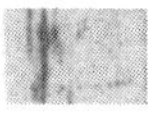 甲六七貳
乙一六〇	 乙一四八壹	乙一三二貳	 乙九三C	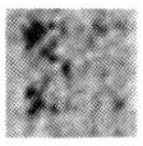 乙八二貳	 乙六〇貳	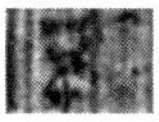 乙四八壹	甲七三貳

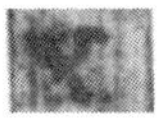 乙一六四	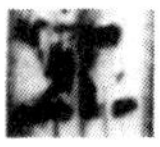 乙一六九貳	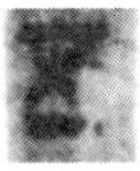 乙一七八貳	 乙一八四壹	 乙一八六伍	 乙一八九壹	乙一九五壹	乙二八三
 乙一六五	乙一七〇+三二五叁	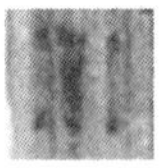 乙一八二伍	 乙一八四貳	 乙一八六柒	 乙一八九肆	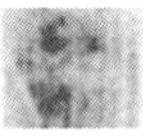 乙一九五貳	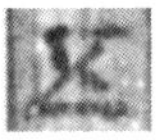 乙二八四
 乙一六六	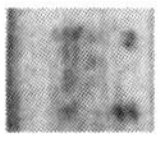 乙一七〇+三二五叁	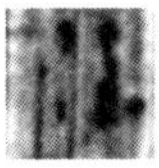 乙一八三叁	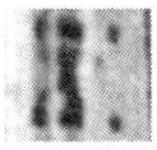 乙一八四肆	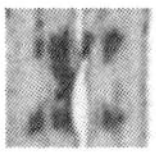 乙一八八壹	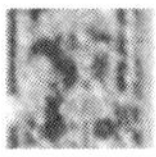 乙一八九柒	 乙一九七貳	 乙二八五
 乙一六七貳	 乙一七六叁	 乙一八三肆	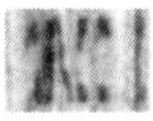 乙一八五柒	 乙一八九壹	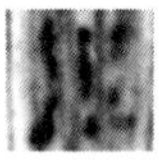 乙一九〇貳	 乙二〇二貳	乙三〇一

六

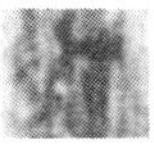 乙三〇壹	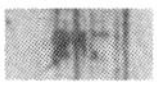 甲七三貳	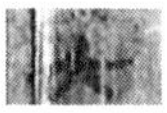 甲六	 地圖三A	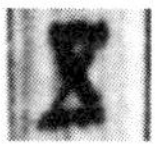 乙三五五	 乙三四七貳	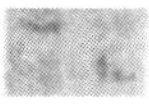 乙三四二	 乙三〇二
 乙四二A+三九壹	 乙六壹	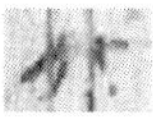 甲四八壹		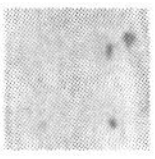 乙三六一貳	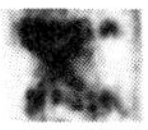 乙三四八	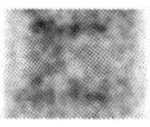 乙三四二	 乙三〇五
乙四九壹	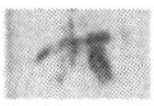 乙七貳	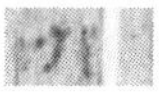 甲五八壹		 地圖二	 乙三四九	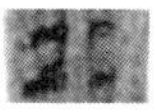 乙三四三	 乙三二二
 乙五六叁	 乙一九叁	 甲六八壹		 地圖二	 乙三五〇	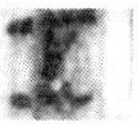 乙三四四	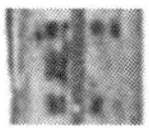 乙三三一

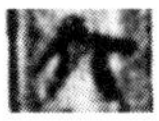		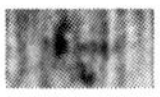			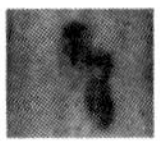	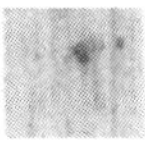	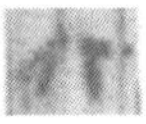
乙五八叁	乙六五壹	乙九四壹	乙一一五貳	乙一五九	乙一七〇+三二五叁	乙一八〇柒	乙一八三壹
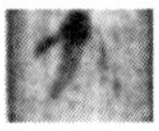		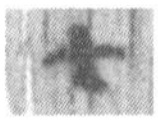		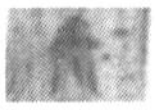		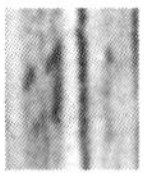	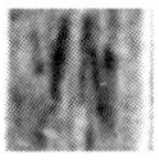
乙五九貳	乙八四壹	乙一〇二壹	乙一二五壹	乙一六〇	乙一七〇+三二五叁	乙一八一伍	乙一八三貳
	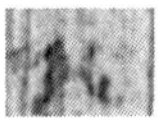		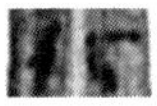		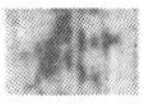	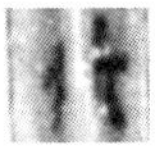	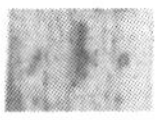
乙六一貳	乙八四貳	乙一〇八B叁	乙一四一	乙一六六	乙一七一貳	乙一八二肆	乙一八三柒
	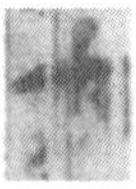	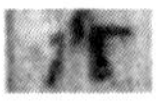	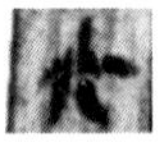			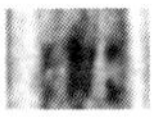	
乙六一貳	乙八六貳	乙一一五貳	乙一五九	乙一六九叁	乙一七六貳	乙一八二柒	乙一八四柒

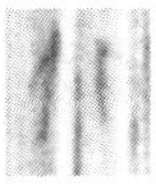

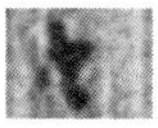

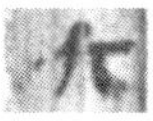

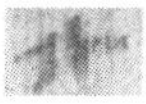

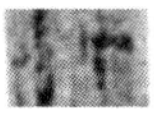

乙三四九	乙三四三	乙三〇一	乙二八四	乙二八三	乙二〇〇貳	乙一九五貳	乙一八五伍
乙三四九	乙三四四	乙三〇二	乙二八四	乙二八三	乙二〇三貳	乙一九六貳	乙一八八肆
乙三四九	乙三四八	乙三四二	乙二八五	乙二八三	乙二四一	乙一九七貳	乙一八九貳
乙三五〇	乙三四九	乙三四二	乙二八五	乙二八三	乙二八三	乙一九八貳	乙一八九叁

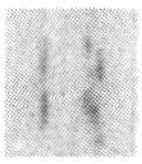

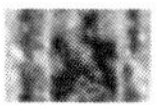

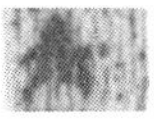

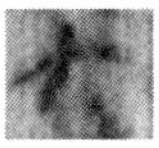

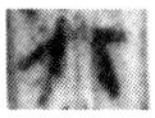

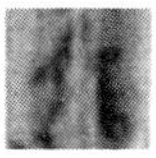

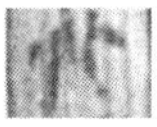

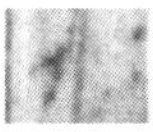

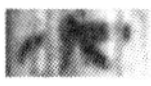

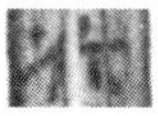

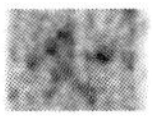

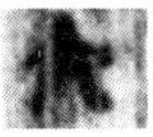

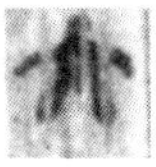

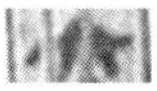

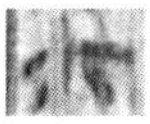

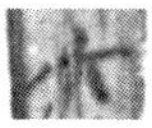

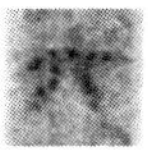

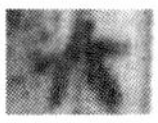

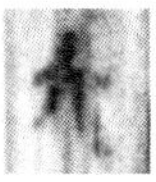

七

			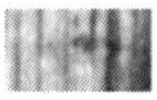		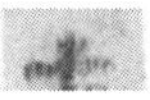	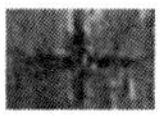	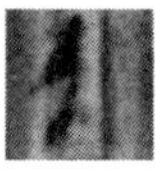
乙一五九	乙一三九	乙八四壹	乙七八貳	乙五八貳	乙七壹	甲七	乙三五五
	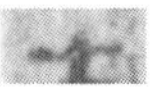	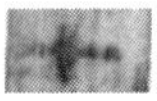	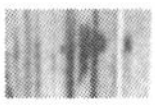	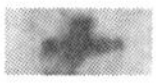		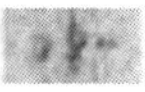	
乙一六〇	乙一四一	乙一〇六壹	乙七九壹	乙六二貳	乙四〇A壹	甲四九壹	
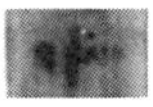	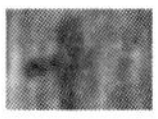		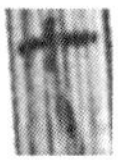	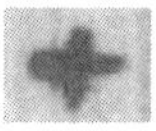	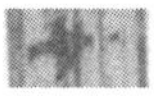	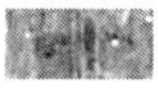	
乙一六三	乙一五六	乙一〇九叁	乙八〇貳	乙六二貳	乙五〇壹	甲五九壹	
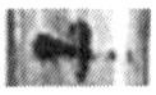			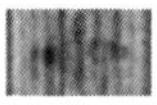	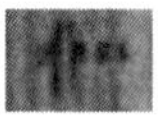			
乙一六六	乙一五九	乙一三三貳	乙八三貳	乙六四貳	乙五六貳	甲六九壹	

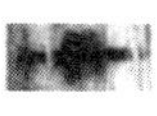	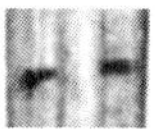	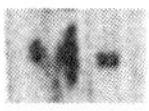	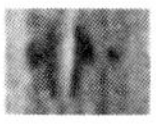		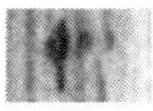	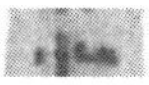	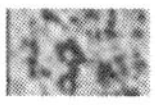
乙一六八+三七四壹	乙一七六叁	乙一八一肆	乙一八四伍	乙一八八貳	乙一九四貳	乙二〇三貳	乙三〇二
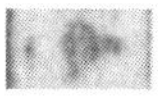	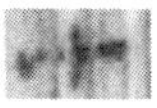	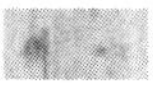		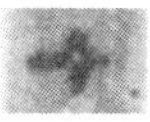	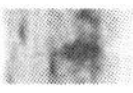	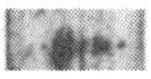	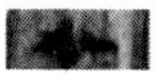
乙一七〇+三二五叁	乙一七七貳	乙一八一柒	乙一八五柒	乙一九〇肆	乙一九五壹	乙二八三	乙三一七貳
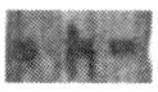		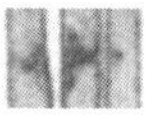		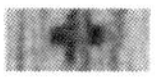	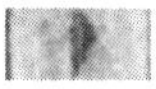	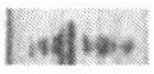	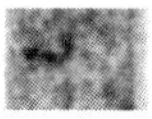
乙一七二貳	乙一八〇伍	乙一八二壹	乙一八六叁	乙一九四壹	乙一九七貳	乙二八三	乙三四二
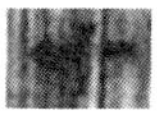	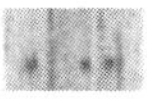	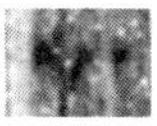	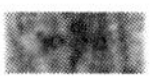		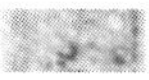		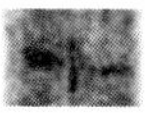
乙一七三壹	乙一八〇柒	乙一八二貳	乙一八七肆	乙一九四貳	乙一九九貳	乙三〇一	乙三四二

九

	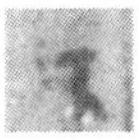			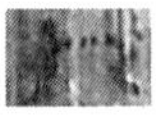	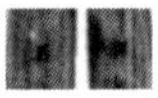		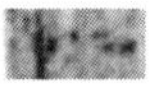
乙八三貳	乙七八壹	乙五八貳	乙九+一三壹	甲九	乙三六二壹	乙三四九	乙三四三
	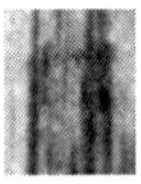	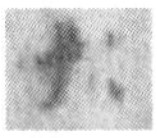	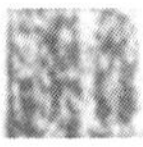				
乙八五壹	乙七八貳	乙六二貳	乙三二壹	甲五一壹	乙三六二貳	乙三五〇	乙三四四
				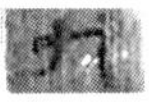			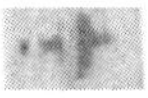
乙九四壹	乙八〇貳	乙六四貳	乙五二壹	甲六一壹	乙三六三	乙三六一叁	乙三四八
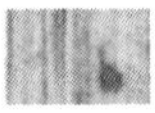						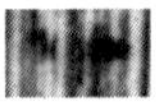	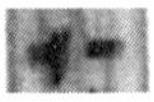
乙一一一貳	乙八三貳	乙六四貳	乙五六貳	甲七一壹	志一	乙三六二壹	乙三四九

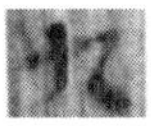

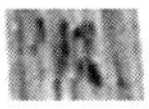

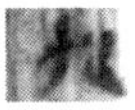

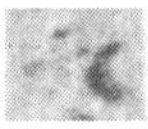

乙一四一	乙一六八+三七四壹	乙一七六叁	乙一八〇貳	乙一八七伍	乙一九八貳	乙二〇三貳	乙二七二
乙一四一	乙一七〇+三二五貳	乙一七七壹	乙一八五壹	乙一九一肆	乙一九八貳	乙二〇四貳	乙三〇一
乙一六〇	乙一七五貳	乙一七九肆	乙一八五肆	乙一九二	乙二〇一貳	乙二〇五貳	乙三〇二
乙一六三	乙一七六壹	乙一八〇壹	乙一八六貳	乙一九五壹	乙二〇二貳	乙二六五	乙三四二

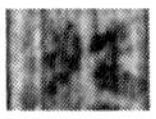

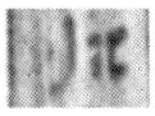

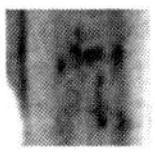

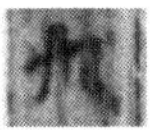

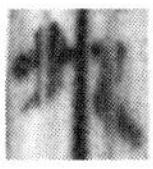

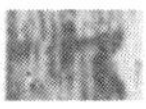

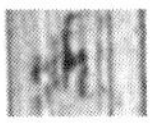

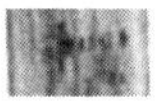

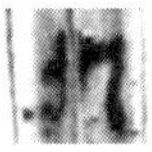

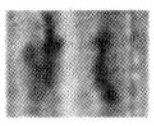

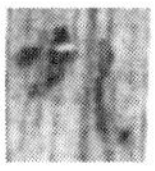

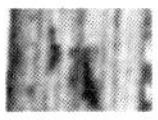

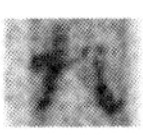

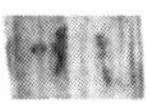

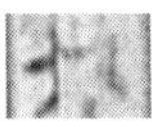

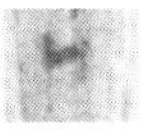

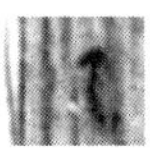

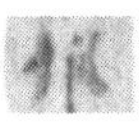

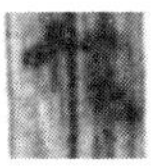

禹　　　　萬

 甲六七貳	 甲四二壹	 乙二〇三貳	 乙一九九貳	 乙一九四貳	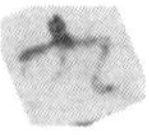 地圖四A	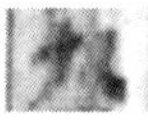 乙三四九	乙三四二
 甲六七貳	 甲四二貳	 乙二〇四貳	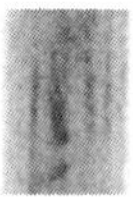 乙二〇〇貳	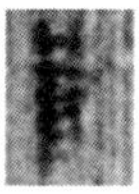 乙一九五貳		乙三四九	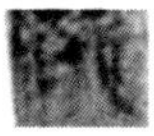 乙三四三
 乙一六五	甲六六貳	 乙二〇五貳	 乙二〇一貳	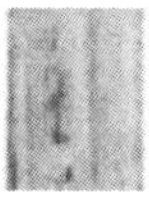 乙一九七貳		 乙三六二貳	 乙三四四
 乙一六五	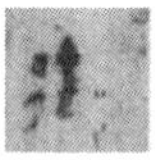 甲六六貳		 乙二〇二貳	 乙一九八貳		 地圖三A	乙三四八

甲

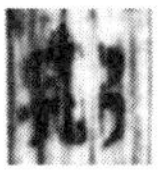				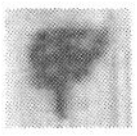	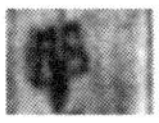	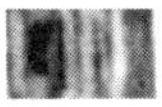	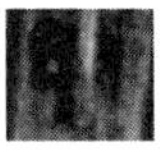
乙一六五	甲二二	乙五〇貳	乙八一壹	乙九七壹	乙一一六貳	乙一二〇貳	乙一四〇
	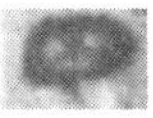	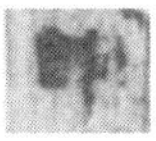			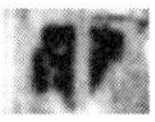		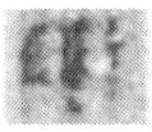
乙一六五	甲二四貳	乙五五壹	乙八一壹	乙一〇五貳	乙一一七貳	乙一二四壹	乙一四一
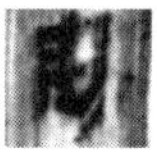	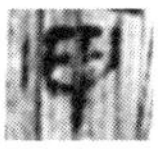		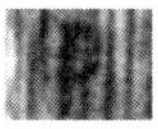		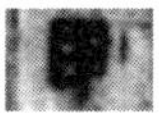	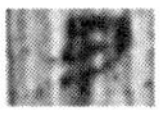	
乙二七九	乙四七貳	乙七八壹	乙九四壹	乙一一三壹	乙一一八貳	乙一二九貳	乙一四一
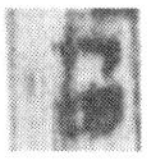	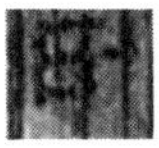	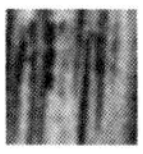		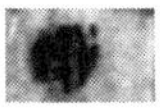			
乙三七三貳	乙四八貳	乙八〇壹	乙九五貳	乙一一五貳	乙一一九貳	乙一三五貳	乙一四四貳

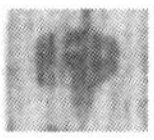

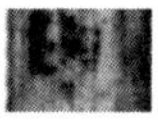

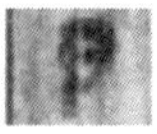

乙三一八	乙三〇五	乙二〇三壹	乙一九七壹	乙一五六	乙一五一壹	乙一四七貳	乙一四五貳
乙三四九	乙三〇六	乙二〇四壹	乙二〇二壹	乙一六七叁	乙一五一壹	乙一四八壹	乙一四六壹
	乙三〇八壹	乙二〇四壹	乙二〇二壹	乙一八〇壹	乙一五四	乙一四八貳	乙一四六貳
	乙三一八	乙三〇二	乙二〇三壹	乙一九五壹	乙一五五	乙一四九貳	乙一四七壹

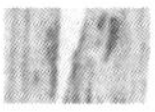

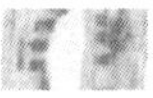

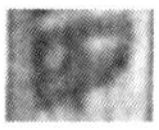

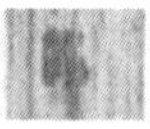

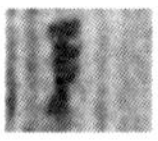

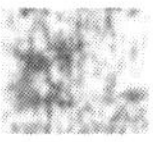

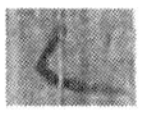

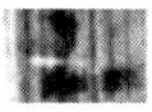

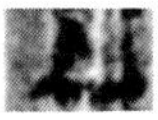

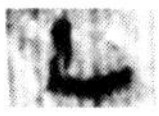

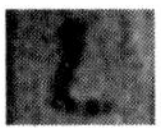

乙

乙一四一	乙一三〇壹	乙一〇六貳	乙八三壹	乙八一壹	乙七八壹	甲七〇貳	甲二三
乙一四四貳	乙一三一壹	乙一一四	乙九四壹	乙八二貳	乙八〇壹	甲七〇貳	甲二四貳
乙一四五貳	乙一三二貳	乙一一八	乙九五貳	乙八三壹	乙八〇壹	乙五三貳	甲六九壹
乙一四六壹	乙一四〇	乙一二九貳	乙九七	乙八三壹	乙八一壹	乙五六壹	甲七〇貳

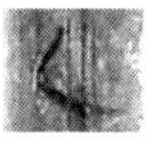

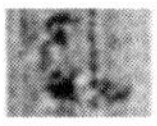

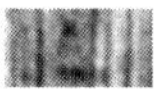

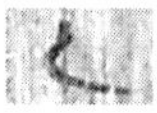

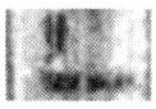

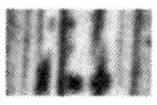

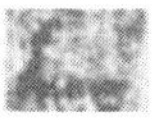

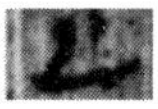

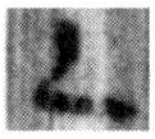

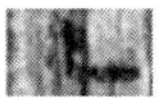

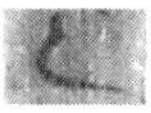

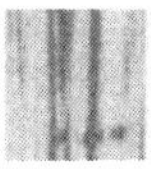

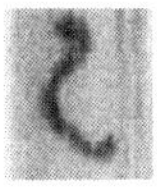

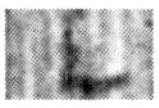

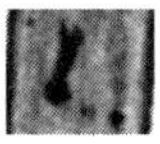

 乙一四六壹	 乙一四八壹	乙一四九壹	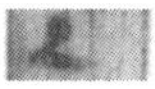 乙一五一壹	 乙一五六	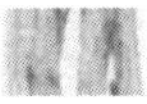 乙二〇二壹	 乙二〇四壹	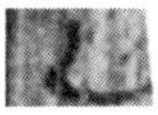 乙三〇八壹
乙一四六貳	乙一四八壹	乙一四九壹	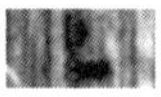 乙一五一壹	乙一八一壹	乙二〇二壹	 乙二〇四壹	乙三四九
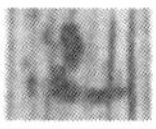 乙一四七壹	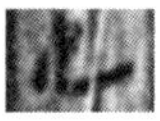 乙一四八壹	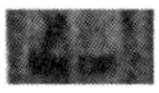 乙一四九貳	乙一五三壹	乙一九五壹	 乙二〇三壹	乙三〇二	
乙一四七貳	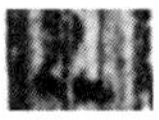 乙一四八貳	乙一五〇壹	 乙一五四	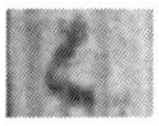 乙一九七壹	乙二〇三壹	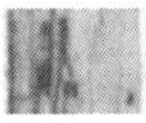 乙三〇六	

丙

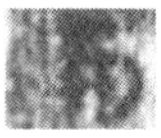	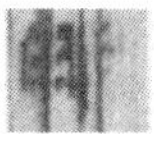						
甲二四壹	乙八〇壹	乙八一壹	乙九六貳	乙一二四壹	乙一四〇	乙一四五貳	乙一四七壹
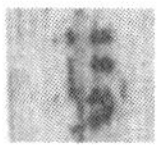	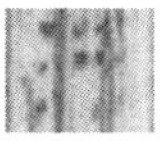			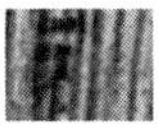	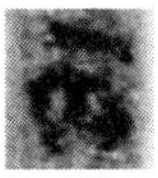	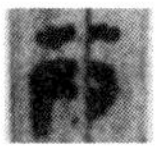	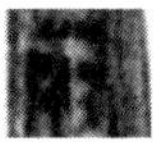
乙四九貳	乙八〇壹	乙八二壹	乙九八壹	乙一二五壹	乙一四一	乙一四六壹	乙一四七貳
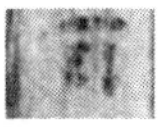	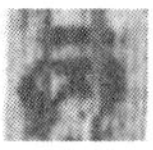	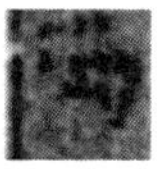		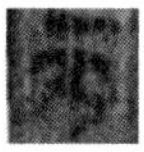		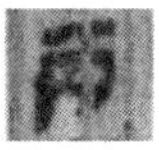	
乙五〇貳	乙八〇壹	乙八二壹	乙一一三壹	乙一三〇壹	乙一四一	乙一四六貳	乙一四八壹
	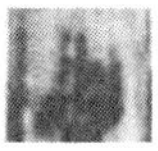			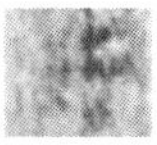	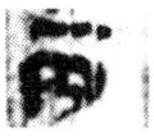	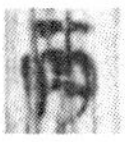	
乙五七壹	乙八一壹	乙九四壹	乙一一五壹	乙一三〇貳	乙一四五壹	乙一四七壹	乙一四八壹

丁

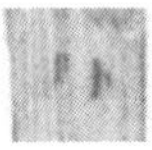 乙五八壹	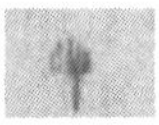 甲二五壹	 乙三四六	 乙三一六	 乙二〇二壹	 乙一五六	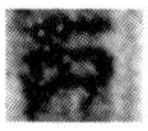 乙一五〇壹	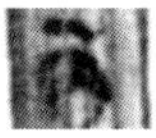 乙一四八壹
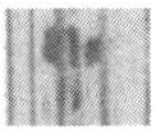 乙八〇壹	 甲六九貳	 乙三四九	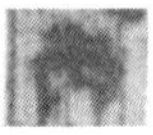 乙三一七壹	 乙二〇三壹	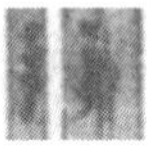 乙一八二壹	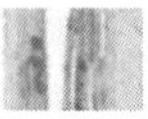 乙一五〇貳	 乙一四八貳
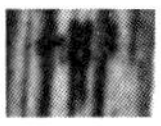 乙八〇壹	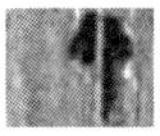 甲七〇貳	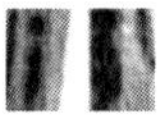 乙三六二貳	 乙三一八	 乙二〇三壹	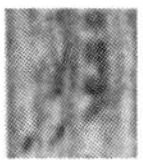 乙一九八壹	 乙一五一壹	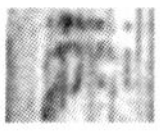 乙一四九壹
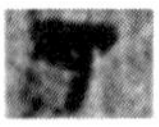 乙八一壹	甲七〇貳		 乙三一八	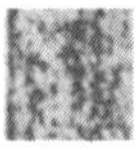 乙三〇二	 乙二〇二壹	 乙一五四	 乙一四九貳

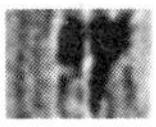 乙八一壹	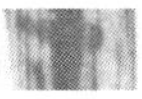 乙八三壹	 乙一〇八B叁	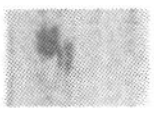 乙一二五壹	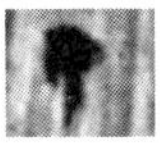 乙一四〇	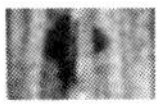 乙一四五壹	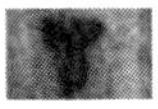 乙一四六壹	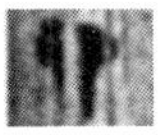 乙一四八壹
 乙八二壹	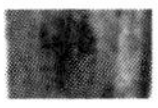 乙九四壹	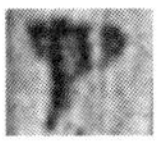 乙一一四壹	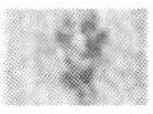 乙一三〇貳	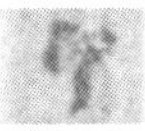 乙一四一	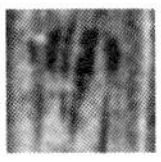 乙一四五壹	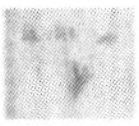 乙一四六貳	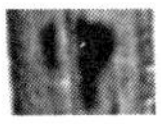 乙一四八貳
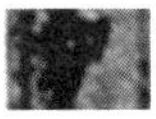 乙八二壹	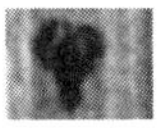 乙九六貳	乙一一六壹	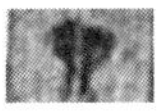 乙一三一壹	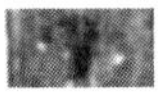 乙一四一	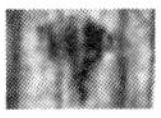 乙一四五壹	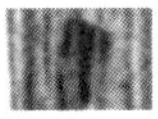 乙一四七壹	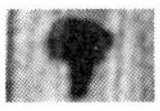 乙一四九壹
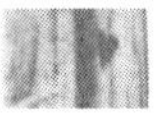 乙八三壹	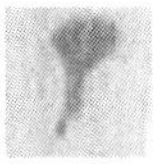 乙九八壹	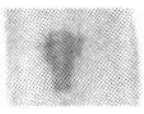 乙一一七壹	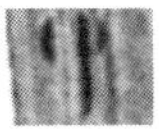 乙一三四貳	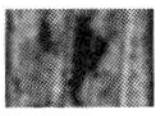 乙一四五壹	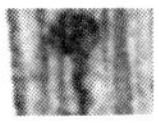 乙一四五貳	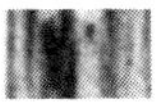 乙一四七貳	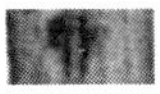 乙一四九貳

戊

				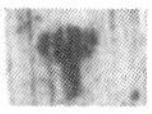	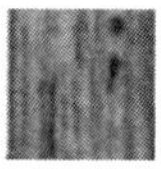	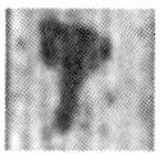	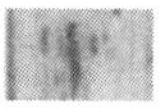
乙八〇貳	乙五三貳	甲二六	乙三四九	乙三〇五	乙二〇二壹	乙一五六	乙一五〇壹
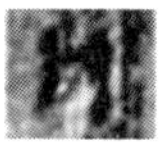	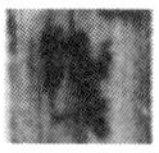	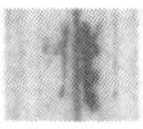		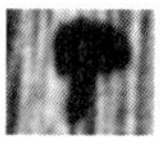		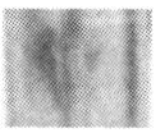	
乙八一壹	乙五九壹	乙四九貳	乙三七二壹	乙三一六	乙二〇三壹	乙一八三壹	乙一五〇貳
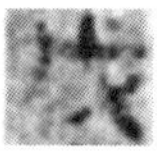	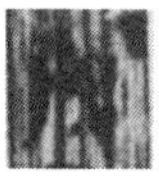			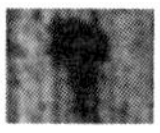	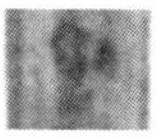	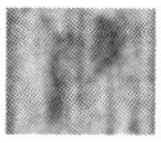	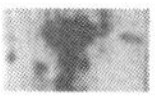
乙八一壹	乙七九壹	乙五〇貳		乙三一七壹	乙二〇三壹	乙一九八壹	乙一五三壹
	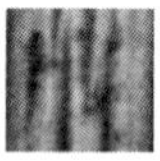				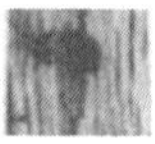	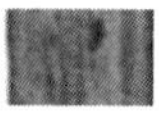	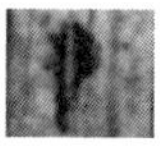
乙八二壹	乙七九壹	乙五一貳		乙三四六	乙三〇二	乙二〇二壹	乙一五四

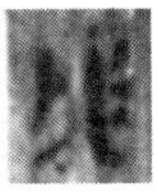		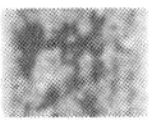				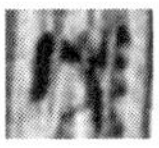	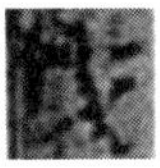
乙一八四壹	乙一五四	乙一五〇貳	乙一四七貳	乙一四一	乙一二六貳	乙一二四壹	乙八二壹
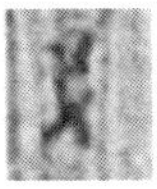					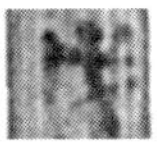	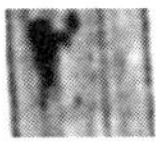	
乙一九五壹	乙一五五	乙一五一壹	乙一四八貳	乙一四一	乙一三一貳	乙一二四貳	乙九七貳
	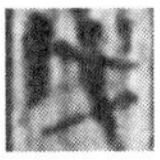			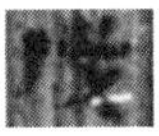			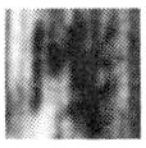
乙二〇一壹	乙一五六	乙一五三壹	乙一四九壹	乙一四五壹	乙一三二貳	乙一二五壹	乙一〇九叁
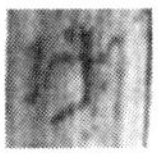			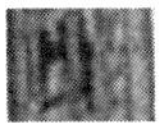	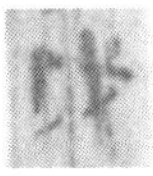		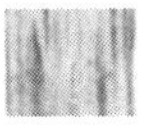	
乙二〇一壹	乙一六七叁	乙一五三壹	乙一四九貳	乙一四六貳	乙一四〇	乙一二五壹	乙一一三壹

成

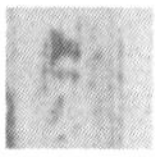 乙四壹	 甲二一壹	 甲九	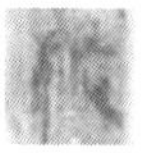 甲五	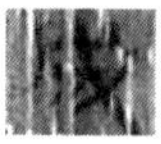 甲一壹	 乙三一八	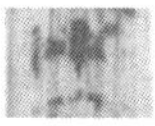 乙三〇二	 乙二〇二壹
 乙五壹	 乙一壹	 甲一〇	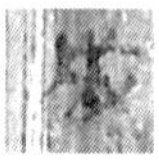 甲六	甲二壹	 乙三一八	乙三〇二	 乙二〇二壹
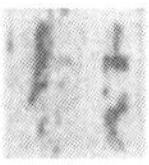 乙六壹	乙二	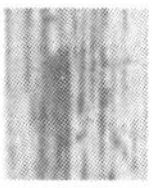 甲一一	 甲七	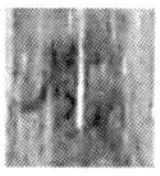 甲三壹	 乙三四六	乙三〇二	 乙二〇五壹
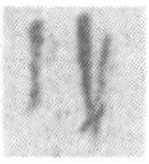 乙七壹	 乙三壹	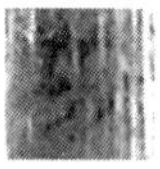 甲一二	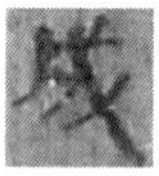 甲八	 甲四壹	 乙三四九	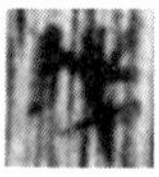 乙三一六	 乙二〇五壹

己

甲七〇貳	甲二七	地圖一B	乙三三九	乙二五八A+三七一	乙一一八壹	乙一二壹	乙八壹
甲七二貳	甲六九貳		乙三五一	乙二七九	乙一三三壹	乙二一壹	乙九+一三壹
乙五五貳	甲七〇貳		乙三六四A+三五八B	乙二七九	乙二五六	乙五二貳	乙一〇壹
乙六〇壹	甲七〇貳		志六	乙三三七	乙二五七	乙一一七壹	乙一一壹

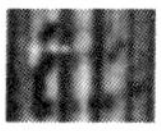		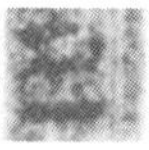		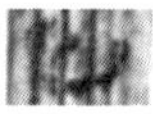	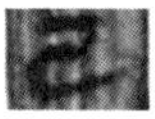	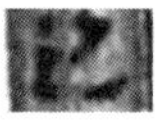	
乙七九壹	乙八二壹	乙八三壹	乙一一四壹	乙一二八	乙一四一	乙一四八貳	乙一五二壹
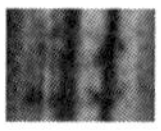	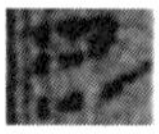	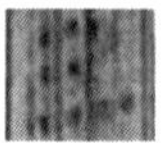		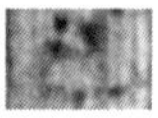			
乙七九壹	乙八二壹	乙八三貳	乙一二一壹	乙一三一貳	乙一四六壹	乙一四九貳	乙一五三壹
	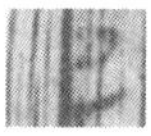		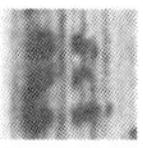	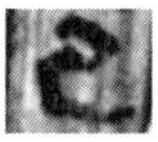	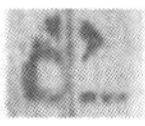		
乙八一壹	乙八三壹	乙八六貳	乙一二三貳	乙一四〇	乙一四六貳	乙一五〇貳	乙一五三壹
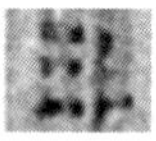	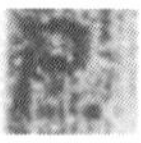			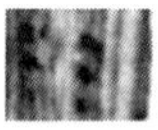	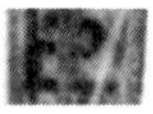		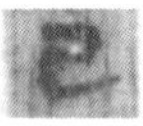
乙八一壹	乙八三壹	乙九七貳	乙一二五貳	乙一四一	乙一四七貳	乙一五一壹	乙一五三壹

已

	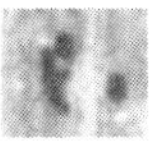	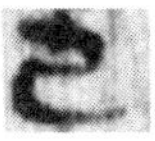		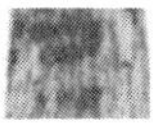	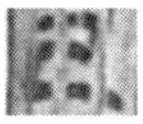	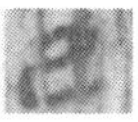	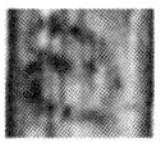
乙一二〇壹	甲二五壹	志一	乙三一八	乙三〇二	乙二〇五壹	乙一八五壹	乙一五四
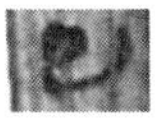	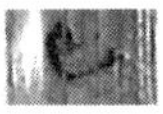				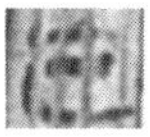		
乙二九九	甲二七		乙三四六	乙三〇七	乙二〇五壹	乙一九五壹	乙一五五
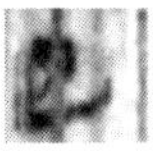				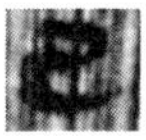			
乙三三八	乙五二貳		乙三四九	乙三一六	乙三〇二	乙二〇二壹	乙一五六

乙三四五	乙六〇壹		乙三七二壹	乙三一八	乙三〇二	乙二〇二壹	乙一六七叁

庚

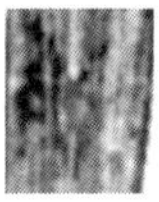

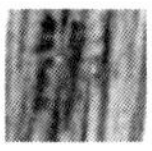

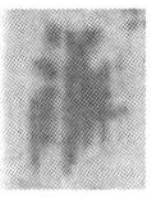

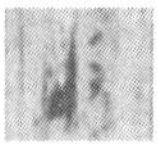

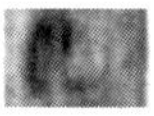

乙三四五	乙三四八	甲二八	乙六一壹	乙八二壹	乙九八貳	乙一二五壹	乙一四一
乙三四五	乙三四八	甲六九貳	乙七九壹	乙八四貳	乙一一一貳	一三五貳	乙一四一
乙三四五	乙三六八	甲七二貳	乙七九壹	乙九四壹	乙一一三壹	乙一四〇	乙一四六壹
乙三四五	志五	乙四七貳	乙八二壹	乙九五壹	乙一一九壹	乙一四一	乙一四七壹

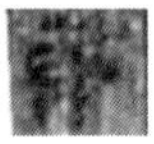

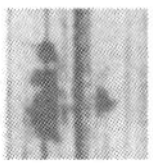

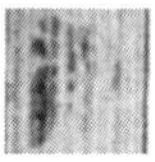

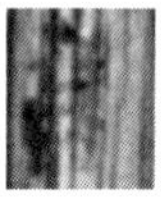

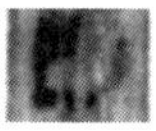

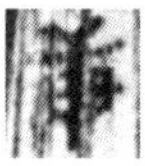

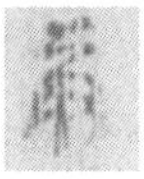

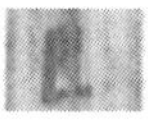

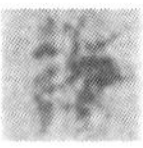

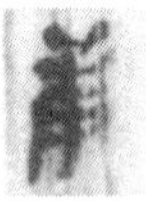

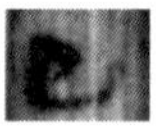

辛

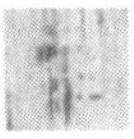 甲二九壹	 乙三七二壹	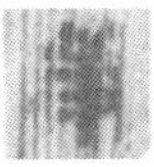 乙三〇二	 乙二〇四壹	 乙一五六	乙一五二貳	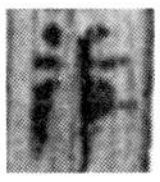 乙一四九壹	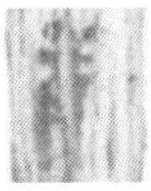 乙一四七壹
 甲六九貳		 乙三〇七	 乙二〇四壹	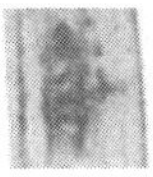 乙一八六壹	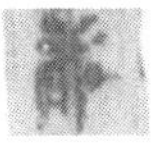 乙一五三壹	 乙一四九貳	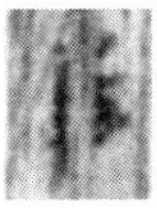 乙一四七貳
 甲七〇貳		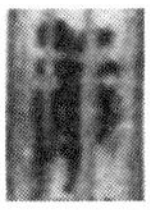 乙三四六	 乙二〇五壹	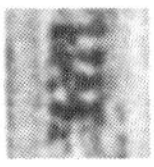 乙一九五壹	 乙一五四	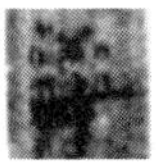 乙一五〇壹	 乙一四八壹
甲七三貳		 乙三四九	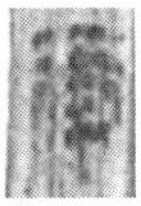 乙二〇五壹	乙一九九壹	 乙一五五	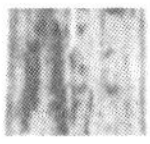 乙一五〇貳	 乙一四八貳

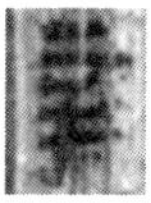 乙五三貳	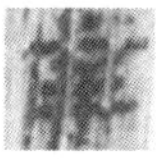 乙八二壹	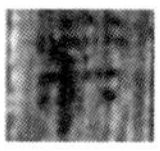 乙九四壹	 乙一一四壹	 乙一四〇	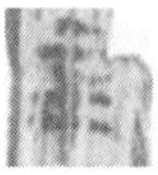 乙一四五壹	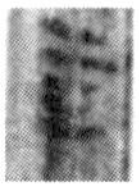 乙一四七貳	 乙一五一壹
 乙六二壹	乙八二壹	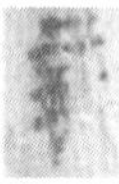 乙九五壹	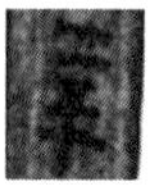 乙一三〇壹	 乙一四一	 乙一四六壹	乙一四八貳	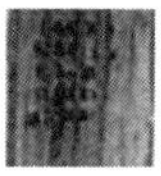 乙一五二貳
 乙七九壹	 乙八三壹	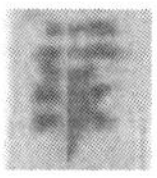 乙九八貳	 乙一三一壹	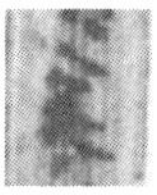 乙一四一	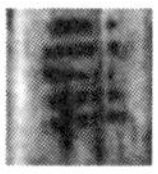 乙一四六壹	 乙一五〇壹	 乙一五四
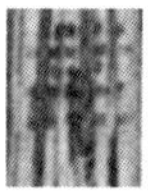 乙七九壹	 乙八五貳	乙一一二貳	 乙一三二貳	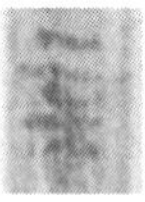 乙一四五壹	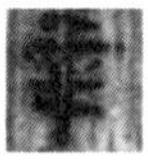 乙一四七壹	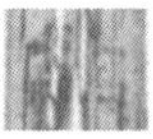 乙一五〇貳	 乙一五五

壬　　皋

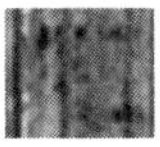

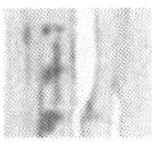

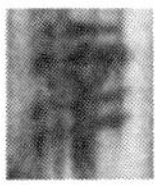

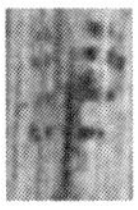

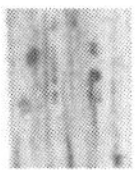

乙四八貳	甲二九貳	乙二八八	乙一五壹	乙三四九	乙二〇五壹	乙二〇一壹	乙一五六
 乙五一貳	 甲六九貳	 乙三〇三B+二八九B	 乙二四三	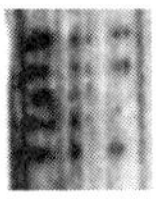 乙三七二壹	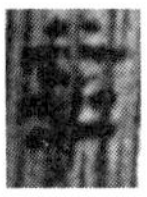 乙三一八	 乙二〇四壹	 乙一九五壹
 乙六三壹	 甲七一貳	 乙三六〇A+一六二B	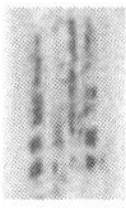 乙二七九		 乙三一八	 乙二〇四壹	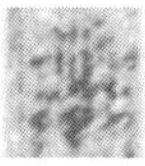 乙一九九壹
乙七八壹	乙二三貳下	以上各例均同罪字	乙二八五		乙三四六	乙二〇五壹	乙二〇一壹

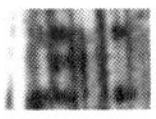

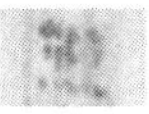

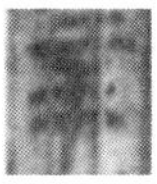

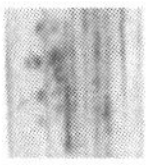

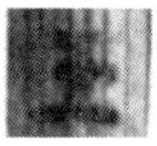 乙七八貳	 乙八〇壹	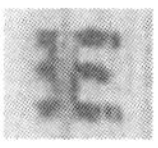 乙一〇三叁	乙一二五壹	 乙一四一	 乙一四九壹	 乙一五二貳	乙一五三壹
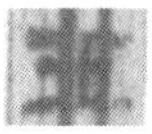 乙七九壹	 乙九四壹	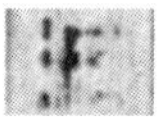 乙一一三壹	 乙一三〇壹	 乙一四六壹	乙一四九貳	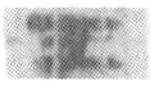 乙一五三壹	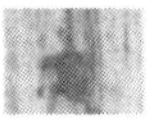 乙一五三貳
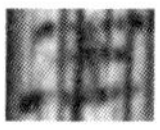 乙七九壹	 乙九六壹	乙一二二壹	乙一三五貳	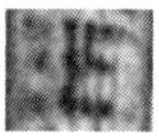 乙一四八壹	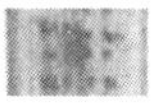 乙一五〇壹	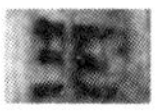 乙一五三壹	 乙一五五
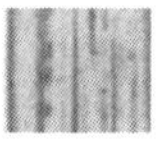 乙八〇壹	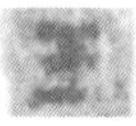 乙九九貳	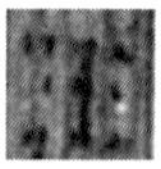 乙一二三壹	 乙一四〇	 乙一四八貳	乙一五〇貳	乙一五三壹	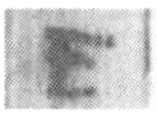 乙一五八

癸

 乙九六壹	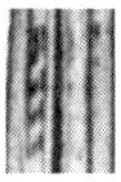 乙八〇壹	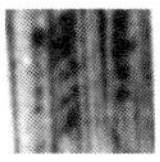 乙七八壹	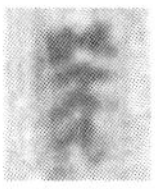 甲二五貳	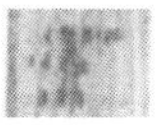 乙三二〇	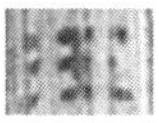 乙二〇五壹	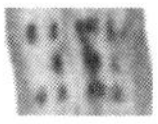 乙二〇三壹	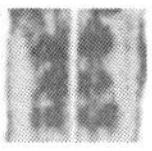 乙一八八壹
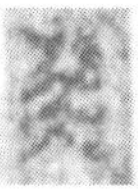		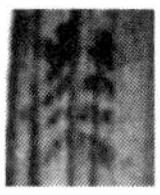	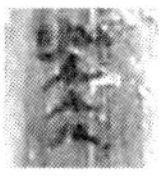				
乙九九貳	乙八〇壹	乙七九壹	甲七〇貳	乙三四六	乙三一六	乙二〇四壹	乙一九五壹
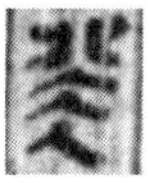	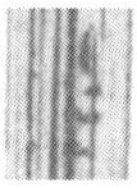	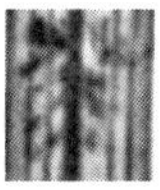	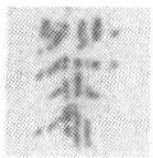	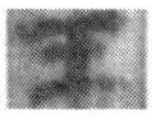	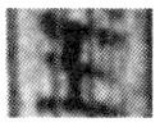		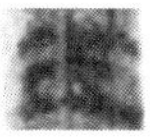
乙一一四壹	乙八三壹	乙七九壹	甲七二貳	乙三四九	乙三一七壹	乙二〇四壹	乙二〇〇壹
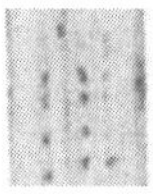	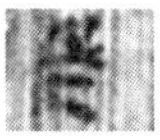	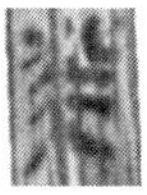	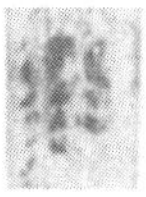	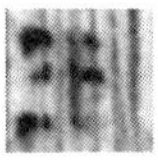	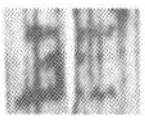		
乙一一四貳	乙九四壹	乙七九貳	乙六四壹	乙三七二壹	乙三一九	乙二〇五壹	乙二〇三壹

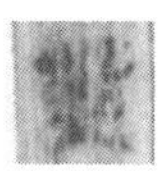

乙一二二壹	乙一四一	乙一四九壹	乙一五一壹	乙一五八	乙二〇〇壹	乙二〇四壹	乙三〇二
乙一二三壹	乙一四五壹	乙一四九貳	乙一五二貳	乙一六七叁	乙二〇三壹	乙二〇五壹	乙三〇五
乙一三一壹	乙一四八壹	乙一五〇壹	乙一五三貳	乙一八九壹	乙二〇三壹	乙二〇五壹	乙三〇六
乙一四〇	乙一四八貳	乙一五〇貳	乙一五五	乙一九五壹	乙二〇四壹	乙三〇二	乙三〇七

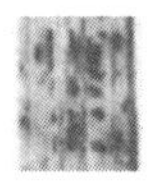

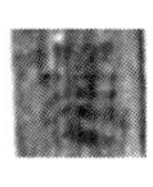

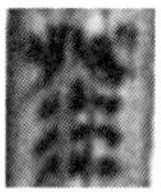

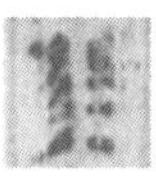

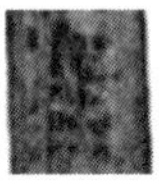

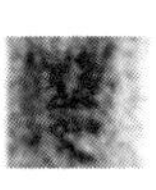

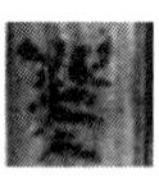

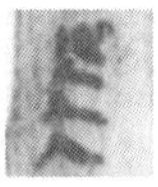

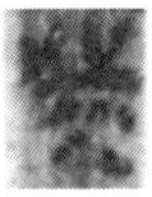

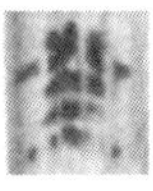

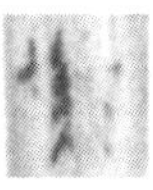

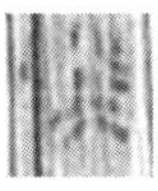

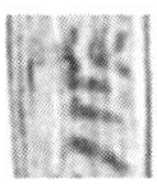

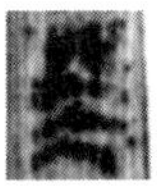

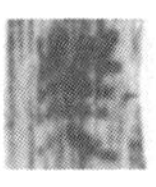

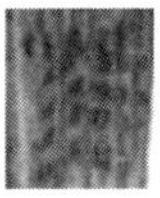

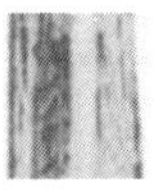

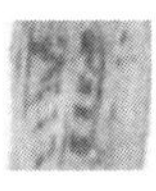

子

甲二八	甲二五壹	甲一四	甲九	甲五	甲一壹	乙三四六	乙三一七壹
甲二九壹	甲二五貳	甲二二	甲一〇	甲六	甲二壹	乙三四九	乙三一八
甲二九貳	甲二六	甲二三	甲一一	甲七	甲三壹		乙三一八
甲三〇A+三二B	甲二七	甲二四壹	甲一二	甲八	甲四壹		乙三一九

 乙五七壹	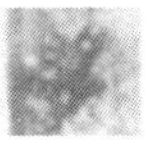 乙三五貳	 乙一二壹	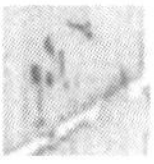 乙九+一三壹	 乙五壹	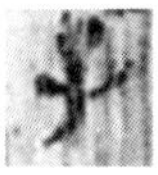 乙一壹	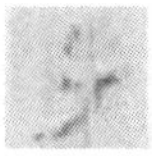 甲五四貳	 甲三四
 乙五八壹	 乙五四+二五貳	 乙一五壹	 乙九+一三壹	 乙六壹	 乙二壹	 甲六九貳	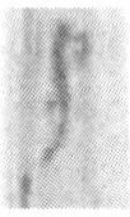 甲三四
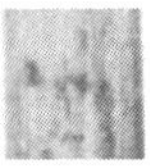 乙五九壹	 乙五五壹	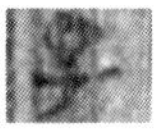 乙一七叁下	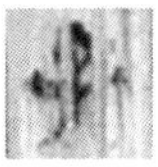 乙一〇壹	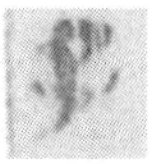 乙七壹	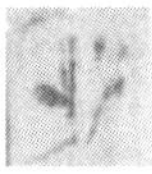 乙三壹	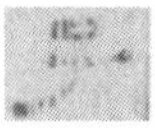 甲七一貳	 甲三九
 乙六〇壹	 乙五六壹	 乙一八貳	 乙一一壹	 乙八壹	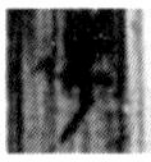 乙四壹	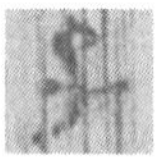 甲七三貳	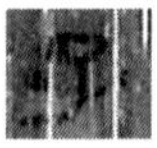 甲四三貳

乙一一〇壹	乙一〇八B壹	乙一〇三叁	乙一〇〇壹	乙八二壹	乙七八壹	乙六五壹	乙六一壹
乙一一二壹	乙一〇九壹	乙一〇八A+一〇七壹	乙一〇〇壹	乙八六壹	乙七九壹	乙六六	乙六二壹
乙一一三壹	乙一一〇壹	乙一〇八B壹	乙一〇一壹	乙九一A+九三B+九二	乙八〇壹	乙七五壹	乙六三壹
乙一一三壹	乙一一〇壹	乙一〇八B下	乙一〇一貳	乙九八壹	乙八一壹	乙七五貳	乙六四壹

	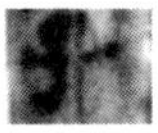				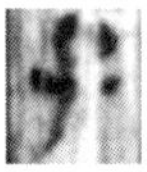		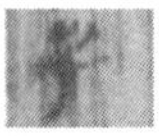
乙一一四壹	乙一二〇貳	乙一二七	乙一三三壹	乙一三六	乙一三九	乙一四四壹	乙一五二貳
				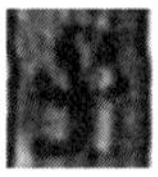			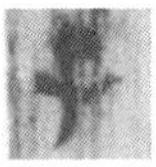
乙一一五壹	乙一二四壹	乙一二九壹	乙一三四壹	乙一三六	乙一四〇	乙一四四壹	乙一五三貳
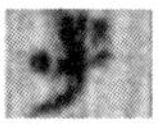	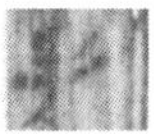		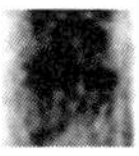		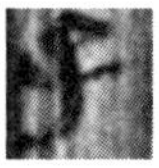	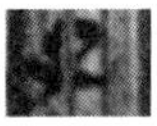	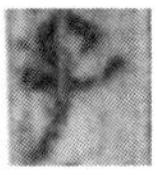
乙一一五貳	乙一二七	乙一三〇壹	乙一三五壹	乙一三六	乙一四〇	乙一四八貳	乙一六四
			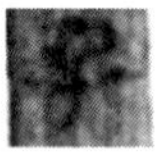	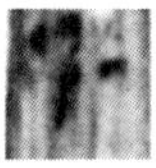	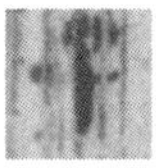	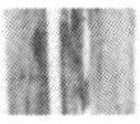	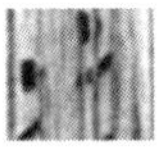
乙一一七貳	乙一二七	乙一三二壹	乙一三六	乙一三九	乙一四〇	乙一五〇貳	乙一六七叁

季

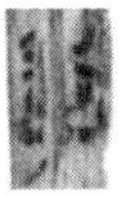 乙一九四壹	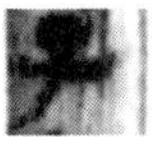 乙三三四	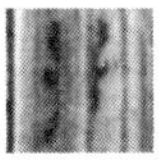 乙三二九	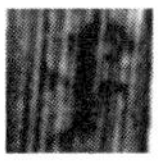 乙三〇二	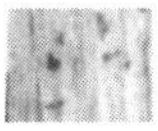 乙二六五	 乙二一八	 乙二〇三壹	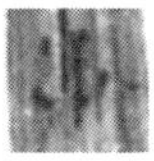 乙一八〇貳
乙三三〇	乙三四四	乙三三四	乙三一〇	乙二八七	乙二四三	乙二〇四壹	乙一八六叁
 乙三三〇	 乙三五六	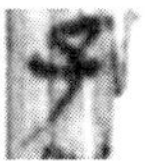 乙三三四	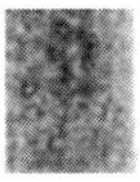 乙三一〇	 乙二八七	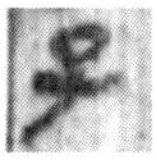 乙二四四	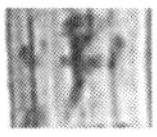 乙二〇五壹	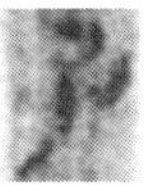 乙二〇〇壹
 乙三三〇	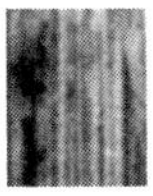 乙三七二壹	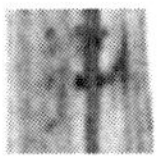 乙三三四	 乙三二三	 乙二九四	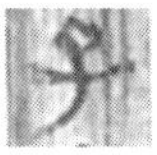 乙二六四	 乙二一八	 乙二〇二壹

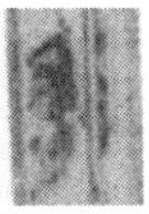

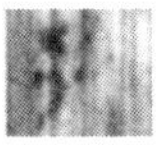

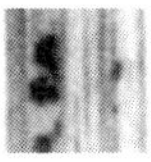

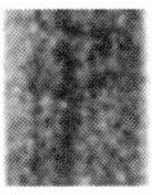

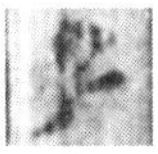

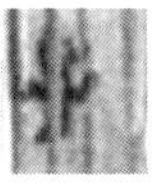

丑	孶	存			孤	孟	
甲一壹	孶 乙二一八	乙二九九	乙一一九貳	乙一一七貳	乙一一五貳	乙三二三	乙三三〇
甲一貳			乙一一九貳	乙一一七貳	乙一一五貳		
甲二壹			乙一二〇貳	乙一一八貳	乙一一六貳		
甲三壹				乙一一八貳	乙一一六貳		

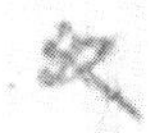

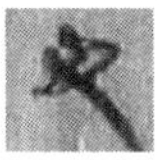

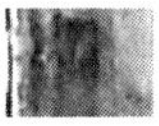

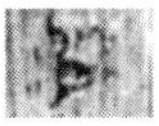

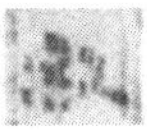

乙二六貳	乙九+一二壹	乙六壹	乙二壹	甲六九貳	甲一二	甲八	甲四壹
乙三六貳	乙一〇壹	乙七壹	乙三壹	甲七〇貳	甲三一	甲九	甲五
乙五五貳	乙一一壹	乙八壹	乙四壹	甲七〇貳	甲四四貳	甲一〇	甲六
乙六七	乙一二壹	乙九+一二壹	乙五壹	乙一壹	甲五五貳	甲一一	甲七

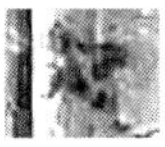

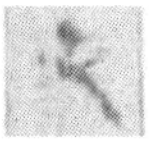

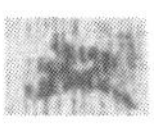

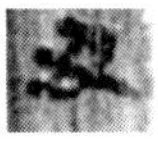

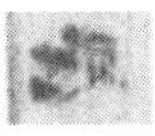

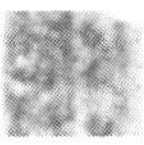

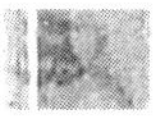

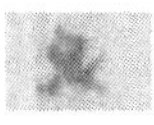

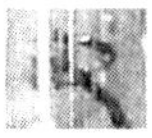

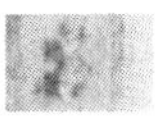

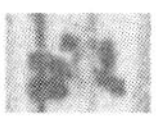

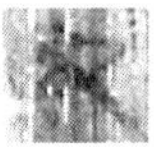

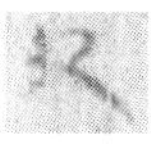

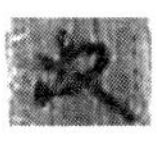

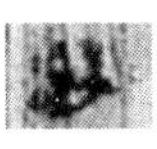

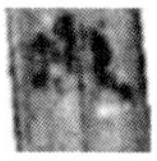 乙七四貳	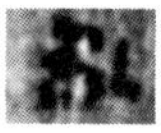 乙八一壹	 乙九一A+九三B+九二	乙一一七貳	乙一二七	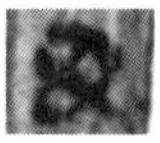 乙一三三壹	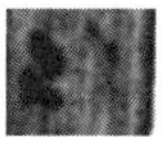 乙一三六	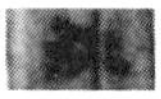 乙一四六壹
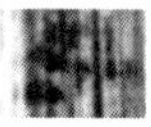 乙七八壹	乙八二壹	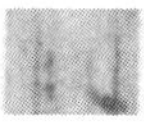 乙一〇二貳	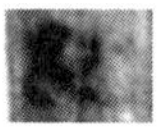 乙一二〇貳	乙一二七	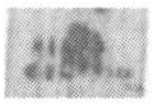 乙一三四壹	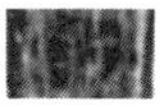 乙一四五壹	乙一四六壹
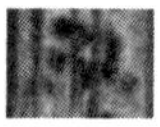 乙七九壹	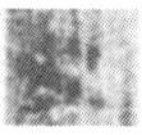 乙八三壹	 乙一〇四貳	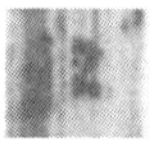 乙一二三貳	乙一三二壹	 乙一三四貳	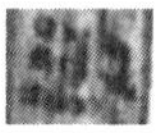 乙一四五壹	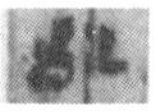 乙一四六壹
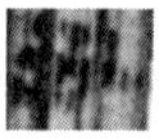 乙八〇壹	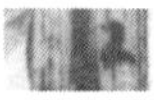 乙八三壹	 乙一一四壹	乙一二七	乙一三二貳	乙一三五壹	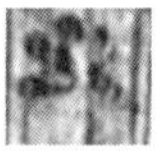 乙一四五壹	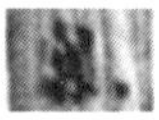 乙一四八壹

寅

甲一壹	乙三四九	乙三〇一	乙二〇三壹	乙一八一貳	乙一五三壹	乙一五一壹	乙一四八貳
甲一貳	乙三六三	乙三一五	乙二〇四壹	乙一九九壹	乙一五三壹	乙一五一壹	乙一四九壹
甲二壹	乙三七二壹	乙三一八	乙二〇五壹	乙二〇一壹	乙一五三貳	乙一五一壹	乙一四九壹
甲三壹		乙三一八	乙三〇一	乙二〇二壹	乙一六四	乙一五二貳	乙一五〇貳

 乙五一貳	乙二七貳	 乙九+一三壹	 乙五壹	 乙一壹	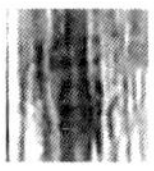 甲一二	 甲八	 甲四壹
 乙五一貳	 乙三七貳	 乙一〇壹	 乙六壹	 乙二壹	 甲三二A+三〇B	 甲九	甲五
 乙六八	乙五〇貳	 乙一一壹	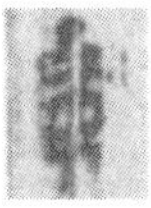 乙七壹	 乙三壹	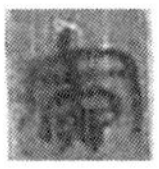 甲四五貳	甲一〇	 甲六
 乙七三貳	 乙五〇貳	 乙一二壹	 乙八壹	乙四壹	 甲五六貳	甲一一	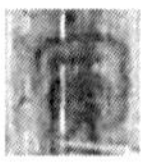 甲七

	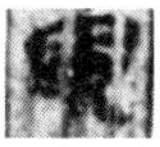	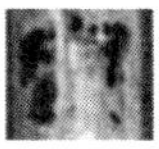	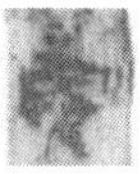		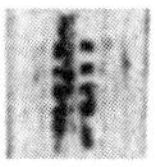	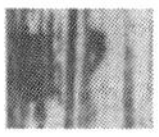	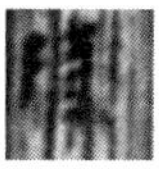
乙一五一壹	乙一四九壹	乙一四五壹	乙一三三壹	乙一二七	乙一一三壹	乙八六壹	乙七九壹
	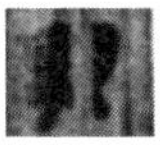		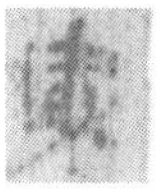	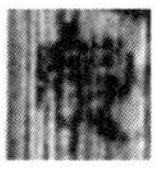	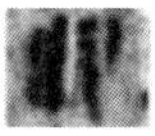		
乙一五二貳	乙一四九貳	乙一四七壹	乙一三四壹	乙一二七	乙一一六貳	乙九一A+九三B+九二	乙八〇壹
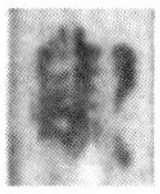	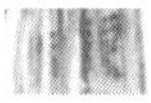	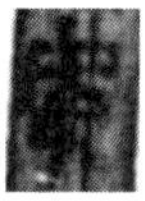		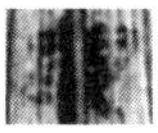	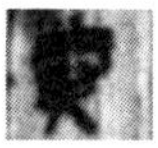	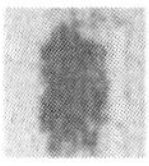	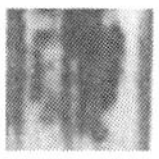
乙一六四	乙一五〇壹	乙一四八壹	乙一三五壹	乙一二七	乙一一九貳	乙一〇三貳	乙八一壹
		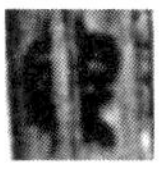			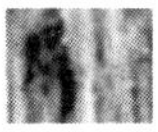	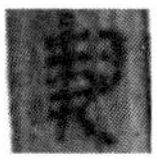	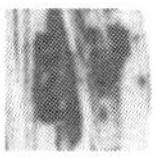
乙一八二貳	乙一五〇貳	乙一四八貳	乙一三六	乙一三二壹	乙一二〇貳	乙一〇五貳	乙八二壹

卯

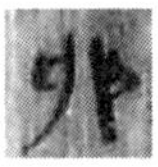 甲八	 甲四壹	 甲一壹	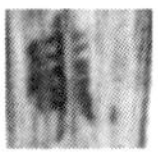 乙三四九	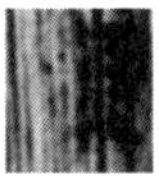 乙三一五	乙三〇一	 乙二〇三壹	 乙一八八叁
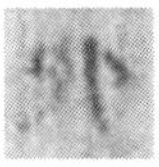 甲九	 甲五	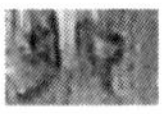 甲一貳		乙三一七	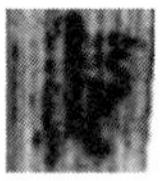 乙三〇二	 乙二〇四壹	 乙一九八壹
 甲一〇	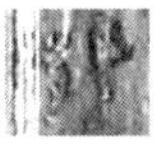 甲六	 甲二壹		 乙三一八	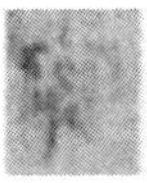 乙三〇二	 乙二〇五壹	 乙二〇一壹
 甲一一	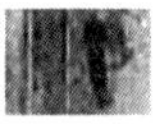 甲七	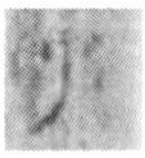 甲三壹		 乙三一八	 乙三〇五	 乙三〇一	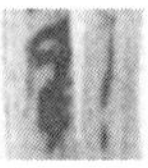 乙二〇二壹

乙八六壹	乙八〇壹	乙三八貳	乙一〇壹	乙六壹	乙二壹	甲六九貳	甲一二
乙九一A+九三B+九二	乙八一壹	乙六九	乙一一壹	乙七壹	乙三壹	甲七〇貳	甲三三
乙九四貳	乙八二壹	乙七六貳	乙一二壹	乙八壹	乙四壹	甲七三貳	甲四六貳
乙九五壹	乙八三壹	乙七九壹	乙二八貳	乙九+一三壹	乙五壹	乙一壹	甲五七貳

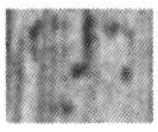

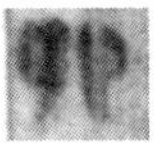

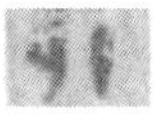

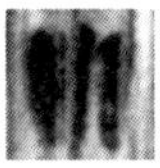

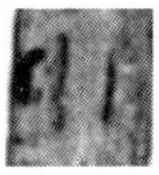

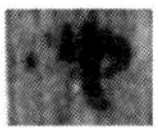

乙一〇六貳

乙一二七

乙一三三壹

乙一四七壹

乙一四九貳

乙一六四

乙一九七壹

乙二〇五壹

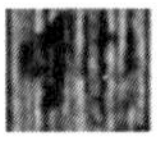

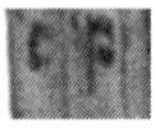

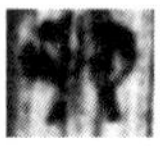

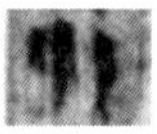

乙一一六貳

乙一二九壹

乙一三四壹

乙一四八壹

乙一五〇壹

乙一七三貳 通昴字

乙二〇二壹

乙三〇一

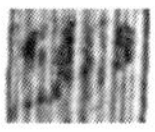

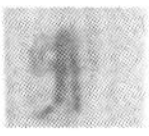

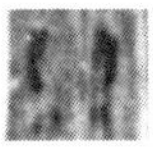

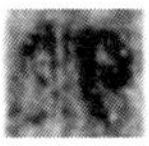

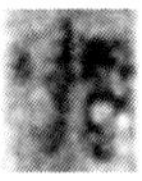

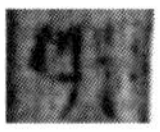

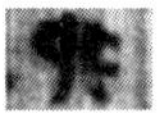

乙一一九貳

乙一三〇壹

乙一三五壹

乙一四八壹

乙一五〇壹

乙一八三貳

乙二〇三壹

乙三〇一

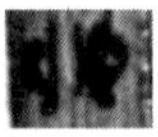

乙一二七

乙一三二壹

乙一三六

乙一四八貳

乙一五二貳

乙一八八叁

乙二〇四壹

乙三一七壹

辰

乙九+一三壹	乙五壹	乙一壹	甲一二	甲八	甲四壹	甲一壹	乙三四九
乙一〇壹	乙六壹	乙二壹	甲三四	甲九	甲六	甲一貳	乙三七二壹
乙一一壹	乙七壹	乙三壹	甲四七貳	甲一〇	甲五	甲二壹	
乙一二壹	乙八壹	乙四壹	甲五八貳	甲一一	甲七	甲三壹	

	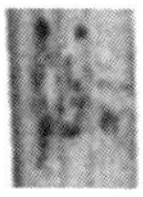			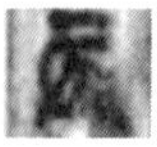		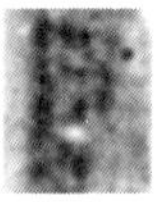	
乙二九貳	乙七五貳	乙八二壹	乙九五叁	乙一一八貳	乙一二七	乙一三五壹	乙一三七
				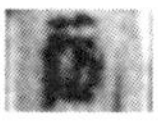			
乙四二A+三九貳	乙七九壹	乙九〇	乙一〇七貳	乙一一九貳	乙一三二壹	乙一三六	乙一四五壹
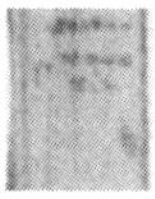						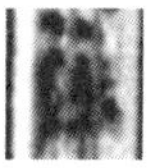	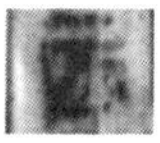
乙五〇貳	乙八〇壹	乙九一A+九三B+九二	乙一一四壹	乙一二四壹	乙一三三壹	乙一三七	乙一四六壹
		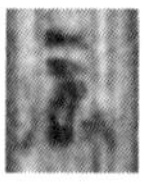	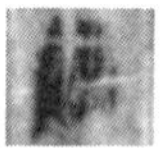				
乙五一貳	乙八一壹	乙九五壹	乙一一五貳	乙一二四貳	乙一三四壹	乙一三七	乙一四七壹

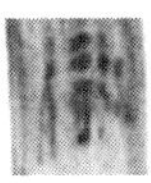 乙二〇三壹	 乙一八四貳	 乙一六七叁	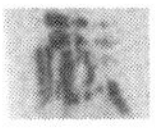 乙一五三壹	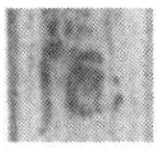 乙一五〇壹	 乙一四九壹	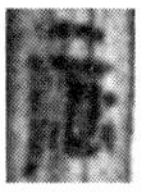 乙一四八壹	 乙一四七壹
 乙二〇四壹	 乙一九一壹	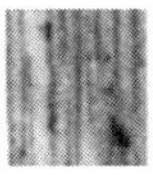 乙一七三叁	 乙一五三壹	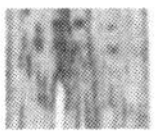 乙一五〇貳	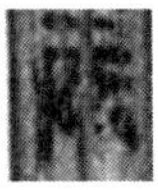 乙一四九壹	 乙一四八壹	 乙一四七壹
 乙二〇五壹	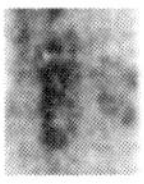 乙二〇〇壹	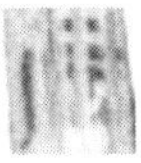 乙一七七叁	 乙一五七	 乙一五一壹	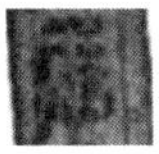 乙一四九貳	 乙一四八貳	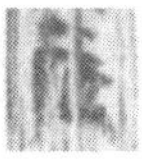 乙一四七壹
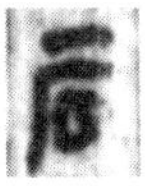 乙二三五貳	 乙二〇二壹	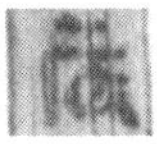 乙一七九伍 通晨字	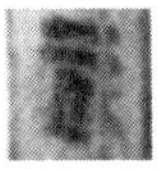 乙一六四	 乙一五一壹	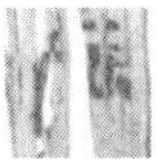 乙一五〇壹	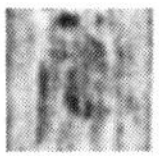 乙一四九壹	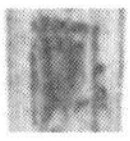 乙一四七貳

巳	辱						
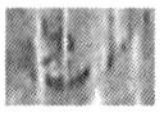 甲一壹	 乙二四七B	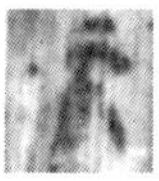 志六	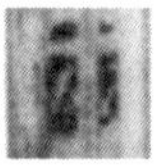 乙三四九	 乙三三八	 乙三一八	 乙二九九	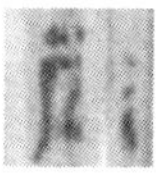 乙二四一
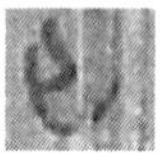 甲一貳	 乙二七八		 乙三五五	 乙三三八	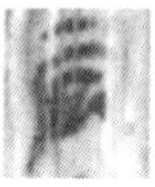 乙三二一	 乙三〇一	 乙二四三
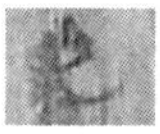 甲二壹			 乙三五七	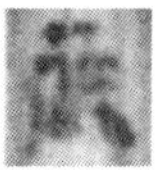 乙三四〇	 乙三二二	 乙三〇一	 乙二八六
甲三壹			 乙三六三	 乙三四五	 乙三二七A	 乙三一五	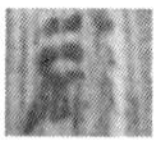 乙二九三

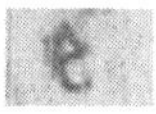	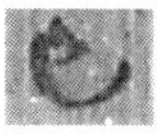	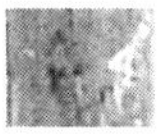	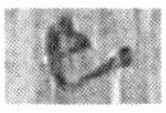			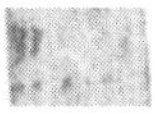	
甲四壹	甲八	甲一二	甲六九貳	乙一壹	乙五壹	乙九+一三壹	乙三〇貳
		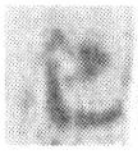	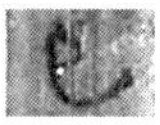		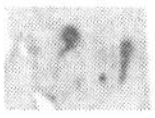		
甲五	甲九	甲三五	甲七〇貳	乙二壹	乙六壹	乙一〇壹	乙四〇B貳
					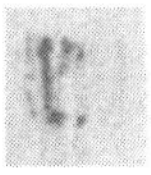	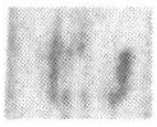	
甲六	甲一〇	甲四八貳	甲七〇貳	乙三壹	乙七壹	乙一一壹	乙五八壹
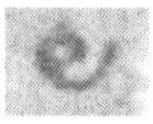	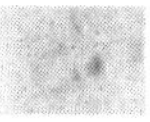	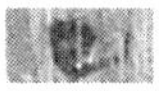	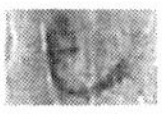		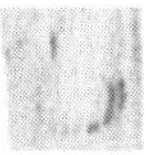		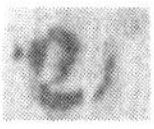
甲七	甲一一	甲五九貳	甲七〇貳	乙四壹	乙八壹	乙一二壹	乙七一

乙一四七壹	乙一四五壹	 乙一三三壹	 乙一一八貳	 乙一〇八B叁	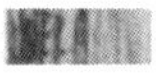 乙八六壹	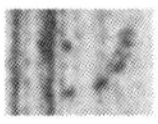 乙八二壹	 乙七四貳
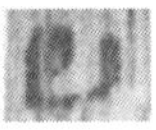 乙一四七壹	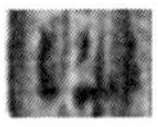 乙一四五壹	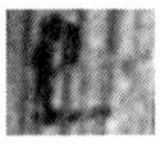 乙一三四壹	乙一二七	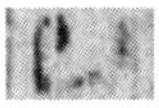 乙一一三壹	 乙九一A+九三B+九二	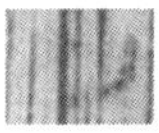 乙八三壹	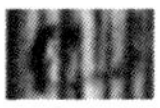 乙七九壹
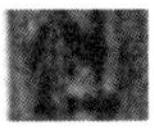 乙一四七貳	 乙一四六壹	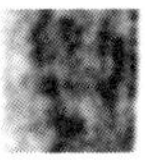 乙一三五壹	 乙一二七	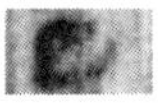 乙一一五貳	 乙九六叁	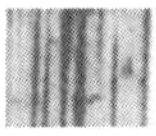 乙八三壹	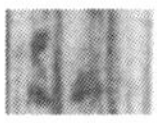 乙八〇壹
 乙一四八壹	 乙一四六壹	乙一三六	 乙一三二壹	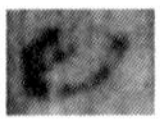 乙一一六壹	 乙九七壹	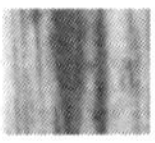 乙八三壹	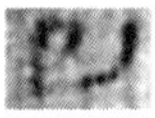 乙八一壹

㠯

				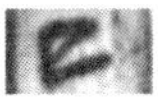	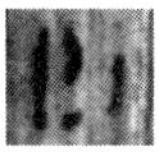		
甲二貳	志一	乙三一五	乙三〇一	乙二〇四壹	乙一八五貳	乙一五〇壹	乙一四八壹
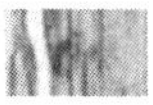		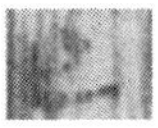	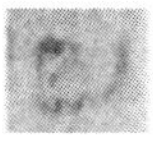		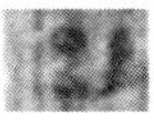	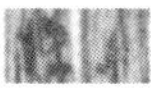	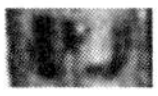
甲二貳		乙三一八	乙三〇二	乙二〇五壹	乙一九九壹	乙一五〇貳	乙一四八貳
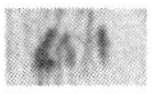		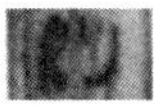	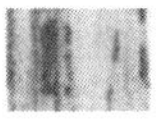		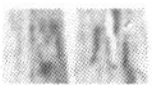		
甲二貳		乙三四九	乙三〇六	乙三〇一	乙二〇二壹	乙一五一壹	乙一四九貳
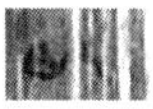		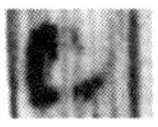	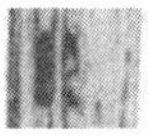			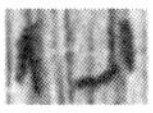	
甲三貳		乙三七二壹	乙三〇六	乙三〇一	乙二〇三壹	乙一六七叁	乙一五〇壹

 甲一三	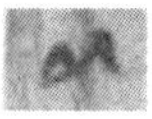 甲一六壹	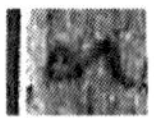 甲一九壹	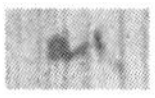 甲二一貳	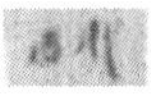 甲三二A+三〇B	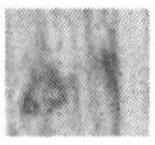 甲四二貳	 乙一五壹	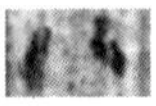 乙一七壹
 甲一三	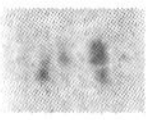 甲一七壹	 甲二〇壹	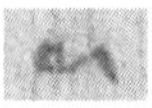 甲二一貳	甲三三	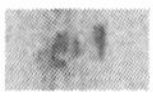 甲七三貳	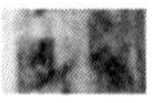 乙一五壹	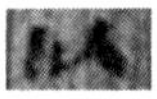 乙一九壹
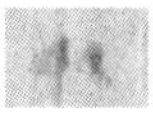 甲一四	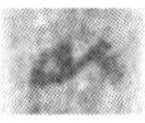 甲一七壹	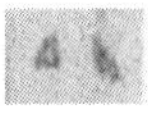 甲二〇貳	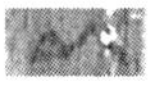 甲三〇A+三二B	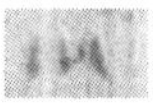 甲三四	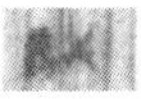 乙一四壹	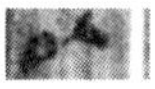 乙一六壹	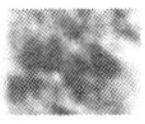 乙二〇壹
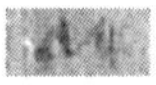 甲一四	 甲一八貳	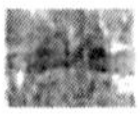 甲二一壹	 甲三一	 甲三五	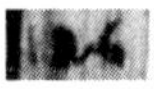 乙一四壹	乙一七壹	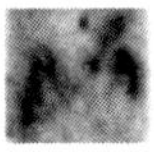 乙二一壹

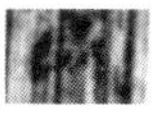 乙一二八	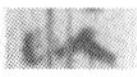 乙一二二貳	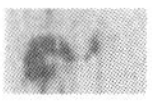 乙一〇四壹	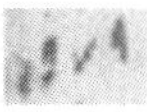 乙九五壹	 乙九一A+九三B+九二	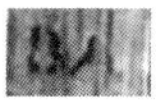 乙六九	 乙二四貳	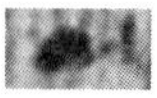 乙二二壹
	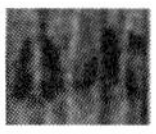	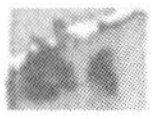	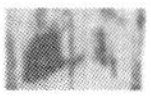		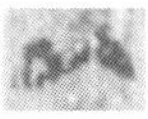		
乙一二八	乙一二三壹	乙一〇八A+一〇七壹	乙一〇〇壹	乙九一A+九三B+九二	乙八九	乙六六	乙二二壹
	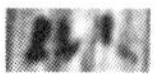	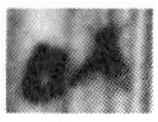	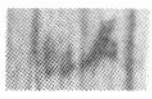	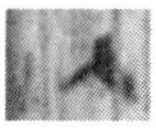	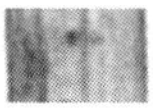		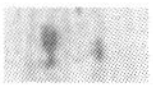
乙一二八	乙一二四壹	乙一〇八B壹	乙一〇二壹	乙九一A+九三B+九二	乙九〇	乙六七	乙二三貳下
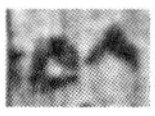	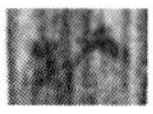	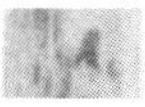		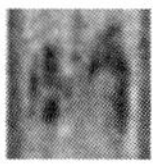	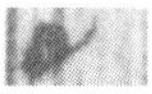	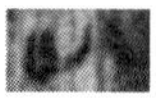	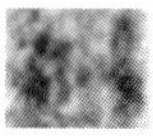
乙一三三貳	乙一二五貳	乙一二二貳	乙一〇三壹	乙九三C	乙九一A+九三B+九二	乙六八	乙二四壹

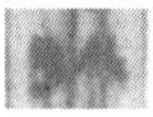 乙一三七	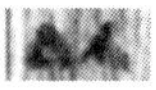 乙一六七叄	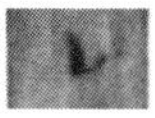 乙一七〇+三二五叄	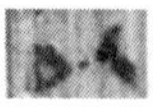 乙一七三叄	乙一七五叄	 乙二四二	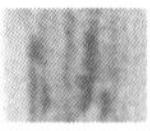 乙二五一	乙二六〇
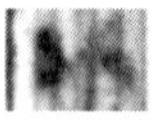 乙一三七	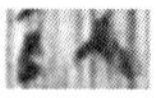 乙一六七叄	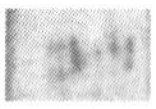 乙一七〇+三二五叄	 乙一七四叄	乙一九三	 乙二四二	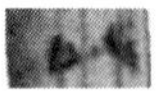 乙二五二	 乙二六五
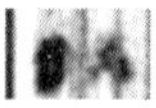 乙一三七	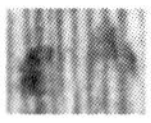 乙一六七叄	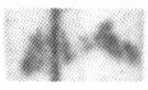 乙一七二叄	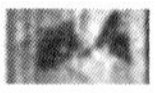 乙一七四叄	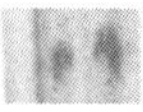 乙一九三	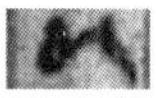 乙二四四	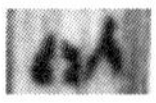 乙二五九+二四五	 乙二六六
 乙一六七叄	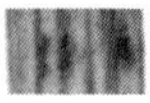 乙一六八+三七四叄	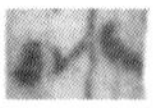 乙一七二叄	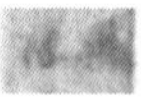 乙一七五叄	乙二四一	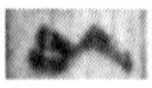 乙二四四	乙二六〇	乙二七〇

乙二七二	乙二七八	乙二八五	乙二九七	乙三〇〇	乙三〇九	乙三一一	乙三二〇
乙二七三	乙二七九	乙二八六	乙二九七	乙三〇一	乙三〇九	乙三一六	乙三二一
乙二七四	乙二八四	乙二九一	乙二九七	乙三〇五	乙三〇九	乙三一七	乙三二二
乙二七五	乙二八四	乙二九三	乙二九七	乙三〇九	乙三〇九	乙三一九	乙三二七B

午

 甲九	 甲五	 甲一壹	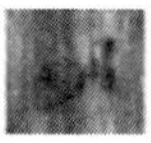 志七	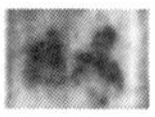 志二	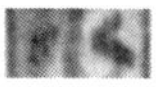 乙三五五	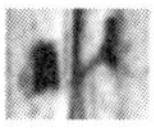 乙三三八	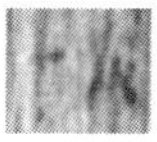 乙三二八
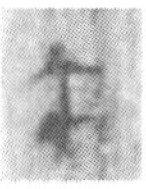 甲一〇	 甲六	 甲一貳		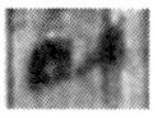 志二	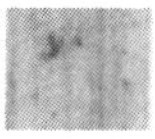 乙三五五	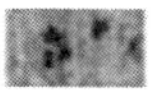 乙三四三	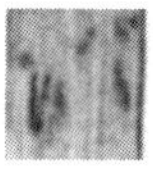 乙三二八
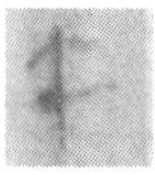 甲一一	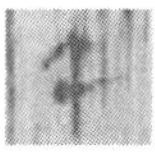 甲七	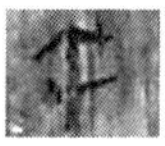 甲三壹		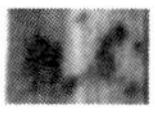 志五	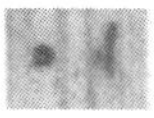 乙三五七	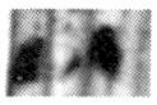 乙三四五	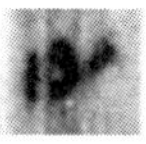 乙三三七
 甲一二	 甲八	 甲四壹		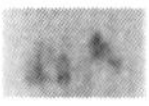 志七	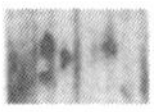 乙三七三貳	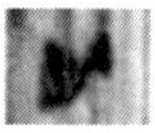 乙三五五	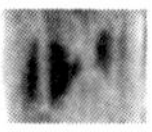 乙三三七

甲三六	乙一壹	乙五壹	乙一〇壹	乙二三貳下	乙四八貳	乙七三貳	乙八二壹
甲四九貳	乙二壹	乙六壹	乙一一壹	乙四一貳	乙四九貳	乙七九壹	乙八七
甲六〇貳	乙三壹	乙七壹	乙一二壹	乙四七貳	乙四九貳	乙八〇壹	乙九一A+九三B+九二
甲六九貳	乙四壹	乙八壹	乙一七叁上	乙四七貳	乙七二	乙八一壹	乙九六壹

 乙九七叁	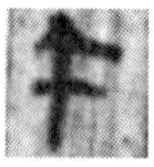 乙一一四壹	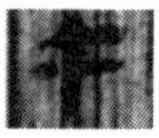 乙一二七	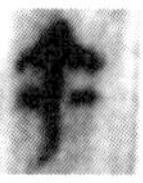 乙一三二壹	 乙一三六	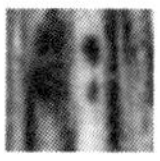 乙一四七貳	 乙一四八貳	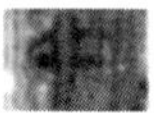 乙一五三壹
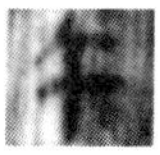 乙一〇九叁	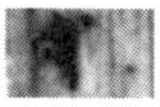 乙一二〇貳	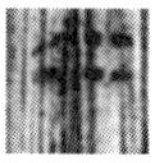 乙一二七	 乙一三三壹	 乙一四五壹	 乙一四八壹	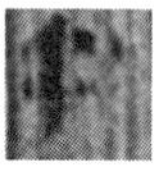 乙一四九貳	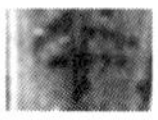 乙一五三壹
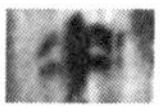 乙一一七貳	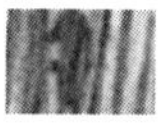 乙一二五壹	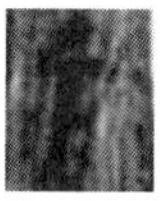 乙一二九壹	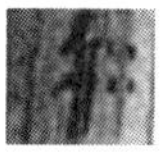 乙一三四壹	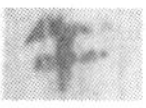 乙一四六貳	 乙一四八壹	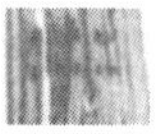 乙一五〇貳	 乙一六七叁
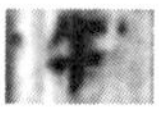 乙一一八貳	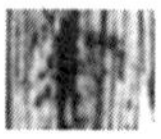 乙一二七	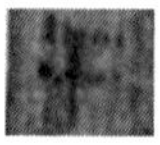 乙一三〇壹	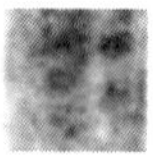 乙一三五壹	 乙一四七壹	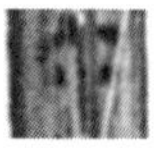 乙一四八壹	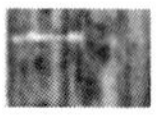 乙一五一壹	 乙一八六貳

未

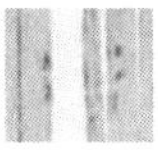 甲五〇貳	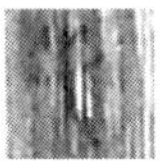 甲一二	 甲八	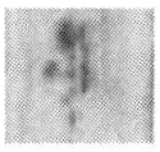 甲四壹	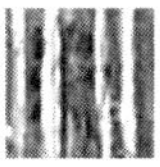 甲一壹	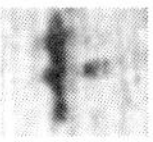 乙三三〇	 乙二〇三壹	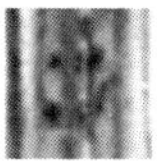 乙一八六叁
甲六一貳	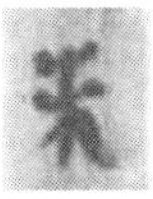 甲一七貳	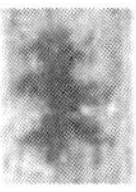 甲九	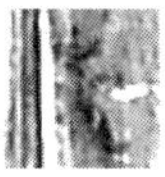 甲五	 甲一貳	 乙三三〇	 乙二〇四壹	 乙一九八壹
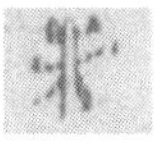 甲七二貳	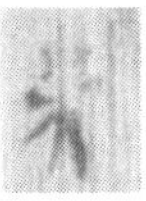 甲一九貳	 甲一〇	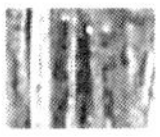 甲六	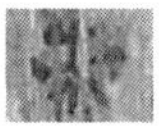 甲二壹	 乙三四九	乙二〇五壹	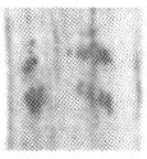 乙二〇一壹
 乙一壹	 甲三七	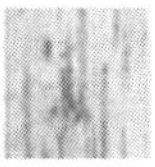 甲一一	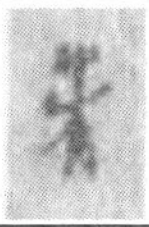 甲七	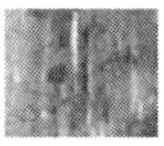 甲三壹	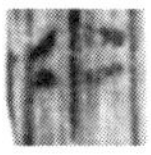 乙三七二壹	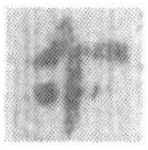 乙三〇一	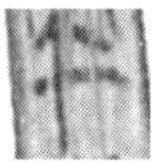 乙二〇二壹

乙二壹	乙六壹	乙一一壹	乙七三壹	乙八一壹	乙九六壹	乙一一七壹	乙一二五貳
乙三壹	乙七壹	乙一二壹	乙七六貳	乙八二壹	乙九八叁	乙一一七貳	乙一二七
乙四壹	乙八壹	乙三一貳	乙七九壹	乙八七	乙一一〇貳	乙一二〇貳	乙一二七
乙五壹	乙一〇壹	乙四二B貳	乙八〇壹	乙九一A+九三B+九二	乙一一四壹	乙一二一壹	乙一二七

乙二〇一壹	乙一五三壹	乙一五一壹	乙一四九貳	乙一四八壹	乙一四六貳	乙一三六	乙一三二壹
乙二〇二壹	乙一五三壹	乙一五一壹	乙一五〇壹	乙一四八貳	乙一四七壹	乙一四二	乙一三三壹
乙二〇三壹	乙一八五叁	乙一五一壹	乙一五〇壹	乙一四九壹	乙一四七貳	乙一四三	乙一三四壹
乙二〇四壹	乙一九七壹	乙一五一壹	乙一五〇貳	乙一四九壹	乙一四八壹	乙一四六壹	乙一三五壹

申

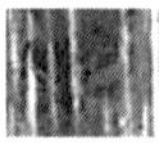 甲一二	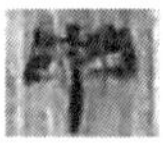 甲八	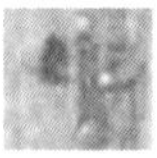 甲四壹	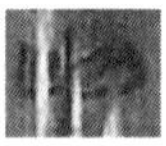 甲一壹	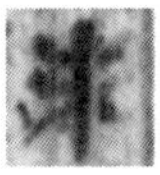 乙三四八	 乙三三八	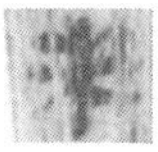 乙三〇五	 乙二〇五壹
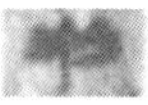 甲二四貳	 甲九	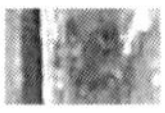 甲五	 甲一貳	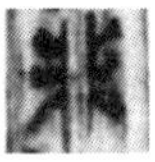 乙三四九	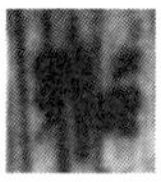 乙三三九	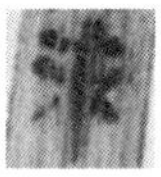 乙三〇七	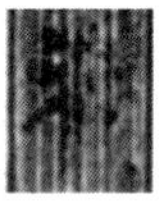 乙三〇一
 甲三八	 甲一〇	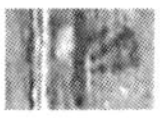 甲六	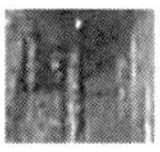 甲二壹	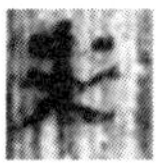 乙三六三	 乙三四五	 乙三一五	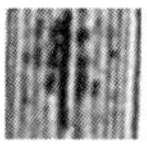 乙三〇一
 甲五一貳	 甲一一	 甲七	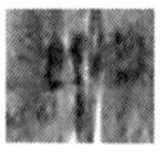 甲三壹	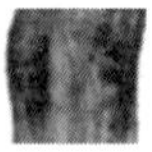 志三	 乙三四五	 乙三一八	 乙三〇二

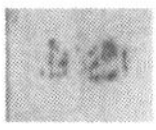			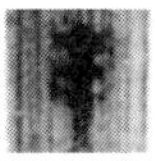	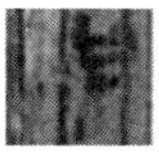	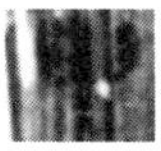		
甲六二貳	乙三壹	乙七壹	乙一二壹	乙四八貳	乙七八壹	乙八二壹	乙九九叁
			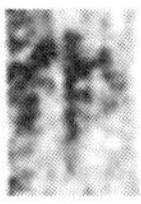		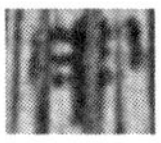	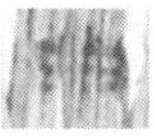	
甲七二貳	乙四壹	乙八壹	乙一八叁上	乙四八貳	乙七九壹	乙八七	乙一一一貳
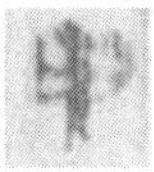		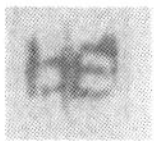			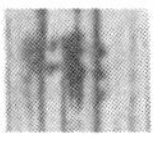		
乙一壹	乙五壹	乙一〇壹	乙三二貳	乙七四壹	乙八〇壹	乙九一A+九三B+九二	乙一一四壹
		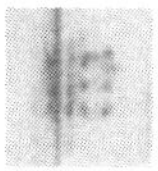		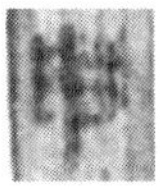			
乙二壹	乙六壹	乙一一壹	乙四三貳	乙七五貳	乙八一壹	乙九八壹	乙一一六貳

	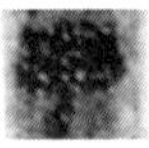			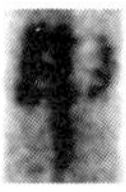	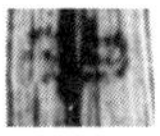	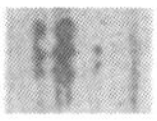	
乙二〇〇壹	乙一五〇壹	乙一四六貳	乙一三六	乙一三五壹	乙一二七	乙一二五壹	乙一一七貳
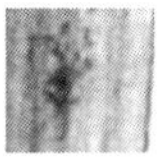	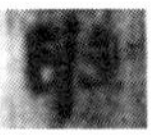	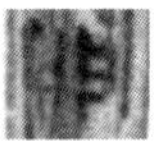			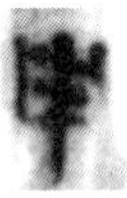	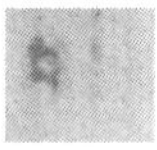	
乙二〇一壹	乙一五三壹	乙一四七貳	乙一四五貳	乙一三五貳	乙一三二壹	乙一二五壹	乙一一九壹
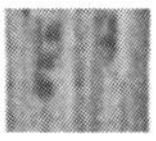		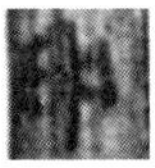		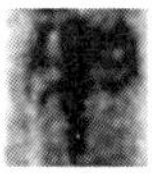		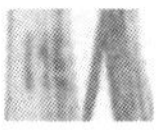	
乙二〇二壹	乙一八四叁	乙一四八貳	乙一四六壹	乙一三五貳	乙一三三壹	乙一二七	乙一一九貳
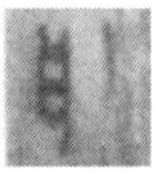					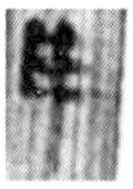		
乙二〇三壹	乙一八八貳	乙一四九貳	乙一四六壹	乙一三五貳	乙一三四壹	乙一二七	乙一二四壹

酉　　臾

甲一壹	乙一六五	甲四二壹	乙三四九	乙三一五	乙三〇二	乙二七九	乙二〇四壹
甲一貳	乙三七三貳	甲四二貳	乙三五七	乙三一七貳	乙三〇五	乙三〇一	乙二〇五壹
甲三壹		甲六六貳		乙三一八	乙三〇七	乙三〇一	乙二七二
甲四壹		乙一〇五壹		乙三一八	乙三〇八壹	乙三〇二	乙二七九

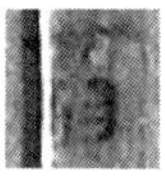					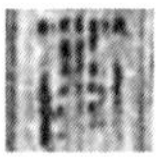	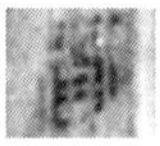	
甲五	甲九	甲二四貳	甲六九貳	乙一壹	乙五壹	乙一〇壹	乙四四貳
			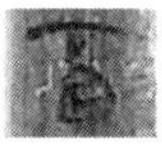				
甲六	甲一〇	甲三九	甲七〇貳	乙二壹	乙六壹	乙一一壹	乙七四貳
		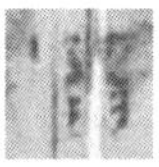			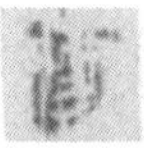		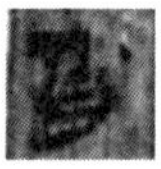
甲七	甲一一	甲五二貳	甲七〇貳	乙三壹	乙七壹	乙一二壹	乙七五壹
	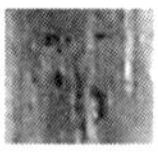	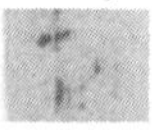					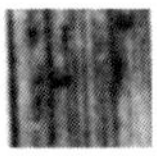
甲八	甲一二	甲六三貳	甲七二貳	乙四壹	乙八壹	乙三三貳	乙七八壹

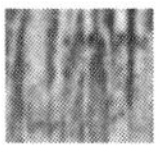	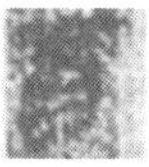		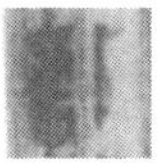	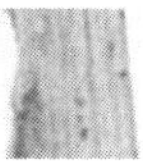		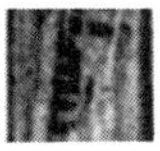	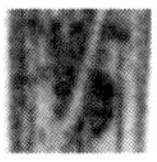
乙七九壹	乙八三壹	乙九七壹	乙一一六貳	乙一二九壹	乙一三四壹	乙一四五壹	乙一四七貳
	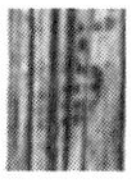	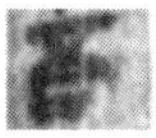	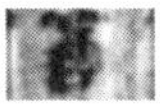	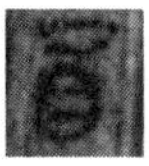	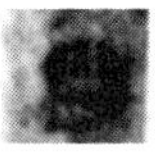		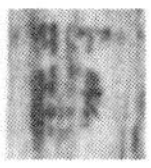
乙八〇壹	乙八三壹	乙一〇〇叁	乙一一九貳	乙一三〇壹	乙一三五壹	乙一四五貳	乙一四八貳
	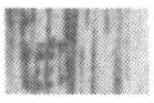		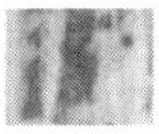	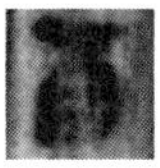			
乙八一壹	乙八六壹	乙一一二貳	乙一二〇壹	乙一三二壹	乙一三六	乙一四六壹	乙一四九貳
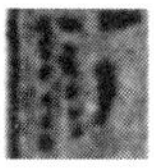	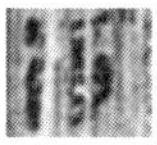	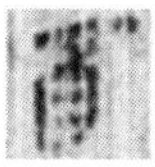	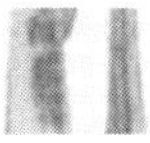			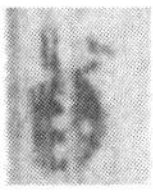	
乙八二壹	乙九一A+九三B+ 九二	乙一一三壹	乙一二七	乙一三三壹	乙一四四壹 通酒字	乙一四六貳	乙一五〇壹

戌　酸

甲四壹	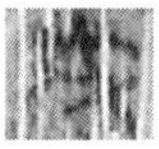 甲一壹	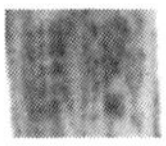 酸 乙三五四	 乙三七二壹	 乙三〇七	 乙二〇五壹	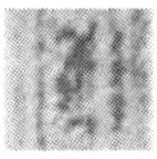 乙一九九壹	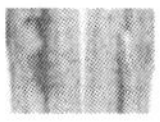 乙一五二壹
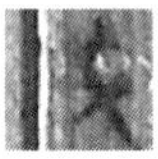 甲五	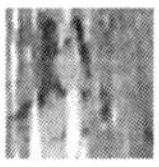 甲一貳			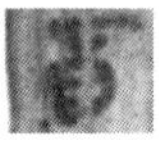 乙三〇八壹	 乙三〇一	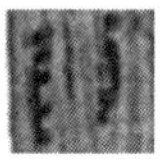 乙二〇二壹	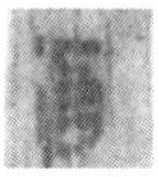 乙一五三壹
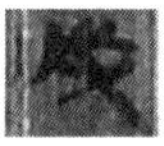 甲六	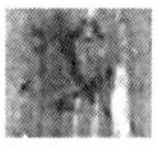 甲二壹			乙三一七貳	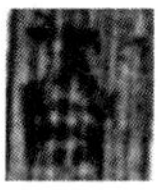 乙三〇一	乙二〇三壹	乙一八四叁
 甲七	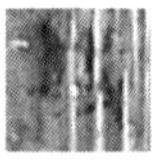 甲三壹			 乙三四九	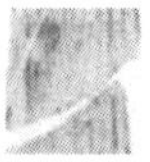 乙三〇五	 乙二〇四壹	 乙一八九貳

甲八	甲一二	甲七二貳	乙四壹	乙八壹	乙一一壹	乙七三貳	乙八二壹
甲九	甲四〇	乙一壹	乙五壹	乙九+一三壹	乙一二壹	乙七九壹	乙八六壹
甲一〇	甲五三貳	乙二壹	乙六壹	乙九+一三壹	乙三四貳	乙八〇壹	乙九一A+九三B+九二
甲一一	甲六四貳	乙三壹	乙七壹	乙一〇壹	乙四五貳	乙八一壹	乙一〇一叁

乙一一三貳	乙一二三壹	乙一三二壹	乙一三六	乙一四六壹	乙一四八壹	乙一五〇壹	乙一五三壹
乙一一五貳	乙一二五壹	乙一三三壹	乙一四四貳	乙一四六貳	乙一四八壹	乙一五一壹	乙一六四
乙一一六貳	乙一二五壹	乙一三四壹	乙一四五壹	乙一四七壹	乙一四九壹	乙一五一壹	乙一八四叁
乙一一八貳	乙一二六貳	乙一三五壹	乙一四五貳	乙一四七貳	乙一四九貳	乙一五三壹	乙一九〇貳

亥

 甲八	 甲四壹	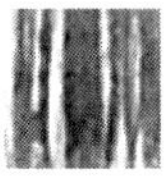 甲一壹	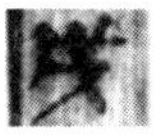 乙三六三	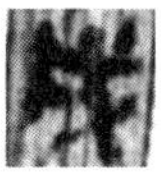 乙三一八	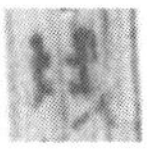 乙三〇七	 乙二〇五壹	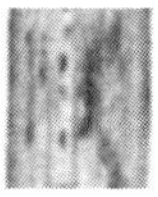 乙一九八壹
 甲九	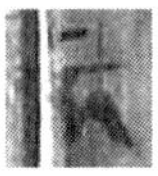 甲五	 甲一貳		乙三二〇	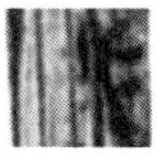 乙三一五	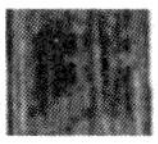 乙三〇一	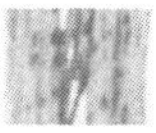 乙二〇二壹
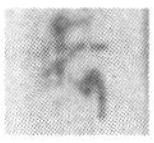 甲一〇	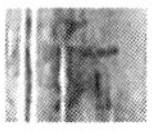 甲六	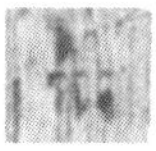 甲二壹		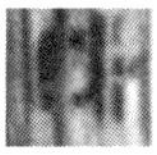 乙三三九	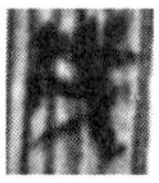 乙三一六	乙三〇一	 乙二〇三壹
 甲一一	 甲七	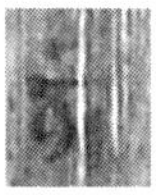 甲三壹		乙三四九	 乙三一七壹	 乙三〇六	 乙二〇四壹

		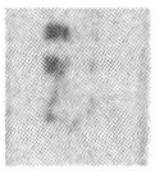	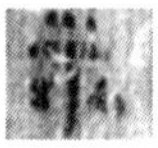	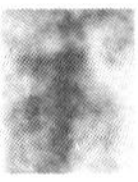			
甲一二	乙一壹	乙五壹	乙九+一三壹	乙一二壹	乙七七壹	乙八二壹	乙九一A+九三B+九二
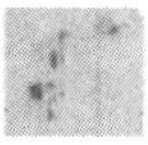	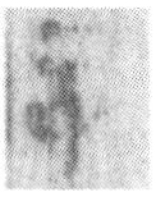					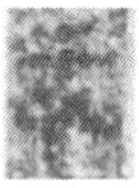	
甲六五貳	乙二壹	乙六壹	乙九+一三壹	乙二一叁上	乙七九壹	乙八三壹	乙九五壹
	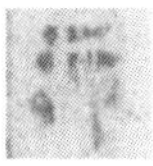	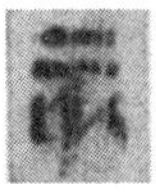				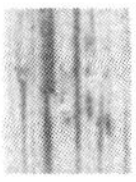	
甲七〇貳	乙三壹	乙七壹	乙一〇壹	乙四六貳	乙八〇壹	乙八三壹	乙一〇二叁
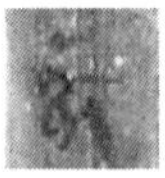	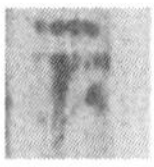		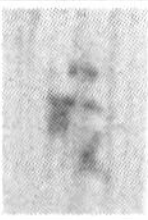				
甲七〇貳	乙四壹	乙八壹	乙一一壹	乙七六貳	乙八一壹	乙八七	乙一一四壹

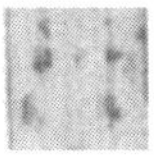		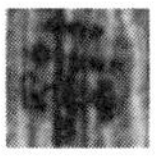		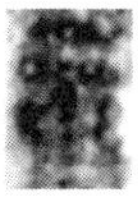		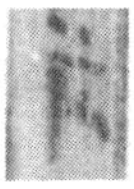	
乙一一四貳	乙一二三壹	乙一二八	乙一三一壹	乙一三五壹	乙一四五貳	乙一四七貳	乙一四九壹
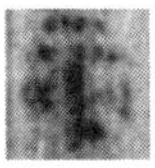	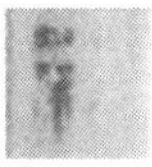	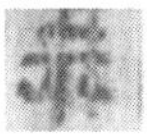	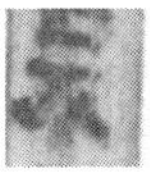				
乙一一五貳	乙一二五壹	乙一三一壹	乙一三二壹	乙一三六	乙一四六壹	乙一四八壹	乙一四九貳
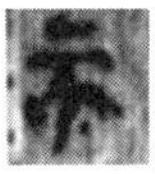				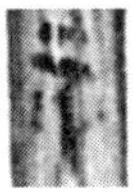			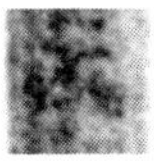
乙一一八壹	乙一二七	乙一三一壹	乙一三三壹	乙一四四貳	乙一四六貳	乙一四八壹	乙一五〇壹
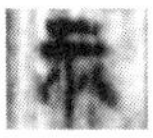	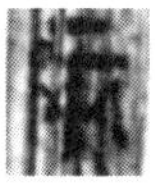	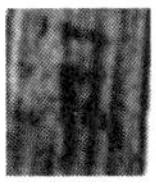				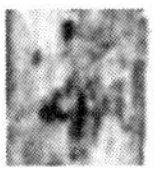	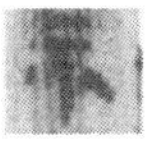
乙一一八貳	乙一二八	乙一三一壹	乙一三四壹	乙一四五壹	乙一四七壹	乙一四九壹	乙一五三壹

			 乙三一七壹	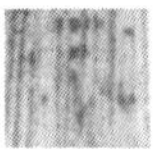 乙三〇二	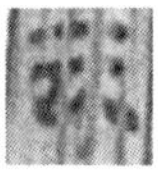 乙二〇五壹	 乙一九七壹	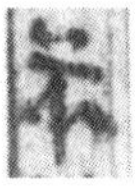 乙一六四
			 乙三一八	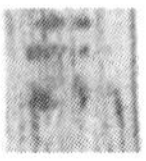 乙三〇五	 乙三〇一	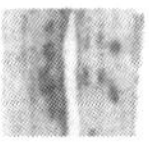 乙二〇二壹	 乙一六七叁
			 乙三一八	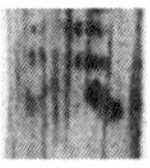 乙三一五	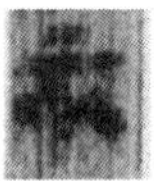 乙三〇一	 乙二〇三壹	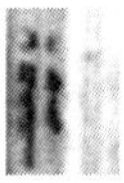 乙一八五叁
			 乙三四九	 乙三一六	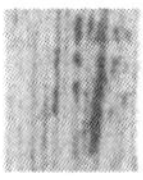 乙三〇二	 乙二〇四壹	 乙一九一貳

附録一　存疑字

角	啓	興	註	水	婁	弔
乙九三C	乙九三C	乙一三五壹	乙一七九柒	乙一八九肆	乙二一五	乙二一五

傍	鑾	蛣	帚
乙二一九	乙二九一	乙二九一	乙二三二

附録二　未識別字

乙四七貳	乙一五五	乙二二六	乙二二八	乙二三一	乙二三五	乙二四七A
乙一二二貳	乙一七七叁	乙二二六	乙二二八	乙二三二	乙二三五壹	乙二四八
乙一四四壹	乙二一六	乙二二六	乙二二八	乙二三三	乙二三九	乙二五〇
乙一四四壹	乙二一六	乙二二七	乙二二九	乙二三三壹	乙二四〇	乙二五一

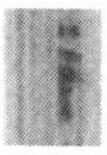 乙二五一	 乙二五二	 乙二五五	 乙二六四	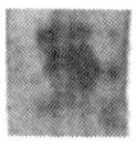 乙二六六	 乙二七二	 乙二七五	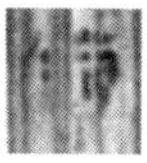 乙二七八
 乙二五一	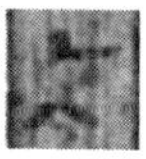 乙二五二	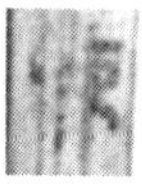 乙二五五	 乙二六四	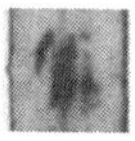 乙二六六	 乙二七四	 乙二七七	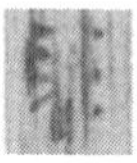 乙二七八
 乙二五一	 乙二五二	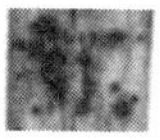 乙二六一	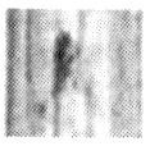 乙二六四	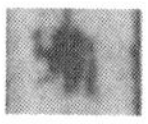 乙二六六	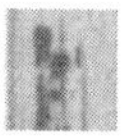 乙二七四	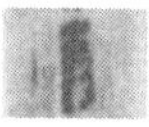 乙二七七	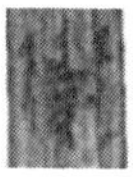 乙二八二 疑為貨字
 乙二五一反	 乙二五三	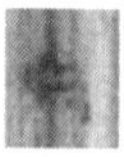 乙二六二	乙二六五	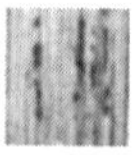 乙二六九	 乙二七四	 乙二七七	 乙二八八

乙二九〇	乙二九四	乙二九六	乙三二四	乙三三五 疑為吉字	乙三四〇	乙三四一	乙三五二
乙二九〇	乙二九五	乙二九八	乙三三一	乙三三七	乙三四一	乙三四一	乙三五四
乙二九三	乙二九五	乙三〇三B+二八九B 疑為肥字	乙三三五	乙三三七	乙三四一	乙三五〇	乙三五四
乙二九四	乙二九五	乙三二四	乙三三五	乙三四〇	乙三四一	乙三五二	乙三五四

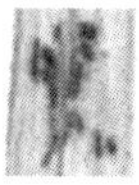 乙三五六	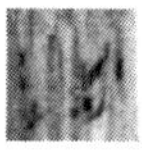 乙三五七	 乙三七七	 乙三八一	地圖二	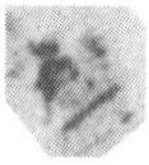 地圖二	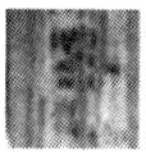 乙二九〇	
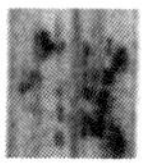 乙三五七	 乙三六三	 乙三七八	 乙三八一	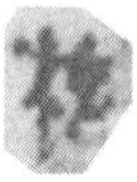 地圖二	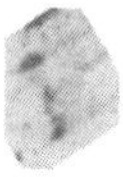 地圖二	乙三五二 一説爲整字	
 乙三五七	乙三六三	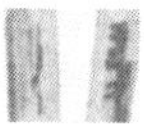 乙三七九	 地圖一A	 地圖二	 志一	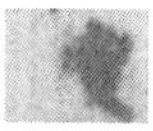 乙一二二貳	
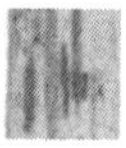 乙三五七	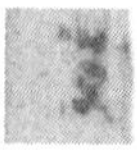 乙三六九	 乙三七九	地圖二	地圖二	 志一	 乙二九五	

筆畫檢索

【五畫】

【六畫】

【七畫】

邪 一九九
旱 二一七
妌 二四二
克 二四四
秀 二四四
作 二七三
侃 二七五
身 二八三
求 二八四
尾 二八六
兑 二八八
見 二八九
序 三〇三
豕 三〇九
赤 三一七
夾 三二一
忌 三二五
没 三三一
沃 三三二
巠 三三三
谷 三三三
把 三五九
投 三五九
坐 三八六
里 三八七
男 三九一
車 四〇〇
阿 四〇二
辛 四三一
孝 四四二
辰 四五一
酉 四七一

【八畫】

苦 一三
茅 一三
⿰犭艻 二七
尚 三二
物 三六
味 三八
命 三九
和 三九
周 五〇
证 五七
往 六一
彼 六一
建 六八
妾 八七
秉 九五
叔 九五
取 九五
事 九六
卦 一一一
者 一一八
於 一二六
受 一二八
肩 一三三
股 一三四
刺 一三八
其 一四一
奇 一五三
虎 一五五
孟 一五六
青 一五九
侖 一六三
舍 一六三
享 一六九
來 一七〇
松 一七五
析 一七七
東 一七八
林 一八一
困 一九三
昏 二一五
昌 二一七
明 二三七
夜 二三九
版 二四四
季 二四七
臽 二四七
定 二五三
宜 二五六
宗 二五七
空 二六〇
罙 二六五
兩 二六五
使 二七四
咎 二七五
卓 二七五
卒 二八四
居 二八五
屈 二八七
岡 三〇三
府 三〇三
長 三〇六
易 三一〇

【九畫】

屋 二八六
屛 二八六
面 二九七
首 二九七
鬼 三〇二
畏 三〇二
禺 三〇二
奎 三二一
怒 三二六
洗 三三二
泉 三三三
紀 三七五
蚤 三七六
蚩 三七七
風 三七七
恆 三八〇
垣 三八三
封 三八六
城 三八六
界 三八九
畈 三九〇
軍 四〇一
除 四〇三
禹 四一六
癸 四三五

【十畫】

亲 五
旁 五
崇 八
皇 一二
葍 二四
芻 二四
莫 二六
豢 二六
牷 三六
唐 五一
哭 五一
起 五二
逢 五八
連 五八
逋 五九
逐 五九
徐 六二
徒 六七
鬲 八九
殺 一〇六
射 一〇七
烏 一二六
畢 一二七
脅 一三三
胻 一三四
脂 一三四
剝 一三七
益 一五六
盍 一五八
飢 一六二
倉 一六三
高 一六八
夏 一七一
乘 一七二
栩 一七四
桐 一七四
梃 一七五
格 一七五
桑 一八二
華 一九三
圂 一九四
員 一九四
財 一九四
都 一九八
時 二一四
旇 二三二
旅 二三二
冥 二三三
朔 二三二
秫 二四五
租 二四六
氣 二四七
家 二五一
容 二五六
宵 二五七
害 二五七
窌 二六〇
疾 二六一
病 二六一
倨 二七二
倍 二七四
展 二八六
原 三〇五
豹 三〇九
豺 三一〇
馬 三一一
狼 三一四
能 三一五

【十一畫】

【十二畫】

【十三畫】

【十四畫】

【十五畫】

【十六畫】

【十七畫】

參考文獻

[一]王輝. 秦文字編[M]. 北京:中華書局, 2015.

[二]方勇. 秦簡牘文字編[M]. 福州:福建人民出版社, 2012.

[三]王明明. 《秦簡牘文字編》校勘記[J]. 學行堂文史集刊, 2013.

[四]張倩玉. 放馬灘秦簡《日書》文字編[D]. 長春:東北師範大學, 2018.

[五]孫鶴. 秦簡牘書研究[D]. 北京:首都師範大學, 2004.

[六]趙岩. 放馬灘秦簡日書札記二則[J/OL]. http://www.bsm.org.cn/show_article.php?id=1153, 2009-10-10.

[七]吕亞虎. 《天水放馬灘秦簡》校讀札記[J]. 西安財經學院學報, 2010, 23(03):94-97+107.

[八]宋華强. 放馬灘秦簡《志怪故事》札記[J/OL]. http://www.bsm.org.cn/show_article.php?id=1229, 2010-3-5.

[九]曹方向. 讀《天水放馬灘秦簡》小札[J]. 江漢考古, 2011(02):116-118.

[一〇]王輝. 《天水放馬灘秦簡》校讀記[J]. 秦始皇帝陵博物院, 2011(00):367-385.

[一一]方勇. 讀天水放馬灘秦簡《日書》乙種小札[J/OL]. http://www.bsm.org.cn/show_article.php?id=1757, 2012-11-26.

[一二]劉玉環. 《天水放馬灘秦簡》疑難字試釋[J]. 寧夏大學學報(人文社會科學版), 2014, 36(04):18-22.

[一三]劉玉環. 《天水放馬灘秦簡》扎零[J]. 内江師範學院學報, 2014, 29(07):52-55.

[一四]方勇. 天水放馬灘秦簡零拾[J]. 簡帛, 2015(02):67-74+282.

[一五]朱芳, 程文文. 天水放馬灘秦簡疑難字詞考釋六則[J]. 寧夏大學學報（人文社會科學版）, 2016, 38(02):19-23.

[一六]方勇. 天水放馬灘秦簡零拾（四）[J/OL]. http://www.bsm.org.cn/show_article.php?id=2180、2015-4-22.

[一七]李曉梅. 讀放馬灘秦簡《丹記》札記[J/OL]. http://www.bsm.org.cn/show_article.php?id=2236, 2015-5-22.

[一八]方勇.讀天水放馬灘秦簡札記三則[J]. 湖南省博物館館刊, 2021（17）:283-286.

[一九]莫超, 孫占宇, 馮玉. 放馬灘秦簡通假字 56 例[J]. 蘭州大學學報(社會科學版), 2016, 44(05):132-142.

[二〇]王輝.《天水放馬灘秦簡》字用及字詞關係研究[D]. 蘭州:西北師範大學, 2020.

[二一]包慧燁. 《天水放馬灘秦簡》詞彙系統研究[D]. 上海:華東師範大學, 2013.

[二二]王雅昕，張顯成.《天水放馬灘秦簡》中的虛詞探析[J]. 牡丹江師範學院學報(哲學社會科學版)，2018(03)：107-116.

[二三]馮玉. 放馬灘秦簡語氣詞芻議——出土秦簡日書虛詞研究之一[J]. 簡牘學研究，2015：208-216.

[二四]馮玉. 放馬灘秦簡連詞的共時考察研究——出土秦簡《日書》虛詞研究之二[J]. 語文教學通訊·D 刊(學術刊)，2019(02)：78-80.

[二五]萬佳俊.《放馬灘秦簡》助動詞研究(下)[J]. 北方文學(下旬)，2017(04)：120.

[二六]王竹勳. 秦漢簡牘《日書》詞彙研究[D]. 上海：華東師範大學，2018.

[二七]馬春艷.《天水放馬灘秦簡》名詞研究[D]. 兰州：西北師範大學，2022.

[二八]蔡宏煒. 放馬灘秦簡字詞關係及相關問題研究[D]. 鄭州：鄭州大學，2020.

[二九]張國艷. 放馬灘秦簡《日書》詞語札記四則[J]. 簡帛，2018(01)：89-100.

[三〇]申景亮. 天水放馬灘秦簡乙種《日書》釋文研究[D]. 鄭州：鄭州大學，2011.

[三一]孫占宇. 放馬灘秦簡日書整理與研究[D]. 蘭州：西北師範大學，2008.

[三二]姜守誠. 放馬灘秦簡《日書》『行不得擇日』篇考釋[J]. 魯東大學學報（哲學社會科學版）, 2012, 29(04): 68-76.

[三三]王寧. 天水放馬灘秦簡《丹》一處斷句與解釋[J/OL]. http://www.bsm.org.cn/show_article.php?id=2251, 2015-6-5.

[三四]林雅芳.《天水放馬灘秦簡》《周家臺秦簡》及《里耶秦簡》詞語通釋[D]. 上海:華東師範大學, 2009.

[三五]馮玉, 孫占宇. 從放馬灘秦簡通假字看秦上古方音系統[J]. 簡帛, 2018(01):79-88.

[三六]李學勤. 放馬灘簡中的志怪故事[J]. 文物, 1990(04):43-47.

[三七]李龍俊. 放馬灘秦簡《丹》篇所涉年代新考[J]. 珞珈史苑, 2016(00):23-29.

[三八]姜守誠. 放馬灘秦簡《志怪故事》中的宗教信仰[J]. 世界宗教研究, 2013(05):160-175.

[三九]張寧. 放馬灘《墓主記》的文學價值[J]. 秦文化論叢, 1999(00):452-457.

[四〇]裴永亮. 放馬灘秦簡中的志怪小説[J]. 語文教學通訊, 2015(03):65-66.

[四一]史培争, 李立. 放馬灘秦墓竹簡《墓主記》志怪故事研究[J]. 文藝争鳴·視野, 2015(05):196-199.

[四二]孫占宇. 放馬灘秦簡乙 360—366 號『墓主記』説商榷[J]. 西北師大學報(社會科學版), 2010, 47(05):46–49.

[四三]李曉梅. 放馬灘秦簡《丹記》研究三題[J]. 學行堂文史集刊, 2013.

[四四]黄傑. 放馬灘秦簡《丹》篇與北大秦牘《泰原有死者》研究[J]. 人文論叢, 2013(00):433–458.

[四五]馬軼男. 放馬灘秦簡《丹》篇文本性質的再思考[J]. 國學學刊, 2019（02）:13–20.

[四六]何雙全. 天水放馬灘秦墓出土地圖初探[J]. 文物, 1989(02):12–22.

[四七]岳維宗. 論天水放馬灘秦墓地圖中的『邽丘』非指『邽縣』[J]. 中國歷史地理論叢, 1997(01):18+37.

[四八]曹婉如. 有關天水放馬灘秦墓出土地圖的幾個問題[J]. 文物, 1989(12):78–85.

[四九]屈卡樂. 天水放馬灘木板地圖新釋[J]. 自然科學史研究, 2013, 32(04):491–503.

[五〇]席境憶. 古地圖中的圖文互動——以放馬灘木板地圖爲例[J]. 文博, 2022(02):74–80.

[五一]張修桂. 天水《放馬灘地圖》的繪製年代[J]. 復旦學報(社會科學版), 1991(01):44–48.

[五二]丁建偉. 世界上現存最早的地圖——天水《放馬灘地圖》[J]. 地圖, 1993(04):56–57.

[五三]晏昌貴. 天水放馬灘木板地圖新探[J]. 考古學報, 2016(03):365–384.

[五四]王子今，李斯. 放馬灘秦地圖林業交通史料研究[J]. 中國歷史地理論叢, 2013, 28(02):5–10.

[五五]雍際春，孛鵬旭. 近二十年來天水放馬灘木板地圖研究綜述[J]. 天水師範學院學報, 2016, 36(04):21–25.

[五六]雍際春. 近年來關於天水放馬灘木板地圖研究的回顧與展望[J]. 中國史研究動態, 1997(05):10–17.

[五七]雍際春，黨安榮. 天水放馬灘木板地圖版式組合與地圖復原新探[J]. 中國歷史地理論叢, 2000(04):180–193.

[五八]陳恩星，莫軍凱，楊江等. 從放馬灘圖和馬王堆稀世地圖看地圖發展[J]. 中國地名, 2011(02):52–53.

[五九]何雙全. 天水放馬灘秦簡綜述[J]. 文物, 1989(3):23–31.

[六〇]孫占宇. 天水放馬灘秦簡整理與研究現狀述評[J]. 中國史研究動態, 2009(12):12–16.

[六一]梁超. 2009 年以來放馬灘秦簡研究綜述[J]. 天水師範學院學報, 2014, 34(4):16–20.

[六二]高明，張純德. 秦簡日書『建除』與彝文日書『建除』比較研究[J]. 江漢考古, 1993, (07):65–76.

[六三]李菁葉. 睡虎地秦簡與放馬灘秦簡《日書》中的十二獸探析[J]. 南都學壇, 2011, 31(05):37–41.

[六四]李菁葉. 睡虎地與放馬灘秦簡《日書》生死問題研究[D]. 重慶：西南大學, 2012.

[六五]胡文輝. 放馬灘《日書》小考[J]. 文博, 1999(06):26–29.

[六六]羅小華. 放馬灘秦簡甲種《日書》簡 34 中的『虫』[J]. 出土文獻研究, 2017:100-105.

[六七]孫占宇. 放馬灘秦簡日書『星度』篇初探[J]. 考古, 2011(04):70-79.

[六八]程少軒. 放馬灘簡《星度》新研[J]. 自然科學史研究, 2014, 33(01):25-33.

[六九]程少軒. 放馬灘簡《三十六禽占》研究[J]. 文史, 2014(01):25-54.

[七〇]鍾守華. 放馬灘秦簡《日書》中的月星關係與古度初考[J]. 簡帛, 2013(00):379-390+580.

[七一]曾憲通. 選堂先生與秦漢時制研究[J]. 韓山師範學院學報, 2015, 36(05):1-5.

[七二]曹旅寧. 從天水放馬灘秦簡看秦代的棄世[J]. 廣東社會科學院, 2000(05):134-139.

[七三]程博麗. 試論放馬灘秦簡《日書》所見之民間信仰[D]. 上海:復旦大學, 2013.

[七四]劉海月. 從出土文字資料看秦人的鬼神觀念[D]. 西安:西北大學, 2016.

[七五]賈振北. 放馬灘秦簡所見秦人社會民生俗信研究[D]. 西安:陝西師範大學, 2016.

[七六]李玫. 放馬灘秦簡《律書》—— 爲第七屆國際音樂考古學學術研討會而作[J]. 星海音樂學院學報, 2011(01):48-52.

[七七]谷傑. 從放馬灘秦簡《律書》再論《呂氏春秋》生律次序[J]. 音樂研究, 2005(03):29-34.

[七八]譚德興.《放馬灘秦簡》樂學文獻的文化内涵與文學批評意蘊[J]. 中國文學研究, 2019(03):9-18.

[七九]宿菲菲.從理論的緯度到史料實物的印證——論隸變在放馬灘秦簡中的體現[J]. 西泠藝叢, 2022:71-74.

[八〇]張煒. 放馬灘日書涉醫簡研究[J]. 中醫文獻雜誌, 2016(02):1-5.

[八一]趙岩, 袁開惠. 論放馬灘秦簡《日書》中的『裹』[J]. 古籍整理研究學刊, 2019(02):75-78.

[八二]李重申, 李金梅. 甘肅放馬灘『秦簡』中的養生與體育符號[J]. 敦煌研究, 2005(06):93-95.

[八三]翁明鵬. 説秦簡中的『騷（瘙）病』和『溥（傅）騷（瘙）』[J/OL]. http://www.bsm.org.cn/show_article.php?id=3494, 2019-1-6.

[八四]李曉軍. 睡虎地、放馬灘、周家臺秦簡中的口腔醫學史料[J]. 中醫文獻雜誌, 2022，40（04）:6-10.

[八五]陳偉. 放馬灘秦簡日書《占病祟除》與投擲式選擇[J]. 文物, 2011(05):85-88.

[八六]魯家亮. 放馬灘秦簡乙種《日書》『占雨』類文獻編聯初探[J]. 考古與文物, 2014(05):60-65+101.

[八七]鄧文寬. 天水放馬灘秦簡《月建》應名《建除》[J]. 文物, 1990(09):83-84+82.

[八八]韓蓓蓓. 天水放馬灘秦簡日書之『行』簡考[J]. 天水師範學院學報，2019:75-78.

[八九]海老根量介. 放馬灘秦簡抄寫年代蠡測[J]. 簡帛, 2012:159-170+435.

[九〇]陽飀. 天水放馬灘秦簡及世界上最早的木板地圖[J]. 檔案, 2016(02):38-45.

[九一]方勇. 天水放馬灘秦簡研究的新成果——評《天水放馬灘秦簡集釋》[J]. 甘肅高師學報, 2015, 20(04):141-142.

[九二]裘錫圭. 文字學概要[M]. 北京:商務印書館, 2002.

[九三]喻遂生. 文字學教程[M]. 北京:北京大學出版社, 2014.

[九四]孫占宇. 天水放馬灘秦簡集釋[M]. 蘭州:甘肅文化出版社, 2013.

[九五]甘肅省文物考古研究所. 天水放馬灘秦簡[M]. 北京:中華書局, 2009.

[九六]（漢）許慎撰，（宋）徐鉉校訂. 説文解字[M]. 北京:中華書局, 2013.

[九七]高明, 涂白奎. 古文字類編（增訂本）[M]. 上海:上海古籍出版社, 2008.

[九八]方勇. 讀《天水放馬灘秦簡》小札（一）[J/OL]. http://www.bsm.org.cn/show_article.php?id=1156, 2009-10-17.

[九九]張顯成. 秦簡逐字索引[M]. 成都:四川大學出版社, 2010.

[一〇〇]陳偉主編. 秦簡牘合集（肆）[M]. 武漢：武漢大學出版社，2014.

後記

二〇一二年，在賴炳偉先生的幫助下，我的博士學位論文《秦簡牘文字編》在福建人民出版社順利出版，小書的付梓出版凝結了指導教師吴振武教授對筆者的悉心指導，也包含了賴炳偉先生的無私厚愛。時間一晃十餘年，如今我帶領我的學生郝洋將天水放馬灘秦簡的字編全部做完并交付社會科學文獻出版社出版，完工之餘，内心充滿了期待和惶恐。期待的是終於可以將天水放馬灘秦簡的全部資料梳理一過，爲學術界可以做點小貢獻；惶恐的是因爲我們學識水平有限，書中難免會出錯。

衆所周知，編輯字編歷來是古文字學界『費力不討好』的事情，學問好的學者不屑於做這些工作，學問一般的人却難以駕馭，故我們也是謹小慎微來做此事，主要原因還是天水放馬灘秦簡圖版的各個版本品質都不盡如人意，這爲編纂工作帶來很大阻力，但我們盡力選擇較好的圖版來做字編，如無品質好的圖版字形，我們一并附上摹本。

最後，希望我們的努力能爲秦簡牘的研究提供一點方便，也希望學界的各位同仁不吝賜教，以便我們日後改正錯誤！

在此特别感謝吉林外國語大學秦和校長及科研處的領導對本書出版的大力支持！同時感謝社會科學文獻出版社李建廷編輯的熱心幫助！感謝研究生陳依娜同學協助電腦排版！

方勇

二〇二三年二月二十一日

圖書在版編目(CIP)數據

天水放馬灘秦簡文字編 / 方勇，郝洋編著. --北京：社會科學文獻出版社，2023.12

ISBN 978-7-5228-1755-2

Ⅰ.①天… Ⅱ.①方… ②郝… Ⅲ.①簡(考古)-匯編-中國-秦代 Ⅳ.①K877.5

中國國家版本館 CIP 數據核字(2023)第 072832 號

天水放馬灘秦簡文字編

編　　著 / 方　勇　郝　洋

出 版 人 / 冀祥德
責任編輯 / 李建廷
責任印製 / 王京美

出　　版 / 社會科學文獻出版社
地址：北京市北三環中路甲 29 號院華龍大廈　郵編：100029
網址：www.ssap.com.cn

發　　行 / 社會科學文獻出版社(010)59367028

印　　裝 / 北京联兴盛业印刷股份有限公司

規　　格 / 開　本：787mm × 1092mm　1/16
印　張：33.75　字　數：268 千字

版　　次 / 2023 年 12 月第 1 版　2023 年 12 月第 1 次印刷

書　　號 / ISBN 978-7-5228-1755-2

定　　價 / 328.00 圓

讀者服務電話：4008918866